历史与边疆
研究丛书

ZHONGJIANDIDAI DE HUDONG YU JIAORONG
XIBU CIBIANJIANGDAI HEXIE MINZU GUANXI YANJIU

朱金春

四川大学国际关系学院副研究员，民族学博士，研究方向为边疆理论、西部民族关系等。先后主持国家社科基金项目2项，四川省社科基金、国家民委民族研究项目等课题多项，在《中央民族大学学报》《广西民族研究》《云南社会科学》等期刊发表论文30余篇，多篇被人大复印资料、《高等学校文科学术文摘》全文转载，研究成果获国家民委社会科学研究成果奖一等奖。

国家社会科学基金项目『西部次边疆带和谐民族关系研究』(14CMZ037)最终成果

中间地带的互动与交融：
西部次边疆带和谐民族关系研究

朱金春 著

四川大学出版社

图书在版编目（CIP）数据

中间地带的互动与交融：西部次边疆带和谐民族关系研究 / 朱金春著. -- 成都：四川大学出版社，2025.3. --（历史与边疆研究丛书）. -- ISBN 978-7-5690-7630-1

Ⅰ．D633

中国国家版本馆 CIP 数据核字第 2025CH0834 号

书　　名：	中间地带的互动与交融：西部次边疆带和谐民族关系研究
	Zhongjian Didai de Hudong yu Jiaorong: Xibu Cibianjiangdai Hexie Minzu Guanxi Yanjiu
著　　者：	朱金春
丛 书 名：	历史与边疆研究丛书
出 版 人：	侯宏虹
总 策 划：	张宏辉
丛书策划：	张宏辉　高庆梅
选题策划：	罗永平
责任编辑：	罗永平
责任校对：	毛张琳
装帧设计：	墨创文化
责任印制：	李金兰
出版发行：	四川大学出版社有限责任公司
	地址：成都市一环路南一段 24 号（610065）
	电话：（028）85408311（发行部）、85400276（总编室）
	电子邮箱：scupress@vip.163.com
	网址：https://press.scu.edu.cn
印前制作：	四川胜翔数码印务设计有限公司
印刷装订：	成都金阳印务有限责任公司
成品尺寸：	170 mm×240 mm
印　　张：	16.5
插　　页：	2
字　　数：	345 千字
版　　次：	2025 年 3 月 第 1 版
印　　次：	2025 年 3 月 第 1 次印刷
定　　价：	82.00 元

本社图书如有印装质量问题，请联系发行部调换

版权所有 ◆ 侵权必究

扫码获取数字资源

四川大学出版社
微信公众号

目录

第一章　西部次边疆带民族关系研究导论 　001
　第一节　作为中间地带的西部次边疆带：概念、范围与理论言说　002
　第二节　西部次边疆带民族关系的主要特征：互补、交互与复合性　006
　第三节　西部次边疆带民族关系研究的重要意义：类型、地位
　　　　　与共同体塑造　011
　第四节　西部次边疆带民族关系研究的回顾与综述　014
　第五节　西部次边疆带民族关系研究的视野、框架与可能议题　035
　第六节　田野调查与研究框架　039

**第二章　"地非边隅，岂成边疆"：西部次边疆带的地理、历史
　　　　　与相关理论**　043
　第一节　中国疆域空间的块状构造、圈层结构与联结网络　044
　第二节　西部次边疆带的空间范围及区域特征　048
　第三节　西部次边疆带的历史过程与空间位移　054
　第四节　"空间层化"与西部次边疆带形成的机理　059

第三章　西部次边疆带民族分布格局的形成与变迁　064
　第一节　唐朝以前西部次边疆带的人群流动与民族格局　064
　第二节　吐蕃向西部次边疆带的扩展与族群格局的变迁　068
　第三节　蒙古两次大规模南下与西部次边疆带民族格局的重要变化　071

001

第四节　元明清时期回族在西部次边疆带的流动与分布　　077
第五节　明清时期汉人西迁与西部次边疆带民族格局的基本形成　　078
第六节　新中国成立后的人口流动与西部次边疆带民族分布格局的形成与变化　　081

第四章　西部次边疆带乡村空间与情境下的民族关系　　085
第一节　牛羊育肥与族际互动：农牧交错地带多民族共生互惠共同体的生成　　086
第二节　从"许乎""达尼希"到农牧合作社：循化族际互惠共同体的重塑　　103
第三节　小　结　　117

第五章　西部次边疆带城镇空间与情境下的民族关系　　119
第一节　藏彝走廊的族际互动与城镇发展　　120
第二节　跨越城墙内外：松潘的城镇发展与族际互动　　137
第三节　小　结　　152

第六章　西部次边疆带道路空间与情境下的民族关系　　155
第一节　道路与族群：理论视野与分析框架　　156
第二节　道路修筑与川藏地区的人群流动与民族格局　　158
第三节　作为当代"锅庄"的民宿：旅游时代川藏线的民宿空间与族际交往　　166
第四节　小　结　　182

第七章　西部次边疆带省际交界空间与情境下的民族关系　　184
第一节　川甘青交界地区的族际交往与和谐民族关系建构　　185
第二节　郎木寺多民族人群跨越多重边界的共生、互动与融合　　199
第三节　小　结　　208

第八章　对口援藏中的族际交往与民族关系的发展　　210
　　第一节　对口援藏行动的经济与社会效应分析　　211
　　第二节　对口援藏中族际交往的形式与特点　　215
　　第三节　对口援藏中族际交往对汉藏民族关系发展的作用及成效　　223
　　第四节　推动对口援藏中族际交往与民族关系发展的对策建议　　226

结　语　中间地带的互动与交融　　230

参考文献　　240

后　记　　258

第一章
西部次边疆带民族关系研究导论

本书是对中国西部次边疆带这一区域民族关系的综合性研究。相对于其他耳熟能详或者约定俗成的区域概念，如西南、藏彝走廊、长城地带等，西部次边疆带是一个相对绕口的概念。但是，这一区域概念并非杜撰而是有其内在依据，孙勇教授提出了这一概念，并且以"次边疆带—主边疆带—前出边疆带"[①]的空间格局讨论中国的边疆战略，丁忠毅也对这一地带的治理展开了理论探讨[②]。关丙胜教授对这一区域作为缓冲区[③]的描述以及徐黎丽教授对这一区域通道地带的界定，[④]更是凸显了这一地带的重要地位。西部次边疆带实际上是中国疆域空间内的中间地带，既是一个缓冲区域，也是一个联结地带，在政治、经济、文化等多个方面发挥着凝聚与联结的重要功能。

西部次边疆带作为在内在结构与外部地位都具有特殊性的区域，也是多民族混杂居住的区域，其民族的空间分布、文化特征及关系发展既有区域自身所具有的多样性，也易于受到外部的影响而呈现为变动性。西部次边疆带的民族分布及民族关系，都呈现出鲜明的区域特殊性。游牧与农耕生计基础上的共生互补、多文明交汇与民族间的互嵌结构及跨体系性、区域内外交织

[①] 孙勇：《国家战略下的大边疆战略研究：多重世界非恒称视角下的力量博弈》，四川大学出版社，2017年，第323页。
[②] 丁忠毅：《次边疆治理：历史镜鉴与实践意蕴——以西部边疆地区为中心的考察》，《云南社会科学》，2020年第3期。
[③] 关丙胜：《边界缓冲区：催生新族群的温床》，《青海民族研究》，2009年第1期。
[④] 徐黎丽：《通道地带理论——中国边疆治理理论初探》，《思想战线》，2017年第2期。

互动下的中间性与复合性，成为这一区域民族关系的显著特征。而作为空间上的联结地带，西部次边疆带的民族关系是主边疆带民族关系的稳定锚，也是中国整体民族关系的晴雨表，具有全局性的意义。西部次边疆带区域内民族关系的特征，以及外在地位、影响，也为理解中国民族关系的总体状况乃至中华民族共同体的形成提供了重要的视角。因此，对这一区域的民族关系展开研究并总结其历史经验、探索新型民族关系发展道路，既有现实紧迫性也有长远战略意义。

第一节
作为中间地带的西部次边疆带：概念、范围与理论言说

在对中国疆域空间的划分中，形成了不同的区域概念，很多概念已经约定俗成且具有丰富的历史文化内涵，对于人们理解中国统一多民族国家的空间构成并最终合为一体深具启发意义。其中，边疆一般被视为国家疆域的边缘部分，并与中心区域在社会、族群、文化等方面表现出一定的差异性。中心与边缘区域的划分，实际上呈现了空间与秩序上的圈层结构。但是，中心与边缘的圈层结构，并不是一种截然的二元区分，而是存在着过渡性质的次级圈层。在中国古代的王畿外围，由近及远存在着侯服、甸服、绥服、要服、荒服的空间及政治秩序，而后来中国历史的空间发展更是以华夷、藩属等形式扩展了这一秩序。王铭铭所提出的"三圈说"，区分了核心圈、中间圈和外圈三个圈层，其中中间圈被指向今天所称的少数民族地区，体现了空间秩序的多层次性[①]。但是，即使是被称为少数民族地区的区域，也是有着内在的差异与空间结构，其中在中心区域与边疆区域之间存在着具有过渡性质的中间地带，这一地带在内在结构与外部地位上呈现出其特殊性，这就是本研究所指向的次边疆区域。

---

① 王铭铭：《三圈说——另一种世界观，另一种社会科学》，《西北民族研究》，2013年第1期。

国内学界首先提出次边疆带这一概念的是孙勇教授。孙勇指出，"由于历史的原因，中国以农耕民族思维发展起来的防守型战略，致使在'中心—外围'的地理态势下，围着疆域的边沿，通常都会形成一个主边疆带以抵御外敌，再在其后有一个次边疆带以拱卫内地；当国家意志特强的时候，以有限反击为前提，中国在有的历史时期还会有一个前出边疆带，即超越本国自身的地理主边疆带前出到敌国控制或欲控制的地带"，并进一步指出，"当代中国政治地理存在着一个环边疆带，即在大陆由边界往内，在历史上和现实中经常发生涉边（例如涉藏、涉疆、涉滇、涉桂）问题的地带，其中以新中国行政区划的边疆省区为主边疆带，以这些边疆省区相邻的部分地区为次边疆带，而在沿海是以国际法承认与中国行政地图标注的海域为主边疆带，沿海省市内陆为次边疆带；在此之外，符合中国国家战略意图的，与世界政治体系规则吻合的，与他国所进行较高程度的政治、经济、军事合作，能够开展具有战略意义活动的地方，可视之为前出边疆带"。[1] 从孙勇教授对边疆带的界定及其划分来看，主要是基于国家战略特别是边疆战略的视野，强调不同边疆带区域的空间特征及其战略意义，着眼于边疆自身的地位特别是其在国家整体战略中的功能。

在孙勇教授的边疆带划分中，次边疆带是作为与主边疆带相对应的空间而存在的，呈现的是一种边疆的视野。但如果以更为综合的视野，则会显而易见地发现次边疆带事实上是内地与边疆之间的过渡地带，既受到内地中心区域的支配，又受到主边疆带的影响。次边疆带是一个环状的区域，不同的方位有着差异性的特征且面对着不同的问题。西部次边疆带具体指向次边疆带的西部部分，是指介于主边疆带（新疆、西藏）与内地之间并依然具有边疆特征的过渡地带（包括宁夏、甘肃、青海、四川、云南等省份的全部或者部分区域），在历史地理区域上与藏彝走廊、西北民族走廊区域基本重合。西部次边疆带在整体的次边疆带环状结构中具有特殊重要的地位，主要是因为其面对着新疆与西藏这两个具有重要战略地位的区域，并且受其深刻影响。

---

[1] 孙勇：《国家战略下的大边疆战略研究：多重世界非恒称视角下的力量博弈》，四川大学出版社，2017年，第323页。

从空间与战略层面来界定与讨论次边疆带，这一视角虽然有着整体意义上的合理性，但是难以深刻理解次边疆带特别是西部次边疆带的区域特征，也难以阐释清楚对这一地带民族关系展开研究的独特价值及重要意义；同时，也难以解释这种在地理、生态、族群、宗教、文化、行政区划等多个方面都具有多元性与多样性的区域，是如何能在机理上形成一个内在自洽的空间。如果不加讨论地将西部次边疆带视为一个研究区域，可能会招致普遍的质疑：自然地理上，这一地带并不是一个相对完整的地理空间，而是由多种不同形态的地理单元构成；在行政区划上，分属于不同的省市区域，且省际边界有着自然地理的阻隔；在文化上，是藏传佛教、伊斯兰教与汉文化的交界地带。基于这种内在的多样性，从传统与典范的区域界定来看，西部次边疆带是不能被视为一个区域的。但是，即使有着这些多样性与复杂性，这一区域与相邻的区域又存在着较为鲜明的分野，有进行讨论的空间与合理性。

需要指出的是，本研究所界定的主次边疆带，与"内外边疆"在空间范围上有着重合之处，但是在指向上却不同，"内外边疆概念主要来源于对汉式王朝领土结构的分析"①，而主次边疆带的概念则是以边疆为视角，以不同边疆圈层在战略地位与问题显隐上的区别为着眼点。内外边疆概念及主次边疆带的讨论，意味着其中的次边疆带是可以作为空间结构中的一个区域，但是将之作为一个具有现实基础与学术意义的区域概念，依然需要对其展开论证。而其中的关键，则是需要跳出原有对区域界定的方式与论证逻辑。

在人们的普遍印象与学术讨论中，一个空间之所以被看作一个区域，主要是由于其内在的均质性与系统性，以及区别于相邻空间的异质性与独特性。区域的形成是自然环境与人类活动共同塑造的产物。而对区域的划分，则呈现了一致性与差异性的辩证法，多种要素的一致性和同一性塑造区域的特征，而要素的不同标识着区域间的差异。因此，区域的划分并非随意的，而是要具备一定的规范，学者们普遍强调了同质性、系统性、独特性、共趋性、内在逻辑性等。虽然要素的同质性及其区别于其他区域的独特性被认为是界定

---

① 姚大力：《追寻"我们"的根源：中国历史上的民族与国家意识》，生活·读书·新知三联书店，2018年，第184页。

区域的基础条件，但是人类活动又使得这些特征是"动态的和相对的"，区域的范围与面貌都会发生变动。事实上，所有区域的界定在满足空间分异的基础上，更多是体现着人类活动所形成的社会关系。当人类活动跨越原有区域的界线而形成新的更为密切的社会关系时，就可以认为新的区域形成。在区域研究上，施坚雅跳出了自上而下行政区划的区域界定，以市场层级体系自下而上地以人们的经济活动构建出区域的中心、边界、范围等形态。其中，他所依据的正是人类活动特别是经济社会交往的空间范围，"是一个地方和区域历史的网状交叠层级体系（an internested hierarchy），这些地方和区域的范围分别以人之互动的空间形构（the spatial patterning of human interaction）为依据"①。罗威廉也指出，"区域……并不是指具有统一性的地带，而是指内部具有相互依赖的交换关系的系统，并且其内部的异质性要超越同质性"②。从施坚雅与罗威廉对区域的界定可以看到，内在的有机关联与社会关系是划分一个区域更具合理性与自洽性的标准。

事实上，一个区域被界定并得到广泛认可，虽然有其地理空间基础，但更多是因为其内部蕴含着丰富的内在关系和有机的社会关联。诸如，藏彝走廊作为一个历史民族区域，内部的地理单元间也有着多重的区隔，但是由于多民族间的流动与交往而形成一个有着内在联系的区域。

由此观之，以关系联结的角度来审视西部次边疆带，可以发现其也具备作为一个研究区域的条件与特质。这不仅是由其在国家疆域之内的地位与功能所决定的，而且也是由其内部及区域间的互动关系与网络体系所塑造的。在西部次边疆带，生态基础上的经济共生互补、政治权力的博弈与角逐、多族群的交流互动等，都鲜明地体现着"人之互动的空间形构"的塑造作用，也塑造了与主边疆及内地相比较的差异与联系。

西部次边疆带的形成，有其空间过程与历史脉络。历史地看，中国的疆域空间整体上呈现为一种中心边缘结构，表现为空间的层级区分与治理上的

---

① 刘志伟、孙歌：《在历史中寻找中国：关于区域史研究认识论的对话》，东方出版中心，2016年，第18—19页。
② 〔美〕罗威廉：《长江下游的城市与区域》，载林达·约翰逊：《帝国晚期的江南城市》，成一农译，上海人民出版社，2005年，第11页。

差序格局，只是这一结构在不同的历史阶段对应着不同的空间区位，并且有着一定的位移。理解中国边疆区域的多层次性，关键的历史节点是清朝完成大一统。在清朝的经营下，实现了对漠北、西域以及青藏地区的直接统治，并以因俗而治的制度加以统治，这样不仅扩展了历史中国的空间范围，同样也实现了区域结构及体系的拓展。总体上，中心边缘的结构与空间的层次并不会发生变化，但是在具体的空间上会出现游移与调整。晚清民国时期的边疆危机使得原来外缘层次的区域（诸如藩属国）发生了部分的剥离与关系的断裂，外蒙古的独立改变了北部边疆的结构层次，使得内蒙古地区成为外缘的主边疆带。而在西北与西南，这一内外边疆的区域结构依然存在，并且延续着两者之间的结构性关系特征。

第二节
西部次边疆带民族关系的主要特征：互补、交互与复合性

以区域为单位考察民族关系，通常需要具备两个基本前提。其一，区域自身在空间上的自洽性。区域的划分不仅是自然地理空间上的界定与区别，更多是要具备社会与文化意义，也就是说，一个区域只有以特定的经济社会关系为基本内核，且与其他区域存在显著的差异与区分，才具备其空间与逻辑上的自洽性，才会得到普遍的承认。其二，该区域的民族分布及关系形态表现出受区域空间支配的独特性特征。也就是说，一个区域民族关系所呈现出来的特质，是这一区域结构所支配与制约的结果，有区域内在的独特性，并且与其他区域形成明显的差异。

由此观之，西部次边疆带是具备作为一个区域的条件与特质的。这不仅是由其在国家疆域空间之内的地位与功能所决定的，而且也是由其内在互动关系及区域间的网络体系所塑造的。西部次边疆带在内在结构上存在着多元性基础上的空间整体性，在外部地位上也呈现出整体视野中的独特性。受区域内在结构与外在地位的支撑与制约，西部次边疆带呈现出相应的形态与特

征,与主边疆带表现出明显的差异。

总体上看,西部次边疆带生活着汉族、回族、藏族、羌族、彝族、撒拉族、土族、蒙古族、裕固族等三十余个民族,这些民族在生计方式、宗教信仰、民族文化、生活习俗等多个方面都表现出丰富的多样性。除了具有多民族混杂区域民族关系的一般特征,还具有西部次边疆带区域民族关系的特殊性。

一、基于游牧与农耕生计的经济共生互补关系

作为社会关系特殊表现形式的民族关系,其在文化层面上呈现出的差异在很大程度上是由人类适应自然环境过程中所形成的生计方式所决定的。自然环境的多样性决定了人们适应与改造自然方式的多样性,并由此表现为多元化的生计方式。与此同时,生计方式所反映的人与自然之间的物质交换类型及技术手段,也在很大程度上决定着人群的组织方式、文化习俗等,这些往往成为民族区分的内在规定性。特定的民族往往是与一定的生计方式联系在一起的,呈现为以民族为类别的社会分工,并在此基础上发展出相应的群体文化。"社会分工与民族以人类不同群体能够使用的自然资源为中心,形成不同民族互为表里的身份;社会分工所需要的专业工具、专业知识和技能、规范或操守、观念和价值观等,则构成民族的文化属性。"[①] 不同生计方式从自然中获取的物质形态与种类不同,并不能完全满足人们的各种需要,因此依赖于不同生计方式的民族间的产品交换就成为必然,这也成为民族互动交往与民族关系发展的物质基础。这在自然环境多样性显著的西部次边疆带有着突出的表现,这一地带内多样的生态决定了不同人群差异性的生计方式,同时人群间互通有无的交换塑造了多民族间的共生互补关系。

西部次边疆带跨越了青藏高原、横断山脉、祁连山脉、河湟谷地、河西走廊等复杂区域,位于第一阶梯向第二阶梯的过渡地带,地理环境复杂。高原、山地、河谷、平原、盆地等多种地形交错分布,气温与降水的差异造成

---

① 徐黎丽、韩静茹:《社会分工与民族》,《思想战线》,2018年第2期。

了温带大陆性气候、温带季风气候、高原高山气候、亚热带季风气候等气候在这一地带交界。地形与气候上的多样性造成了地表植被类型与密度的差异，也决定了人们可资利用的资源类型，并发展出多种多样的生计方式。总体来看，河谷的冲积地带适合发展农耕产业，典型者如河湟谷地、河西走廊的草原绿洲等；在藏彝走廊的山地峡谷地带，在河坝区域有着小规模的农业，汉族、回族、羌族、土族等民族主要以此为生。草原在西部次边疆地带广泛分布，藏族以牦牛、马作为主要的生计来源，羌族、回族等以羊作为主要的生计来源。除此之外，无论是游牧方式还是农耕方式，其生产与生活都需要工具，这使人们对手工业产生了需求，汉族、撒拉族、保安族等就承担了这样的社会分工。农耕民族与游牧民族之间较少直接交易，大部分的贸易还需要借助中间群体，回族、撒拉族等承担了这样的角色。

"多族群间的相互依赖取决于族群间的互补性，没有互补性的族群缺乏族际联系的基础。他们之间或者没有互动或者会有一些与族群身份无关的互动。"[①] 正是西部次边疆带这种基于生态的经济共生与互补性，使得多民族间的交往与互动有了坚实的物质基础。当代西部次边疆带民族间共生互补关系的一个典型案例是牛羊育肥。在冬春时期牧区牲畜膘情不良、出栏旺季又价格低廉时，人们将大量瘦弱牛羊贩运到自然条件较好、饲草料资源丰富的东部农区，进行舍饲圈养育肥，待市场转旺时再集中出售。在这一过程中，西部牧区的藏族、蒙古族，东部农区的汉族、回族、土族、撒拉族和善于经商的回族、撒拉族紧密地联系起来，实现了经济上的共生互补，深受农牧民的欢迎。这种不同民族间的合作共生关系在西部次边疆带普遍存在，成为民族关系良性发展的重要基础。虽然随着工业的发展，这一共生互补关系在形式上有所改变，但是生态决定的资源类型与经济互动方式并没有发生根本性的变化，和谐共生关系的基础依然存在并在新的时代环境下发展出更为有机的共生机制。

---

① 〔挪威〕弗雷德里克·巴斯：《族群与边界》，李丽琴译，商务印书馆，2014年，第10页。

二、多文明交汇与民族间的互嵌结构及跨体系性

除了在生态基础上所形成的经济共生互补，西部次边疆带的内在结构与外部地位还决定了这一区域是一个多元文化互动交融的地带。从文明的类型与范围来看，西部次边疆带是多种文明的边缘区域，但同时也是这些文明的交汇之地。西部次边疆带所处的区域实际上可以视为汉族为主的儒家文化圈、藏族为主的藏传佛教文化圈以及回族为主的伊斯兰教文化圈的边缘交汇与重叠区域[①]。这样，西部次边疆带这一区域实际上就在不同层次上都呈现为跨体系社会的特征。汪晖认为"跨体系社会"是指"包含着不同文明、宗教、族群和其他体系的人类共同体，或者说，是指包含着不同文明、族群、宗教、语言和其他体系的社会网络。它可以是一个家庭、一个村庄、一个区域或一个国家"[②]，主要是"强调物质文化、地理、经济、宗教、仪式、象征、法权和伦理表述的多样性共存于一个社会体内，从而为观察一个社会的政治文化提供新的视野"[③]。西部次边疆带跨体系社会的性质对多民族互动与关系发展有着重要意义，使得多元文化的互动成为这些民族的生活日常，时时刻刻地影响着彼此的观念、信仰、伦理、习俗。一方面，多样的文化体系为多民族的互动交往提供了中介与载体，民族间的互动交往与关系发展实际上是沿袭与依托着这些体系的脉络而展开，从而呈现为波澜壮阔的丰富图景；另一方面，多样性的文化共存于不同尺度下的社会体内，实际上就构成了一个多元文化交织的网络，民族间的互动与交往就镶嵌于这一网络之内，从而为民族间的互动交往与关系发展提供了强大细密的合力。如果从互嵌的角度来看，这些多元的文明体系实际上为民族间的互动交往与相互嵌入提供了内容、形式与空间，而且这种跨体系社会特征在不同空间尺度上的体现，也使得西部次边疆带成为疆域与多元族群与板块的联结地带，蕴含着区域性跨体系社会以及中华民族多元一体格局形成与发展的动力机制。

[①] 刘夏蓓：《安多藏区族际关系与区域文化研究》，民族出版社，2003年，第6页。
[②] 汪晖：《东西之间的"西藏问题"》，生活·读书·新知三联书店，2011年，第148页。
[③] 汪晖：《东西之间的"西藏问题"》，生活·读书·新知三联书店，2011年，第148页。

三、区域内外交织互动下的中间性与复合性

西部次边疆带虽然在清朝时期才显示出其整体面貌与全部意义,但在此前就已经呈现出其重要的地缘政治地位。历史上,这一区域是中央王朝治理西北与西南边疆重要的中间依托地带,军事行动与政治活动在此密集展开。中间地带的地位使得西部次边疆带表现出鲜明的过渡性特征。西部次边疆带的这一地位,不仅影响着这一区域的民族分布格局,而且也在很大程度上塑造其民族关系。生活在这一地带的民众,在农耕与游牧生计上频繁变动,普遍以"地域情感部分地取代了种族的或民族的情感"[1],这极大影响了其行为逻辑与文化性格。在行为取向上,他们表现出自身的相对独立性,但对两侧势力在不同情境下既归附又叛逆,表现出灵活的策略性与"权威中间性面貌"[2],而在文化上,因为受到多方因素的影响而呈现出"文化复合性格"[3]。例如这一区域内的康定土司,其权威来源一来自汉地,一来自西藏,是"世俗权威与宗教权威的结合","政治的东向性与宗教的西向性"塑造了其基本的文化特质与行为逻辑[4]。这样,西部次边疆带实际上就成为一个"暧昧"与游移性的边疆社会。在这种区域地位与社会进程中,西部次边疆带民族关系既有区域社会所规定的内在特征,同时也受外部影响而呈现出变动性,其发展与变动"不仅仅是区域内生性结构的变化,很多时候与区域外来力量即'介入性力量'(intrusive system)推动密切相关"[5]。这一区域内的民族大致都具备着这一文化性格与行为逻辑,从而使得其民族关系呈现为鲜明的区域特征。

---

[1] Owen Lattimore. *Manchuria: Cradle of Conflict*. New York: The Macmillan Company, 1932:8.
[2] 郑少雄:《汉藏之间的康定土司——清末民初末代明正土司人生史》,生活·读书·新知三联书店,2016年,第14—15页。
[3] 郑少雄:《汉藏之间的康定土司——清末民初末代明正土司人生史》,生活·读书·新知三联书店,2016年,第14—15页。
[4] 王娟:《化边之困:20世纪上半期川边康区的政治、社会与族群》,社会科学文献出版社,2016年,第29页。
[5] 尹建东:《环境、族群与疆域空间:西南边疆史研究的区域史观和阐释路径》,《西南民族大学学报(人文社会科学版)》,2018年第9期。

伴随着农耕民族与游牧民族的整体互动，中央王朝与边疆地方在历史上的政治角力，以及该区域环境所规制的区域社会性格，这一地带不同的民族群体展开了频繁的、激动人心的互动，共同形塑了这一区域波澜壮阔的历史，这样的空间格局所塑造的区域特征以及所规制并形塑的社会政治形态，也使其民族关系呈现为一种相对独特的类型。这一区域的民族关系，既有着多民族互动交融的历史经验与当代实践，同时也易于受到外界观念与力量的扰动，使得其无论是总体历史进程还是某个时段，都表现为稳定性与变动性相互交织的局面。在当前全球化的情境下，特别是"一带一路"的视野下，作为区域连续体重要组成部分的西部次边疆带的战略性地位更加凸显，流动性在区域间的传导更加明显，这些共同塑造着这一区域民族关系的新特征。

第三节
西部次边疆带民族关系研究的重要意义：
类型、地位与共同体塑造

西部次边疆带因其内在结构与外部地位而形成一个自洽性且具有重要研究价值的区域，蕴含着很多具有重要意义的研究议题，对其民族分布及民族关系的探讨，更是呈现出独特的价值。西部次边疆带的民族分布及民族关系，无论是在区域内部结构还是在区域间相互影响的外部地位方面，都呈现出鲜明的区域特殊性。作为空间上的联结地带，西部次边疆带的民族关系是中国整体民族关系的晴雨表，也是主边疆带民族关系的稳定锚。西部次边疆带区域内民族关系的特征以及外在地位、影响，也为理解中国民族关系的总体状况乃至中华民族共同体的形成与发展提供了重要的视角。因此，对这一区域的民族关系展开研究并总结其历史经验、探索新的发展道路，既有现实紧迫性也有长远战略意义。

首先，西部次边疆带的民族关系蕴含着多民族间互动与交融的丰富实践，剖析其民族互动交融的经验，对内地与主边疆带区域的民族关系发展具有重要的借鉴意义。

从整体上观察中国各民族的分布，可以总结为"大杂居、小聚居"的空间格局，表现为民族分布在整体上的交错与混杂，以及在特定区域内的相对集中。这种民族分布格局深刻影响了中国民族关系的形态，那就是在保持民族文化特色的基础上进行多民族交流，与此同时，民族分布及其关系又表现出不同的"区域"类型。有学者指出，"'区域'视角下的'民族'类型可以分为相对固化于一定'区域'的'区域'民族、并不固化于一定'区域'的'非区域'民族以及由流动到固化而形成的'定居民族'三种类型"[①]，并认为从"民族"的不同"区域"类型切入可以理解其主要特征，特别是权利诉求。民族的区域类型着眼于民族与区域之间的关联，以此形成以空间维度呈现出的民族关系。如果以内地及其环绕周边的边疆带来作为认识民族类型区域的载体的话，那么就可以发现，内地、次边疆带与主边疆带呈现并代表了民族区域的三种类型。诸如内地，边疆地区的少数民族进入内地城市就成为以流动人口形式出现的"非区域"民族，其面临的主要问题是经济与社会文化适应，主要的权利诉求是社会"融入"；在主边疆带的新疆与西藏，主要是以维吾尔族与藏族为主的在一定时间内相对固化的"区域"民族，主要的权利诉求是经济社会发展与民族区域自治制度的实践；而在西部次边疆带这一区域，其民族的区域类型表现出混杂与复合性的特征，既有区域相对固化的群体，也存在贯穿其中的流动人群，而其权利诉求主要是经济发展与文化交融。其中，西部次边疆带的民族分布与民族关系更多地体现了多民族交往交流交融的区域典范，蕴含着多民族互动与交融的丰富经验，对于西部主边疆带与内地民族关系发展都具有十分重要的借鉴意义。而且，这一地带民族关系所呈现出的经验与理论价值，也值得在学理上进一步探索与研究。

其次，西部次边疆带民族关系发展及情形具有全局性意义，其交融与和谐程度影响着中国民族关系的整体发展。

西部次边疆带不仅在内在结构特征上有着特殊性的表现，而且在外在地位上承载着特定的功能，在边疆的层级结构上起着支撑主边疆带与拱卫内地

---

① 陈永亮：《"民族"的"区域"类型及其权利诉求》，《广西民族研究》，2018年第2期。

的作用，是区域发展的传递地带、民族交流融合的走廊地带、生态上的过渡地带。西部次边疆带的这一地位，决定了一方面其民族关系具有基于地理环境制约与人群流动驱动的内在多元混杂特征，另一方面由于其中间地带的地位与区域间的互动，民族关系易受到两侧区域的双重影响，同时也对两侧形成双向辐射，从而造成民族关系的跨区域影响。这样就使得西部次边疆带的民族关系处于一个特殊的重要地位，不仅是主边疆带民族关系的稳定锚，而且是中国整体民族关系的晴雨表，具有情境性的影响。正如"从某种意义上看，中国主边疆带问题是地理边疆的显性问题，次边疆带问题是地理边疆的隐性问题"[①]，西部次边疆带的民族关系也具有一种隐性的特征。这种隐性特征并不意味着其地位不重要，事实上，西部次边疆带民族关系具有基础性地位，不可忽视。只要这一地带的社会稳定与民族关系能有较为坚实的基础，就可以保障主边疆带的完整与稳定，这反复为历史所证实。需要从主次边疆带相互关系的角度，对西部次边疆带的民族关系给以充分重视与系统研究。

最后，西部次边疆带的民族格局及关系形态有着内在的丰富性，对其展开研究有助于理解中华民族多元一体格局与中华民族共同体的形成与发展。

西部次边疆带在中国疆域空间内具有重要的地位，可以视为内地与边疆地区之间一个具有连续统意义的联结地带，在历史上连接起农耕社会与游牧社会，助力了中华民族大一统的完成。疆域空间的整合是由人类活动完成的，其中就包括多民族之间的互动。以空间的视野来看，西部次边疆带可以说是民族间互动最为频繁、影响最为深远的区域。历史上这种互动虽然在某些时候是以战争等形式出现的，但往往正是这种剧烈的互动与交往推进了民族间的融合，也促进了内地与主边疆带区域之间的联结。在西部次边疆带区域，不仅可以在微观的城镇、村落层面发现多民族多元文化共生共存的情形，而且这一区域本身在多民族统一国家与中华民族多元一体格局的形成中也是重要的联结空间。它包含的走廊形态及民族间的互动联系，使其成为"中国边疆与中心聚合与离心力量相互博弈的纽带"[②]，联结着各区域板块并使其成为

[①] 孙勇：《国家战略下的大边疆战略研究：多重世界非恒称视角下的力量博弈》，四川大学出版社，2017年，第29页。
[②] 徐黎丽：《通道地带理论——中国边疆治理理论初探》，《思想战线》，2017年第2期。

一体。而从多民族统一国家形成的历史过程来看，正是中央王朝对这一地带的掌握，才实现了对主边疆带区域的有效统治。在这一过程中，西部次边疆带区域发展出的民族间关系与跨区域联结，在军事、政治、经济与文化等方面发挥了举足轻重的作用。因此，在内地与主次边疆带相联系的视野下对西部次边疆带的民族分布及民族关系展开研究，有助于更好地理解中华民族多元一体格局的形成与发展，以及中华民族共同体的历史形塑与当代发展。

第四节
西部次边疆带民族关系研究的回顾与综述

民族作为一种人群分类的社会表现形式，因呈现出丰富的政治、经济与文化意涵而被广泛关注，民族间所形成的关系及意涵更是丰富，不仅集中体现在民族群体之间的互动与交往关系，而且涉及民族与国家之间关系这一颇具政治意义的层面。因此，作为社会关系特定类型与形式的民族关系，得到广泛关注，学者们也从不同的角度对这一议题展开了讨论。但是，综观民族关系相关研究成果，会发现很多研究在理念与方法上存在局限，对相关问题的讨论流于泛化，制约着研究的深度与理论上的提升。本部分是对现有民族关系研究特别是其理论方法展开综述，旨在探索更适合的研究方式与路径。

一、民族关系研究理论与方法的回顾与综述

（一）民族关系及其理论认识

何为民族关系，这是民族关系研究首先面临的一个概念与定义问题，同时也是规制民族关系研究的一个理论问题，因为对民族关系概念与定义的不同界定与理解，直接影响到民族关系研究的路径与方式。

对民族关系的定义与对民族这一概念的认识密切相关。对民族这一群体

的认识存在两种基本路径：其一，政治意义上的民族群体，在中国语境下，特别指向经过民族识别后在国家制度安排与政策实践上所对象化的群体；其二，是在文化上呈现出自身特性特征的群体。族群被用来描述两个群体文化接触的结果，或者是小规模群体在向更大的社会中所产生的涵化现象。周大鸣指出，族群是指一个较大的文化和社会体系中具有自身文化特质的一种群体①。所以民族，一方面是基于群体自身的文化特质，另一方面则基于其自我的文化认同。在中国的汉语语境中，民族这一概念在当代意义上，就是指经过民族识别所确认的群体，指向"有共同语言、共同地域、共同经济生活以及表现于共同文化上的共同心理素质的稳定的共同体"②，这是在斯大林定义基础上改造的中国化的概念。

随着西方族群概念的引入，社会学与人类学意义上的族群研究将族群间的关系置于一个重要的地位。与民族相比，族群这一概念在范围上更为宽泛，有更多的文化色彩而淡化了其政治意涵，因此，族群关系也主要是在社会与文化层面展开。很多学者认为民族关系与族群关系没有实质差别。其中，马戎主张以社会学的角度研究族群关系。总体上，对民族关系的定义与认识观照着两种理论视野。其一，是基于阶级的观点，讨论与分析的是历史上的民族关系；其二，是基于民族这一群体之间的联系来定义，其基本认识是，将民族关系视为社会关系的重要组成部分。

对于具体何为民族关系、民族关系包含着哪些方面，学者们从不同的角度进行了界定与阐释。一般意义上，"民族关系是在人们交往联系中，不仅具有社会性，而且具有民族性的社会关系，本质上是涉及民族这个社会人们共同体的地位与待遇，民族这个社会群体的权力和利益，民族及其成员的民族意识和情感的特殊的社会关系"③。丁龙召运用形式逻辑"种加属差"定义法，指出"民族关系是指通过各种社会关系反映出的不同民族之间的联系形式"④。综合学者们对民族关系的定义，可以发现主要是从民族关系形成过程、核心

---

① 周大鸣：《论族群与族群关系》，《广西民族学院学报》，2001年第2期。
② 斯大林：《马克思主义和民族问题》，载《斯大林全集》（第2卷），人民出版社，1953年，第294页。
③ 金炳镐：《民族关系理论通论》，中央民族大学出版社，2007年，第166页。
④ 丁龙召：《对民族关系和民族问题定义的新思考》，《中国民族报》，2012年6月8日。

问题、本质层面、社会层面、内容构成、主体构成、状态描述等方面来展开的。这种对民族关系的不同定义，说明了民族关系研究本身的复杂性。

民族关系作为社会关系的一种特殊形式，几乎蕴含着社会关系的方方面面，特定区域与民族之间所呈现出的关系受到多种因素的影响，因此民族关系研究在很大程度上就是对影响关系发展的因素展开分析，这样才能寻求到民族关系发展的症结并在政策上有所应对。对此，学者们进行了很多讨论。其中，特别强调了影响因素的多元性。吴月刚指出影响民族关系的基本因素有民族自身因素、社会因素、自然因素和国际因素等①。在英格尔族群关系变量体系的基础上，马戎认为在族群社会学研究中，影响族群关系的因素被归纳为15类，"包括体质因素、人口因素、社会制度差异、经济结构因素、社会结构差异、文化因素、宗教因素、心理因素、人文生态因素、历史因素、偶发事件、政治因素、传媒作用因素和外部势力的影响、主流族群对其他族群的宽容度"②。马戎还专门讨论了民族关系中的政策因素，诸如制度安排、意识形态、优惠政策等③。虽然这些因素具有一定普遍性，但在实地调查中仍需根据实际情境进行主要因素的研究分析。

与民族关系的影响因素相伴随的，则是对民族关系状态进行评价的指标体系。学者们构建起了民族关系的评价指标体系。戈登提出了测度族群关系的变量体系，依次为文化或行为、社会结构、婚姻、身份认同、族群偏见的消除、族群歧视的消除以及公共事务等七个方面指标。戈登认为，这些方面的同化水平表征着族群关系的发展状态④。马戎结合族群关系调查实际，提出了在实践中可以操作的八个变量指标，分别为"语言使用、宗教与生活习俗的差异、人口迁移、居住格局、交友情况、族群分层、族际通婚以及族群意识。这些指标可作为判断民族（族群）关系水平的重要指引"⑤。郑双怡、张劲松提出民族关系评价指标体系"应围绕政治、经济、文化、社会和宗教五

---

① 吴月刚、中和：《民族关系影响因素——民族关系理论研究之五》，《黑龙江民族丛刊》，2008年第3期。
② 马戎：《社会学的族群关系研究》，《中南民族大学学报（人文社会科学版）》，2004年第3期。
③ 马戎：《民族社会学：社会学的族群关系研究》，北京大学出版社，2004年，第497—536页。
④ M. 戈登：《在美国的同化：理论与现实》，载马戎编：《西方民族社会学的理论与方法》，天津人民出版社，1997年，第53—78页。
⑤ 马戎：《社会学的族群关系研究》，《中南民族大学学报（人文社会科学版）》，2004年第3期。

个方面的因素，建立一套多层次的民族关系评价指标体系，提出了以此为基础的民族关系监测预警机制"①。

还有学者提出民族关系评价指标体系的原则，阎耀军等提出民族社会和谐指标体系的原则②，卢守亭指出应从民族平等度、民族团结度、民族互助合作度、民族和谐度、民族发展度五方面建立指标体系，监测城市化过程中民族关系的发展进程③。马戎指出，"在我们分析族群关系时，我们可以抽象地把两个族群之间的关系状况看作一个连续统（continuum），在一端是两个族群之间完全的融合，连各自独立的族群认同也完全消失；另一端则是两个族群之间完全的隔绝与对立，不仅界限分明，而且彼此的基本利益也处于严重冲突之中，而在这两个端点之间则分布着各种程度不同的状态"④。

对民族关系影响因素及评价体系的研究，是民族关系研究的基本方面，而且这些研究使得对民族关系的讨论是社会科学式的，更加接近于民族关系的现实，并能在此基础上有着政策上的应对。但是，民族关系是社会关系的一种体现，是在具体的经济社会活动中以民族形式呈现出来的社会关系。因此，抽象地讨论民族之间的关系是没有意义的，这些影响因素与评价指标的运用要置于一定的区域、情境与事件之中。

（二）民族关系研究的理论框架

民族关系的研究，除了对不同民族或者区域内展开的关系进行描述与分析外，还需要有着理论上的认识框架，这不仅是因为人类群体之间的共处有着价值上的指向，而且还往往有着政治与组织上的呈现，那就是国家。当代对民族关系的研究，都是在民族国家的框架下展开的，并且以国族塑造为基本指向。因此，在民族关系研究中，民族与民族、民族与国家之间的关系就成为最基本的研究主题。对于作为有着文明延续性与内在多元性的多民族统一国家的中国而言，这一主题需要有更为深刻与丰富的理论指向，学者们对

---

① 郑双怡、张劲松：《民族关系评价指标体系构建及监测预警机制研究》，《民族研究》，2009年第1期。
② 阎耀军、陈乐齐、朴永日：《建立我国民族关系评估指标体系的总体构想》，《中南民族大学学报（人文社会科学版）》，2009年第5期。
③ 卢守亭：《试论城市化进程中的民族关系及其评价指标体系》，《贵州民族研究》，2007年第5期。
④ 马戎：《民族社会学：社会学的族群关系研究》，北京大学出版社，2016年，第466—467页。

此展开了不懈的探索。就民族关系研究的路径与方法来看,主要有以下理论需要遵循或者值得借鉴。

1. 中华民族多元一体格局理论

费孝通先生所提出的中华民族多元一体格局理论,不仅为认识历史上中国民族关系提供了框架,而且为如何开展当代民族关系研究提供了指引。费孝通先生在《中华民族的多元一体格局》这篇著名的文章中,对中华民族多元一体格局的地理单元、生态类型、族群溯源、考古发现、核心族群、演变分期、族群融合等多个方面进行了阐释,其中的核心就是中华民族形成过程中,"主流是由许许多多分散存在的民族单位,经过接触、混杂、联接和融合,同时也有分裂和消亡,形成一个你来我去、我来你去、我中有你、你中有我,而又各具个性的多元统一体"[①]。理解中华民族多元一体格局理论对当代民族关系研究的启发,关键就是理解多元性、一体性及两者之间关系。对于何为多元、何为一体,费孝通先生指出:"它所包括的五十多个民族单位是多元,中华民族是一体,它们虽则都称'民族',但层次不同。"[②] 中华民族多元一体格局理论,不仅在历史与现实发展上引导了对中国民族关系进行梳理,而且也在实践上规范着民族关系研究。马戎教授直接将费孝通先生的中华民族多元一体格局理论视为理解中国族群关系的理论框架[③]。中华民族多元一体格局理论极富弹性与开放性,有着历史梳理与现实规范的价值,为认识与处理现实中不同群体层次、不同空间尺度、不同领域之内的民族关系和民族与国家间的关系提供了框架。然而,虽然可以在群体意义上将五十六个民族视为多元,但是对此不能有着狭义与机械的理解。因为这种理解,一方面存在族源追溯的本质论问题,另一方面可能会割裂具体区域与情境下的有机联系。在具体的田野场景中,每个群体的文化、身份及认同都是多元的,而且在不同的情境下有着迥异的呈现。因此,所谓的多元,是相互联系中的多元,也是多重维度的多元,多元意味着彼此虽有区别但不能分离与割裂,否则就不

---

① 费孝通:《中华民族的多元一体格局》,《北京大学学报(哲学社会科学版)》,1989年第4期。
② 费孝通:《中华民族的多元一体格局》,《北京大学学报(哲学社会科学版)》,1989年第4期。
③ 马戎:《民族社会学:社会学的族群关系研究》,北京大学出版社,2016年,第112—145页。

会有着多元性的生成。民族关系研究的展开，也应该有着这样的理论自觉。

2. 中华民族共同体理论

在中华民族多元一体格局的理论视野内，多元与一体是辩证的关系，其中一体具有根本性指向，不同群体则有着不同的指向。对于民族多元性的强调，会在一定程度上造成民族间特别是相近民族之间关系的疏离。因此，对民族关系展开讨论的另一个重要理论框架指向国家特别是国族构建中的中华民族共同体理论。

中华民族共同体理论蕴含着深刻的学术性。事实上，早已有学者提出了中华民族共同体的概念并进行了阐释："多元一体是中华民族共同体理论的内在结构，命运共同体是中华民族共同体的本质属性。"[①] "共同体"是中华民族共同体理论的中心概念，强调中华民族是一个共同体而不是联合体，这凸显了构成中华民族的56个民族单元的存在方式和状态，即中国56个民族融入共同体并依赖共同体而存在发展的状态[②]，凸显了中华民族共同体的整体性、共同性和实体性等基本特征。民族关系作为中华民族共同体建设的中心环节，决定着共同体的内涵与互动规范[③]，而建设的路径是加强各民族交往、交流、交融，推进民族间互嵌格局的形成。在民族关系研究中，中华民族共同体是需要重视的理论框架，各民族区域自治地方亦存在着区域性的共同体，其中民族间的互动交往关系就在此展开，而这种分形结构的共同体共同构成了中华民族共同体这一整体。

3. "跨体系社会"理论

中华民族多元一体格局理论与中华民族共同体理论，分别在理论继承与发展的基础上为理解与认识中国民族关系提供了理论框架，但民族关系往往都是区域性的，应在区域的视野内展开，这样才能形成深入认识。因此，区域研究的视野与方法同样适用于民族关系研究。区域意味着多元要素在特定空间内的汇聚、交互与展开，这实际构成了一个区域社会。对此，汪晖提出

[①] 孔亭、毛大龙：《论中华民族共同体的基本内涵》，《社会主义研究》，2019年第6期。
[②] 孔亭、毛大龙：《论中华民族共同体的基本内涵》，《社会主义研究》，2019年第6期。
[③] 朱亚峰：《历史进程中的中华民族共同体建设——以民族关系为研究视角》，《黑龙江民族丛刊》，2018年第6期。

了"跨体系社会"的概念与理论。汪晖认为跨体系社会是指"包含着不同文明、宗教、族群和其他体系的人类共同体，或者说，是指包含着不同文明、族群、宗教、语言和其他体系的社会网络。它可以是一个家庭、一个村庄、一个区域或一个国家"①，主要是"强调物质文化、地理、经济、宗教、仪式、象征、法权和伦理表述的多样性共存于一个社会体内，从而为观察一个社会的政治文化提供新的视野"②。他进一步指出，"'跨体系社会'不但不同于从'民族体'的角度提出的各种社会叙述，也不同于多元社会的概念，它更强调一种各体系相互渗透并构成社会网络的特征"③。"所有区域、尤其是民族区域是一个跨体系社会，以族群、宗教、语言等单一方式研究区域和民族区域，难以呈现区域的复合性和混杂性的特征。"④ 这意味着民族关系研究上的区域视角与超民族视野，从一种民族叙事转向区域叙事，因此，"跨体系社会是全面理解区域性民族关系的一个综合性的视野，也是为民族关系的研究指出了新的综合的路径"⑤。王铭铭也对民族关系研究的视野与方法论提出改进，指出要从"民族的整体社会形态的历史叙述"转向"对一个小范围的时空单位进行的人文描述"⑥，这实与"跨体系社会"有异曲同工之处。相较于中华民族多元一体格局理论、中华民族共同体理论，跨体系社会理论是将各个民族及民族间的关系置于多重的社会关系与文明体系之中，所呈现的是具有区域整体性与历史丰厚度的关系，因此在理解与讨论具体区域的民族关系上更具有指导价值，在研究路径上也更具操作性。

（三）民族关系研究的时空结构

中国的国情决定了区域性的、个别民族间的民族关系研究是蕴含着丰富的议题与研究意义的，因此，将民族关系研究置于特定的时空之内展开，更

---

① 汪晖：《东西之间的"西藏问题"》，生活·读书·新知三联书店，2011年，第148页。
② 汪晖：《东西之间的"西藏问题"》，生活·读书·新知三联书店，2011年，第148页。
③ 汪晖：《东西之间的"西藏问题"》，生活·读书·新知三联书店，2011年，第149页。
④ 汪晖：《民族区域与跨体系社会——民族问题研究的区域视野》，载武翠英、张晓明、张学进主编：《中国少数民族文化发展报告》，社会科学文献出版社，2013年，第44页。
⑤ 朱金春、王丽娜：《从"多元一体格局"到"跨体系社会"——民族研究的区域视角与超民族视野》，《黑龙江民族丛刊》，2012年第2期。
⑥ 王铭铭：《中间圈——"藏彝走廊"与人类学的再构思》，社会科学文献出版社，2008年，第57页。

具研究价值。有学者总结出民族关系研究在时间维度上所能展开的议题：其一，以社会转型的某一向度为背景来分析民族关系的变迁问题；其二，研究社会转型对区域性民族关系变迁的总体影响；其三，以社会转型为背景研究民族关系某一向度或本质层面的变迁问题。[①]

同时，空间分异呈现出一定的丰富性，因此区域性的研究具有重要意义。而在区域研究上，存在这样几种情况，实际上与对区域的界定有关。其一，是以自然的区域单位或行政区域为范围的民族关系研究。其中，典型者如以某省、市州、县乡、村落为单位，以特定的行政层级的空间来呈现更大区域的民族关系情形，其中的问题在于，行政区域的边界分割了现实的社会关系，并对民族关系的发展形成制约，使其呈现为特定的形态。其中，城镇内的民族关系研究特别是城市内的民族关系研究，是一个具有生命力的研究领域，是城市人类学的重要研究议题之一。而对于这些行政区域内民族关系的研究，很大程度上延续传统民族志的方式，也就是对该区域内涉及民族关系的方方面面以及各种要素都展开描述与讨论，这一研究虽全面，却对区域间的联系与影响重视不足。

其二，则是以特定的历史社会区域为空间展开的民族关系研究。如流域、通道、走廊、边境、农牧交错地带，在这些空间中形成具有内在连接网络与体系的区域，其民族的分布及民族关系呈现出鲜明的区域特征，因此对这一区域形态之下的民族关系的研究成为20世纪90年代以来民族关系研究的特色之处。费孝通先生提出的板块与走廊的区域构造，以及施坚雅对于区域及关系的界定等，都是着眼于内区域的内在机理及其在此基础上发展出来的民族关系。其中，典型者如农牧结合地带的民族关系研究[②]、民族走廊的民族关

[①] 董博文：《中国社会转型中民族关系的调控与变迁研究》，中共中央党校博士学位论文，2016年。
[②] 贺卫光：《中国古代游牧民族与农耕民族在经济上的互补与非平衡需求》，《西北师大学报（社会科学版）》，2003年第1期；王爱民、刘加林、缪磊磊：《青藏高原东北边缘及毗邻地区历史时期的人地关系及其演进》，《人文地理》，2000年第2期；张萍：《谁主沉浮：农牧交错带城址与环境的解读——基于明代延绥长城诸边堡的考察》，《中国社会科学》，2009年第5期；李凤山：《论长城带在中国民族关系发展中的地位》，《中国史研究》，1998年第2期。

系研究①、流域中的民族关系②、道路空间的民族关系等。这些区域实际上其形成有着内在的机理,民族关系也呈现为特定的特征。而且,这些区域的形成与发展有一个历史的过程,对其民族关系的研究也应在历史脉络中展开。因此,对区域情形下的民族关系的研究,既有着区域的脉络,也有着宗教文化等的依托,对此展开的讨论具有历史与理论的深度。

其三,活动与事件中的民族关系研究。民族关系呈现的是不同民族之间的互动,而这些互动在很大程度上体现在一定的活动和具体的事件中,因此对这些活动与事件之中民族关系的研究,不仅可以鲜活呈现民族关系的详细情形,而且也能发现其中存在的问题。其中,在生产生活中展开的民族关系,诸如农牧生计互补而形成的经济互动③、虫草贸易④、牛羊育肥、药材贸易等,都需要不同民族参与,并且在这一活动过程中形成了民族间共生互补的关系。而具体事件中呈现的各种情形,更是折射出民族间互动与交往的关键问题及其真实状态,这些事件还会形成民族间的集体记忆并对民族关系的发展造成长远的影响,但是这一方面的研究还不够深入。

民族关系实际上是在特定的时空与情境下发生的,抽象地讨论民族关系的状况及影响因素只能获得一般意义的认识,因此,对民族关系的研究要置于一定的空间与情景之下,对其在时空之内所展开的具体互动与交往进行描述与分析,这样才能呈现其具体的基本状况,从而发现其中的问题及可改进之处。

---

① 石硕、李锦、邹立波:《交融与互动藏彝走廊的民族、历史与文化》,四川人民出版社,2014 年;切排:《河西走廊多民族和平杂居与发展态势研究》,民族出版社,2009 年;高志英:《藏彝走廊西部边缘民族关系与民族文化变迁研究》,民族出版社,2010 年;马尚林:《藏彝走廊中的回藏和谐民族关系研究》,民族出版社,2017 年。
② 田阡:《村落·民族走廊·流域——中国人类学区域研究范式转换的脉络与反思》,《社会科学战线》,2017 年第 2 期;王剑:《聚落、廊道、立面:西南区域研究的流域人类学视野》,《社会科学战线》,2016 年第 10 期。
③ 敏俊卿:《中间人:流动与交换——临潭回商群体研究》,中央民族大学出版社,2011 年。
④ 李雪萍:《转型期藏族农牧民生计适应的复杂样态与内在逻辑》,《江汉论坛》,2018 年第 9 期;范长风:《冬虫夏草产地的政治和文化传导——阿尼玛卿山虫草社会的经济人类学研究》,《西藏研究》,2015 年第 2 期;才贝:《论藏区冬虫夏草的交易模式——以青海果洛藏族自治州虫草的"流动"为例》,《青海民族研究》,2014 年第 1 期;安德雷:《从游牧民到商人:青海玉树州藏族游牧民在虫草和市场作用下的生计转变》,《中国藏学》,2013 年第 3 期。

（四）民族关系研究的学科视野

在民族关系研究中，除了要厘清认识框架与理论借鉴，也需要考虑学科视野。这是因为关于民族关系的知识与理论主要是在高校等研究教学机构中生产的，各学科所持有的特定理论与视野深刻地影响着民族关系研究的路径。其中，马克思主义民族理论、社会学与政治学等都对民族关系进行了探究，形成了一定的研究路径。

1. 马克思主义民族理论（民族学）

严格来说，马克思主义民族理论并不能被视为一个学科，但是随着对民族问题的持续关注，其也形成了一定的理论路径，诸多学者以此对民族关系展开讨论。有学者就指出，"20世纪50年代，诞生了以马克思主义和中国共产党的民族政策实践为基调的新中国的民族理论学科"[①]，也形成了一个理论范式，其"核心是马、恩、列、斯关于民族和民族问题的论述，以及一整套关于民族之产生、发展和消亡的理论，民族问题之根源与对策的理论"[②]。这一理论范式或学科视野成为中国共产党民族理论与政策的主要内容，并且在新中国成立后成为处理民族关系与问题的官方话语，直接影响着国家民族政策。与近代以来的革命进程密切相关，马克思主义民族理论有着一定的阶级性与价值指向，认为社会主义的民族关系秉承"平等、团结、互助、统一"的价值内核与"各民族共同团结奋斗、共同繁荣发展"的价值导向[③]，凡是与此价值相违背的，都需要加以改进。在这一范式或学科视野下，民族关系的研究主要是从价值层面出发，以此检视现实中存在的问题，然后提出相应的对策。但是，这一学科或范式指引下的民族关系研究，往往局限于价值上的讨论与政策上的评价，"大多是从经典理论的概念来推理演绎"[④]，而难以对民族关系进行实证性或案例性的描述，也难以分析特定类型与情境下民族关系的特殊性。因此，这一学科或范式虽在理论政策上有优势，但在具体的民族

---
① 周传斌：《中国民族理论新范式的探索》，中央民族大学博士学位论文，2005年。
② 周传斌：《中国民族理论新范式的探索》，中央民族大学博士学位论文，2005年。
③ 刘晓潇：《"大一统"视阈下民族关系构建的若干思考》，《福建省社会主义学院学报》，2019年第6期。
④ 马戎：《民族社会学：社会学的族群关系研究》，北京大学出版社，2004年，第14页。

关系研究上存在不足。

2. 民族关系的社会学与人类学研究

从社会学的角度展开对民族关系的研究，形成了关系研究的路径与方式，主要是采取实证的角度展开，研究方法强调科学性与实证性。马戎教授从民族社会学的角度出发，阐述中国族群关系理论框架，引入西方社会学变量指标和评价体系对族群关系进行考量，同时对族群集团之间的结构性差异和人口结构差异进行了讨论，实行对民族关系的"识异"研究。族群社会学的主要研究内容和方法论可归纳为四点："第一，一个国家或一个地区族群关系演变的宏观理论；第二，族群分层及其演变的宏观分析；第三，族群认同及其演变的微观分析；第四，一个国家或一个地区的族群关系专题或个案的实证研究。"[1] 在社会学的学科视野内，民族关系研究是社会学特别是社会关系研究的重要对象，而且民族关系本身也形成了一个独特性的议题。马戎搭建了从社会学角度研究民族关系的整体性框架，可以说为民族关系研究寻求到了合理的学科依托，在其影响下，国内学者大量的研究都在此框架视野内展开，使得民族关系的研究更进一步，极大提升了民族关系研究的理论性与科学性。此外，人类学也在其中发挥着重要的作用。与社会学主要关注民族关系中的社会经济地位、组织形式、关系网络、身份认同等不同，人类学主要是着眼于族群关系研究的文化方面，以及文化、宗教、信仰、习俗等在族群关系中的重要影响。虽然社会学与人类学两者都着眼于区域性的个案研究，但在田野与民族志上人类学更加深入与细致。事实上，社会学、人类学逐渐成为民族关系研究的主流学科，主要是因为它们避免了概念与价值上的宽泛讨论，而从现实的区域与人群的具体活动出发，进行田野调查与民族志书写，在研究上达到了新的高度。

3. 政治学角度的民族关系研究

民族间的关系不仅仅体现在文化上的差异与交流，而且还有着政治上的呈现。政治学对民族关系的研究，更多是在国家及国家建构的视野内展开，

---

[1] 马戎：《民族社会学：社会学的族群关系研究》，北京大学出版社，2004年，第10—14页。

"即从国家的角度来看待民族现象和民族关系，充分肯定由全体国民组成并支撑着民族国家制度体系的民族即国族的意义，把国内各种民族及族群现象置于国家框架内来考察，在坚持国家统一、巩固和发展至上原则的基础上来构建应对民族（族际）关系的理论和政策"①。周平指出，"当代中国的族际关系或民族关系，并不是一般意义上的民族与民族之间的关系，而是在统一的国家政治共同体内组成中华民族的各个民族群体之间的关系"②，这样实际上就指向国家建构中的民族间关系。政治学学科视野下的民族关系研究，除价值上的讨论外，更多是从政策的角度展开探讨，着眼于国家对民族关系的制度安排与政策实践。在具体民族间的关系上，更多关注民族关系中政治方面的内容，诸如政治权利、政治地位、制度与政策安排等，并且发展出基于族群权利的承认政治、差异政治等理论。

除了民族学、社会学（人类学）、政治学等学科，其他学科对民族关系也展开讨论，其中历史学主要是研究历史上的民族关系及演变，经济学则体现为对民族间经济互动的讨论等，使得民族关系研究呈现为一种多学科并进的态势。

另外，在民族关系研究上也形成了一些颇具解释力的理论。民族关系作为人类社会的重要现实问题，受到广泛关注，人们希望从各种角度进行讨论，并形成了一定的理论解释的视角与范式。关于族群关系的讨论有许多不同的理论，如同化理论、文化多元理论、生物学理论、人文生态理论、权力和分层理论及整合的族群关系理论等。③而人类学的族群研究，"在传统的客观特征论与晚近对主观认同的强调构成了族群关系与族群性研究的两种主要的分析框架"④。

二、西部次边疆带区域内民族关系研究综述

西部次边疆带融合了多元的地理、生态、人群、宗教与文化，表现为区

---

① 周平：《民族政治学知识体系的构建、特点及取向》，《政治学研究》，2019年第1期。
② 周平：《当代中国族际关系的特点和走向》，《学术界》，2015年第11期。
③ 周大鸣：《论族群与族群关系》，《广西民族学院学报（哲学社会科学版）》，2001年第2期。
④ 马雪峰：《社会学族群关系研究的几种理论视角》，《西北民族研究》，2007年第2期。

域的综合性，已有研究都呈现出鲜明的区域性。作为一个在战略上界定的区域，西部次边疆带又有着内在的多样性，这使得其民族分布与民族关系发展较为复杂。

（一）区域内主要民族的关系研究

西部次边疆带分布着二十多个民族，这些民族在生计类型、宗教文化、社会习俗、身份认同等方面都有自身的特殊性，并且在这一区域展开着频繁的互动而发展出颇具特色的民族间关系。这一区域内的民族关系主要呈现为汉藏、回藏及其他跨宗教群体的民族关系。

1. 汉藏民族关系研究

西部次边疆带作为中间地带，是汉藏民族的联结与交错区域，因此汉藏民族之间的关系在此有着集中的体现。蒲文成对汉藏民族关系的发展史进行了综合研究，"多视角、多方位地考察了汉藏两个民族间政治、经济、文化、社会等方面的联系和发展过程，比较全面地反映了汉藏民族关系发展的历史"[①]。刘忠也长时段地探讨和论述汉藏民族关系的建立和发展，以及文化交流的历史进程和特点[②]。石泰安在《汉藏走廊古部族》中介绍了汉藏走廊地区的民族、历史、地理、宗教、习俗与文化诸领域，如羌族的历史、宗教信仰以及与汉藏两族的历史渊源关系等[③]。石硕在讨论西藏文明东向发展的历史中，对汉藏在藏彝走廊地带的互动进行了生动描述与分析[④]。郑少雄从末代明正土司甲宜斋的人生史入手，讨论了汉藏之间康定的文化复合性、权威的中间性，并揭示了汉藏之间中间地带的社会内部机制，为认识汉藏民族关系提供了独特的视角[⑤]。

在具体的汉藏民族关系研究上，学者们主要探讨了汉藏民族以西部次边疆的过渡区域为空间展开的互动。其中，汉藏之间互动与交往是以一定的经

---

① 蒲文成、王心岳：《汉藏民族关系史》，甘肃人民出版社，2008年。
② 刘忠：《汉藏文化交流史话》，社会科学文献出版社，2011年。
③ 〔法〕石泰安：《汉藏走廊古部族》，耿昇译，中国藏学出版社，2013年。
④ 石硕：《西藏文明东向发展史》，四川人民出版社，1994年。
⑤ 郑少雄：《汉藏之间的康定土司——清末民初末代明正土司人生史》，生活·读书·新知三联书店，2016年。

济活动为承载，茶马贸易是重要的形式，由此展开的民族间互动为广大学者关注①。而在文化交流上，则强调了双方文化的借鉴与融合②，在西部次边疆带突出表现为民族间的通婚③。

2. 回藏民族关系研究

在西部次边疆带，回藏民族间的关系非常重要，为众多学者所关注。其中，通史性的研究主要是对回藏民族关系的发展史进行讨论，杨作山从历史、地理的角度阐述了回藏民族间经济文化交流的特点，并总结民族间融合的规律以及多民族分布格局形成的历史过程④。综合性的研究则是对两者关系的全面讨论，马尚林将回藏民族关系研究引入藏彝走廊加以审视，分析了两个民族关系在多个方面展开的互动与发展⑤。其中，在回藏民族关系的理论提升上，敏俊卿有着突出的贡献，他将临潭回族视为"以经济理性为导引，通过商品的流动和交换，形成和建立多层次的群体经济、文化和社会互动体系的商业人群"⑥，其在汉人与藏人之间扮演着中间商的角色。

在具体的回藏民族关系研究中，学者们广泛关注的是回藏之间的经济互补共生与文化交流借鉴。其中，游牧农耕过渡地带的特征，使得回族在满足汉藏人群不同需求上发挥着重要作用，因此商业贸易中的回藏关系得到较多的关注⑦。而在文化交流上则主要体现为宗教的作用及其跨越，伊斯兰教与藏

---

① 王晓燕：《历史上官营茶马贸易对汉藏关系的影响》，《青海民族研究》，2010年第1期；贾大泉：《川茶输藏与汉藏关系的发展》，《社会科学研究》，1994年第2期；赵毅：《明代的汉藏茶马互市》，《中国藏学》，1989年第3期。
② 周润年：《历史上藏汉民族文化交流综述》，《西藏民族学院学报（哲学社会科学版）》，2004年2期；石硕、邹立波：《汉藏互动与文化交融：清代至民国时期巴塘关帝庙内涵之变迁》，《西南民族大学学报（人文社科版）》，2011年第6期；翟淑平：《漂泊到融合——从巴塘关帝庙看汉藏互动下的身份认同》，《西南边疆民族研究》，2018年第4辑。
③ 邹立波：《清代至民国时期康区的汉藏通婚研究》，《藏学学刊》，2009年第5辑；赵勍、何文华：《民国时期的康定藏汉通婚与民族融合》，《四川民族学院学报》，2008年第2期。
④ 杨作山：《回藏民族关系史》，宁夏人民出版社，2013年。
⑤ 马尚林：《藏彝走廊中的回藏和谐民族关系研究》，民族出版社，2017年。
⑥ 敏俊卿：《中间人：流动与交换：临潭回商群体研究》，中央民族大学出版社，2011年。
⑦ 杨文法：《关于青藏高原地区回藏贸易体系的人类学探讨》，《青海社会科学》，2011年第1期；次旦顿珠、益西曲珍：《"藏穆之路"的回藏关系——云南省香格里拉三坝乡安南村田野调查》，《西藏大学学报（社会科学版）》，2010年第4期；敏贤麟、敏俊卿：《冬虫夏草与藏区回商的社会角色变迁》，《回族研究》，2010年第2期；刘晨光：《青藏高原地区藏族与回族经济合作的深层次分析》，《青海社会科学》，2002年第1期；马平：《近代甘青川康边藏区与内地贸易的回族中间商》，《回族研究》，1996年第4期。

传佛教成为回藏民族文化交流的主要载体①。在回藏民族关系上，存在着一个特殊的群体"藏回"，即信奉伊斯兰教的藏族，集中体现了回藏的文化交融深度，主要分布在青海卡力岗②、云南德钦等③。

3. 其他跨宗教的民族关系研究

在西部次边疆带除了汉、藏、回等较大的民族，还分布着一些人口较少的民族，这些民族在族源、宗教与文化上有其自身的特色，同时也受到周边较大民族的影响，呈现为混杂性、边缘性与复合型的特征。这些民族主要有汉藏之间的羌族④，以及在祁连山两侧甘青边界分布的撒拉族、土族、裕固族、东乡族、保安族等。这些民族人口较少，但在民族关系研究上有着重要意义，关丙胜就认为汉藏之间缓冲区的特征催生了这些民族的产生⑤。秦永章探讨了元明清时期甘宁青地区"多民族交错融合、多元汇聚及多层次分化的错综复杂的民族历史现象与具体过程，分析、总结了这一地区多民族分布格局形成的特点和规律"⑥，其中就有对这些民族的集中观照。丁宏等对回族、东乡族、撒拉族、保安族等的关系进行了综合性研究⑦。而在具体的民族及关

---

① 索南旺杰、何启林：《对青海地区伊斯兰教与藏传佛教互动共存层次的探讨——以回族和藏族的互动为例》，《青海民族大学学报（社会科学版）》，2013年第4期。
② 张中复：《历史记忆、宗教意识与"民族"身份认同——青海卡力岗"藏语穆斯林"的族群溯源研究》，《西北民族研究》，2013年第2期；马宏武：《信仰变异与民族特征——卡力岗回族民族特征浅议》，《青海民族研究》，2002年第2期。
③ 刘琪：《民族交融视域中的"藏回"——基于云南省德钦县升平镇的实地考察》，《民族研究》，2018年第2期；李志农、李红春、李欣：《藏彝走廊"藏回"文化特征探析——以迪庆"藏回"为例》，《广西民族大学学报（哲学社会科学版）》，2008年第6期；白志红：《藏彝走廊中"藏回"的民族认同及其主体性——以云南省迪庆藏族自治州香格里拉县"藏回"为例》，《民族研究》，2008年第4期。
④ 王明珂：《羌在汉藏之间：川西羌族的历史人类学研究》，中华书局，2008年。
⑤ 关丙胜：《边界缓冲区：催生新族群的温床》，《青海民族研究》，2009年第1期。
⑥ 秦勇章：《甘宁青地区多民族格局形成史研究》，民族出版社，2005年。
⑦ 丁宏：《回族、东乡族、撒拉族、保安族民族关系研究》，中央民族大学出版社，2006年。

系研究上，涉及撒拉族与藏族①，撒拉族与回族②，裕固族与藏族、蒙古族③，保安族与回族④，藏族、回族和东乡族⑤，等等。学者们所研究的民族群体不同，但是在研究路径、内容与方法上基本一致，因为这些民族在形成、发展及互动交往方式上大同小异。

（二）区域形态下的民族关系研究

1. 走廊形态（藏彝走廊、西北民族走廊）的民族关系

在西部次边疆带的区域视野内，最重要且具有研究价值的是藏彝走廊和西北民族走廊，可以说，这两条走廊呈现了西部次边疆带区域内民族关系的基本情形。费孝通先生最早提出了民族走廊的概念，认为藏彝走廊、西北走廊及南岭走廊是"历史形成的民族地区"。民族走廊的提出，吸引了学者们的热切关注，形成了民族走廊研究的高潮，其中最主要的研究主题就是走廊中的民族互动交往与关系发展。

对于藏彝走廊，费孝通指出："我们以康定为中心向北和向南大体划出一条走廊，把这条走廊中一向存在着的语言和历史上的疑难问题，一旦串联起来，有点像下围棋，一子相联，全盘皆活。这条走廊正处于彝藏之间，沉积

---

① 旦正才旦：《夕昌藏族与科哇撒拉族的交往与互惠》，《西北民族研究》，2018年第4期；旦正才旦：《"联结"与"断裂"：藏族与撒拉族之间的"许乎""达尼希"关系及其变迁研究》，《中央民族大学学报（哲学社会科学版）》，2018年第2期；旦正才旦：《从相遇到相离：一个多民族村落族际交往与分离的社会学考察》，《中南民族大学学报（人文社会科学版）》，2018年第1期；马成俊：《"许乎""达尼希"与"达尼希"：撒拉族与藏族关系研究》，《西北民族研究》，2012年第2期；马伟：《撒拉族与藏族关系述略》，《青海民族学院学报》，1996年第1期。
② 马燕：《历史上河湟地区回族与撒拉族的社会交往》，《回族研究》，2011年第1期；马成俊：《甘青边界的互恵共同体：循化县各民族的生计模式与交流》，《青海民族学院学报》，2009年第4期；何玲：《青海回、撒民族关系之我见》，《青海社会科学》，1990年第6期。
③ 杨富学、安玉军：《藏族、蒙古族、土族因素与裕固族的形成》，《青海民族研究》，2016年第2期；钟梅燕：《试论裕固族族际通婚演变的历史轨迹》，《河西学院学报》，2015年第6期；钟梅燕：《族际通婚与民族关系——一项关于明花乡裕固族的实证研究》，《河西学院学报》，2014年第1期；贺卫光：《论边缘文化与复合型文化——以裕固族及其文化的形成为例》，《西北民族研究》，1999年第2期；贺卫光：《论藏文化对裕固族及其文化形成的影响》，《西北民族学院学报（哲学社会科学版）》，1999年第4期；贺卫光、钟福祖：《裕固族与藏族关系述论》，《西北民族学院学报》，1998年第3期。
④ 菅志翔：《族群归属的自我认同与社会定义》，民族出版社，2006年。
⑤ 万明钢、高承海：《宗教认同和民族认同对民族交往态度的影响——基于藏族、回族和东乡族大学生的数据分析》，《西北师大学报（社会科学版）》，2012年第5期。

着许多现在还活着的历史遗留"①，并且指出，"对这条走廊展开文献和实地田野考察，民族学、人类学、民族史学家能看到民族之间文化交流的历史和这一历史的结晶，从而对'中华民族多元一体格局'有一个比较生动的认识"②，而且"对走廊的考察研究，有助于我们从特定地区内部认识'和而不同'的民族文化接触历史与现状，担当'文化自觉'的历史使命"③。这对这一区域民族关系的研究提供了高屋建瓴的启示。在以李绍明④、石硕、李锦、袁晓文⑤、邹立波等为代表的学者的研究与探讨下，藏彝走廊的民族关系研究成为中国民族关系研究中颇具特色的组成部分，其中石硕、李锦、邹立波等合著的《交融与互动——藏彝走廊的民族、历史与文化》一书，对藏彝走廊历史上的民族迁徙与互动、藏彝走廊的文化分区、藏彝走廊的族群互动与文化交融等进行了深入研究，呈现了藏彝走廊民族互动交流的精彩图景。此外，高志英对藏彝走廊西部边缘唐元明清时期的民族变动与民族关系进行了历史性的探讨⑥，马尚林等对藏彝走廊回汉两个民族间的关系展开了讨论。除了这些体系性的著作，学者们还发表了大量论文对藏彝走廊的民族关系展开讨论，其中李志农、白志红等讨论了藏彝走廊中的"藏回"现象，认为这一群体反映了藏彝走廊民族间相互交融的状态⑦。王铭铭则将藏彝走廊视为"中间圈"的典型区域，通过对藏彝走廊族际互动关系的研究提出"关系主义民族学"概念⑧。郑少雄以康定明正土司为研究对象，从末代明正土司的人生史，揭示中国西南地区文化、社会、政治和经济和谐共生的内在机制，以及文化的复合性与权威的中间性⑨。

对西北民族走廊民族关系的讨论，相对藏彝走廊起步较晚，但也取得了

---

① 费孝通：《关于我国民族识别问题》，《中国社会科学》，1980年第1期。
② 费孝通：《关于我国民族识别问题》，《中国社会科学》，1980年第1期。
③ 费孝通：《给"藏彝走廊历史文化学术讨论会"的贺信》，载石硕主编：《藏彝走廊：历史与文化》，四川人民出版社，2005年，第2页。
④ 李绍明：《藏彝走廊民族历史文化》，民族出版社，2008年。
⑤ 袁晓文、李锦：《藏彝走廊东部边缘族群互动与发展》，民族出版社，2006年。
⑥ 高志英：《藏彝走廊西部边缘民族关系与民族文化变迁研究》，民族出版社，2010年。
⑦ 李志农、李红春、李欣：《藏彝走廊"藏回"文化特征探析——以迪庆"藏回"为例》，《广西民族大学学报（哲学社会科学版）》，2008年第6期；白志红：《藏彝走廊中"藏回"的民族认同及其主体性——以云南省迪庆藏族自治州香格里拉县"藏回"为例》，《民族研究》，2008年第4期。
⑧ 王铭铭：《中间圈——"藏彝走廊"与人类学的再构思》，社会科学文献出版社，2008年。
⑨ 郑少雄：《汉藏之间的康定土司：清末民初末代明正土司人生史》，生活·读书·新知三联书店，2016年。

较为丰硕的成果。其中，综合性的成果为切排所著的《河西走廊多民族和平杂居与发展态势研究》，从整体上对河西走廊的民族进行了综合研究，不仅系统梳理了历史上河西走廊地区诸民族的活动、迁徙及其相互交融的脉络，也着力呈现当今该走廊地区各民族相互杂居、和平共处及其在文化上交融整合的现状及特点①。此外，还有纳日碧力戈主编的《河西走廊人居环境与各民族和谐发展研究》②、范卫平主编的"'西北民族走廊'研究专辑"③、苏发祥主编的《西部民族走廊研究文明、宗教与族群关系》④ 等。秦永章⑤、王建新⑥、李元元⑦、张力仁⑧等从历史与当代的视野，结合总体性论述与案例型调查对河西走廊的民族互动与交往进行了研究。其中，特别要指出的是李建宗的系列研究，他认为西北民族走廊的文化与族群具有多元性，呈现"过渡带"的性质，而在"地理—文化"板块的格局下，河西走廊既是周边四大区域文化的边界，也是一个多元文化的耦合地带，在此基础上形成了一个西北多民族共同体；在河西走廊的内部存在着绿洲连缀体，呈现出特殊地理、社会与文化特质；内外交织视野下的西北民族走廊，实际上构成一个走廊市场体系与"多民族命运共同体"⑨。

2. 历史文化区域内的民族关系

在西部次边疆带，除了两大民族走廊，还存在着其他具有历史与文化特性的区域形态，其中典型者，如：以地理地形为区分的六江流域、横断山脉、

---

① 切排：《河西走廊多民族和平杂居与发展态势研究》，民族出版社，2009年。
② 纳日碧力戈：《河西走廊人居环境与各民族和谐发展研究》，复旦大学出版社，2014年。
③ "'西北民族走廊'研究专辑"，参见范卫平：《河洮岷文化研究文丛》（第2辑），甘肃人民出版社，2014年。
④ 苏发祥：《西部民族走廊研究文明、宗教与族群关系》，学苑出版社，2012年。
⑤ 秦永章：《费孝通与西北民族走廊》，《青海民族研究》，2011年第3期。
⑥ 王建新、关楠楠：《河西走廊多民族交融发展的历史作用与现实意义》，《西北民族研究》，2019年第2期。
⑦ 李元元、切排：《关于河西走廊多民族文化互动模式的分析——以阿克塞、肃北、天祝三县为例》，《西北民族大学学报（哲学社会科学版）》，2011年第3期。
⑧ 张力仁：《历史时期河西走廊多民族文化的交流与整合》，《中国历史地理论丛》，2006年第3期。
⑨ 参见李建宗：《走廊地带多重边界叠合与多民族共同体生成——兼论河西走廊区域研究范式与民族学意义》，《思想战线》，2018年第4期；李建宗：《通道之间：西北民族走廊界隔中的连续——基于河西走廊与河湟地区之间的关联性分析》，《青海民族研究》，2018年第2期；李建宗：《绿洲连缀体、内部嵌合性与丝绸之路——基于河西走廊绿洲社会的思考》，《西北民族研究》，2017年第4期；李建宗：《文化边界与族群互动："内亚"视角下的河西走廊》，《青海民族研究》，2015年第1期；李建宗：《走廊市场体系与"多民族命运共同体"》，《中国民族报》，2018年4月27日第8版。

河湟谷地等,以藏方言区为区分的康区与安多地区等。其中,六江流域、横断山脉与藏彝走廊基本重合,学者们往往以藏彝走廊为区域展开研究,这里不做讨论。而康区虽然也很大部分与藏彝走廊重合,但也有其空间上与文化上的差异,因此康区视野内的民族关系需要梳理;安多地区则在一定程度上与河湟谷地在空间上有所重叠,是多民族互动交往的典范区域,学者们对之进行了较多的研究。

康区研究以任乃强为集大成者,其《西康图经》《康藏史地大纲》等一系列康区研究著作对康区族群及其分布、社会组织和康区文化特点进行了开拓性的研究[1]。之后,石硕、赵心愚、邹立波、王娟等都对这个区域清朝民国时期的政治变动与民族关系展开了研究。

安多地区位于青藏高原东北部,包含河湟谷地。因此,河湟地区民族关系是安多民族关系研究的重要组成部分。刘夏蓓对安多地区族际关系与区域文化进行了综合研究,主要是从历史的角度研究了安多地区民族及其分布格局的形成,当代族际关系的类型及其特征、区域文化的外在表现、格局特征,以及安多地区族际关系与区域文化形成的历史条件及其变迁等[2]。马进虎在河湟回民社会的基础上,对多元文明聚落的河湟回民社会交往特点展开了讨论[3]。贾伟指出安多地区民族文化间互相依存,和谐共生,形成特点鲜明的多元文化共生格局[4]。武沐[5]、周亮[6]、关丙胜[7]从历史与文化的角度对多民族交往互动展开了讨论。此外,丁柏峰[8]、杨文炯[9]、杜常顺[10]、马燕[11]、杨玢[12]、

---

[1] 任乃强:《任乃强藏学文集》(上、中、下),中国藏学出版社,2009年。
[2] 刘夏蓓:《安多藏区族际关系与区域文化研究》,民族出版社,2003年。
[3] 马进虎:《两河之聚文明激荡的河湟回民社会交往》,甘肃民族出版社,2006年。
[4] 贾伟:《安多地区多元文化共生现象与构建和谐社会研究》,民族出版社,2014年。
[5] 武沐、金燕红:《13—19世纪河湟多民族走廊历史文化研究》,中国社会科学出版社,2017年。
[6] 周亮:《花儿研究——河湟花儿多民族文化共融性研究》,民族出版社,2016年。
[7] 关丙胜:《民国时期的河湟地方社会》,知识产权出版社,2014年。
[8] 丁柏峰:《丝绸之路青海道与河湟民族走廊的形成》,《青海师范大学学报(哲学社会科学版)》,2015年第3期。
[9] 杨文炯:《人类学视阈下的河湟民族走廊——中华文化多元一体格局的缩影》,《青海民族大学学报(社会科学版)》,2015年第1期。
[10] 杜常顺:《论河湟地区多民族文化互动关系》,《青海社会科学》,2004年第4期。
[11] 马燕:《历史上河湟地区回汉民族的社会交往》,《青海民族学院学报》,2008年第2期。
[12] 杨玢:《中华文化认同:河湟汉藏边缘地区多元场域中的民族交融》,《青海社会科学》,2017年第5期。

胡静[1]等对这一区域的民族关系从不同角度展开了研究。综合这些研究可以发现，这一区域的民族关系主要呈现为以下特征：经济上农耕民族与游牧民族的互动所形成的共生互补关系，以及在社会文化层面展开的互动交流。

3. 其他空间形态下的民族关系

西部次边疆带区域内在的复杂性，也使学者们从其他的区域形式对民族关系展开研究。就地理上而形成的区域来看，主要有六江流域。李绍明、童恩正[2]主编的《雅砻江流域民族考察报告》是对这一区域流域空间内民族关系研究的典范，此外，石硕[3]、索端智[4]、王晓艳[5]、吴宁[6]、王默[7]等分别对岷江、隆务河、怒江等流域的民族关系展开了研究。

道路所推动的人群流动及所联系的区域，也是民族互动得以展开的空间。西部次边疆带所涉及的道路形态主要有茶马古道、丝绸之路、川藏通道等，这些道路空间承载着各个民族的交往与互动。周永明提出了"路学"的研究议题，着眼于汉藏公路道路空间的生产、使用、建构研究[8]。张原指出基于对历史上民族的源流考察与走势判断，兴起了诸如西南丝绸之路、茶马古道、滇黔驿道、进藏公路等"通道"研究；这种基于"走廊"学说和"通道"研究而展开的"区域模式"，将交互性和流动性作为研究重点[9]。围绕沿茶马古道而展开的民族关系，王晓燕对官营茶马贸易[10]、魏明孔对以茶马互市为中心的西北民族贸易而展开的民族间互动[11]、李旭对各民族商号及其互动[12]，进行了研究。当然，这些研究都是在历史的视野内展开的，旨在讨论茶马古道形

---

[1] 胡静、李健胜：《河湟地区民族交融历史进程及其内在因素探微》，《青海民族研究》，2018年第3期。
[2] 李绍明、童恩正：《雅砻江流域民族考察报告》，民族出版社，2008年。
[3] 石硕：《汶川地震灾区：岷江上游的人文背景与民族特点——兼论岷江上游区域灾后重建过程中对羌文化的保护》，《西南民族大学学报（人文社会科学版）》，2008年第9期。
[4] 索端智：《元明以来隆务河流域的民族融合与文化共享》，《青海民族研究》，2001年第3期。
[5] 王晓艳：《近代以来怒江流域怒藏民族关系发展特点》，《广西民族大学学报（哲学社会科学版）》，2013年第2期。
[6] 吴宁、晏兆丽、罗鹏、刘建：《"涵化"与岷江上游民族文化多样性》，《山地学报》，2003年第1期。
[7] 王默：《多元信仰文化与族际互动》，兰州大学博士学位论文，2017年。
[8] 周永明：《汉藏公路的"路学"研究：道路的生产、使用与消费》，《文化纵横》，2015年第3期。
[9] 张原：《"走廊"与"通道"：中国西南区域研究的人类学再构思》，《民族学刊》，2014年第4期。
[10] 王晓燕：《官营茶马贸易研究》，民族出版社，2004年。
[11] 魏明孔：《西北民族贸易研究以茶马互市为中心》，中国藏学出版社，2003年；魏明孔：《西北民族贸易述论——以茶马互市为中心》，《中国经济史研究》，2001年第4期。
[12] 李旭：《茶马古道各民族商号及其互动关系》，社会科学文献出版社，2017年。

态下的民族互动与交往。清朝时期，川藏通道得以开拓，成为多民族交往的重要空间。石硕、王丽娜梳理了清朝"驱准保藏"行动中对由打箭炉入藏道路的开拓以及民族间互动[①]；邹立波指出在道路的塘汛空间内，汉藏民族展开了互动[②]。川藏青藏公路、青藏铁路修建后，民族间沿着道路的互动更加频繁。王学基指出在具有高流动性的道路旅行中，主客互动及其塑造的人地关系有其特殊性，同时也体现了多民族间的互动。

行政区域也往往成为民族关系研究展开的空间。就西部次边疆而言，存在着多个省级区划，之下还有着市州县乡等行政区域，学者们对不同层面行政区域内的民族关系都展开了研究，这里不再赘述。值得关注的是在省际结合部区域展开的民族关系研究。周智生、李灿松、王丽萍等人对滇藏川毗连地区的族际互动关系展开了研究，认为"滇川藏毗连藏区多民族族际共生关系的形成与发展，并不单纯局限于民族之间关系的变动，而是自然资源系统和社会文化系统之间交织演进的动态过程"[③]，"族际文化互动的空间具有时空分异性、同一空间内多条文化带的叠加和文化因子传播的地域差异性等特点"[④]。近年来，随着涉藏地区社会经济外向联系的不断增强，族际交往途径和族际关系都出现了新形貌和新动态[⑤]。柳建平讨论了甘、青、川交接区域民族经济开发问题[⑥]，石培基讨论了甘、川、青交接区域区际联系与民族经济社会开放开发的问题[⑦]。

[①] 石硕、王丽娜：《清朝"驱准保藏"行动中对由打箭炉入藏道路的开拓》，《中山大学学报（社会科学版）》，2018年第3期。

[②] 邹立波：《清代前期康区塘汛的设置及其作用与影响》，《西藏研究》，2009年第3期。

[③] 李灿松、景鹏、周智生：《滇川藏毗连藏区多民族族际共生关系的演变及其调适——一个演化博弈的视角》，《西北民族大学学报（哲学社会科学版）》，2015年第1期。

[④] 王丽萍、周智生：《滇藏川毗连地区族际文化互动的空间特性研究》，《西南民族大学学报（人文社会科学版）》，2017年第8期。

[⑤] 李灿松、梁海艳：《滇川藏毗连区流动人口族际关系调查与思考》，《南方人口》，2014年第4期。

[⑥] 柳建平、张永丽：《甘、青、川交接区域民族经济综合开发战略》，《西北民族大学学报（哲学社会科学版）》，2006年第1期。

[⑦] 石培基：《甘、川、青交接区域区际联系与民族经济社会开放开发研究》，《民族研究》，2000年第3期。

第五节
西部次边疆带民族关系研究的视野、框架与可能议题

对于西部次边疆带这样一个在内在特征与外部地位上都具有特殊性的区域，如何对其民族关系展开研究，首先面临着方法论上的问题。在如何对民族关系展开研究上，学者们不断探索而形成了一些视角、路径与具体方法，特别是马戎教授所主张与推动的从社会学角度研究民族关系[①]，更是在理论理念与技术规范上形成了民族关系研究的科学路径，具有一定普遍适用性。但是，具体区域内的民族分布格局与关系形态受到地理环境与历史发展的制约，呈现出一定的特殊性，仅以具有技术规范性的路径展开研究，可能难以洞察该区域民族关系的整体特征与特殊问题。这就需要在规范性研究的基础上，从区域的特殊性出发，综合地理、历史与文化的视野，在具体的时空结构中展开讨论。西部次边疆带在内在结构与外在地位上的特殊性，使得该区域的民族关系呈现出与其他区域不同的特征与形态，如果没有对这一区域空间与历史的整体性把握，那就难以深刻认识该区域民族关系的基本脉络与总体特征。这意味着，对西部次边疆带民族关系的研究，需要将其置于西部次边疆带区域内在结构与外在地位相结合的空间视野内。

与此同时，西部次边疆带的民族格局与民族关系是在历史的过程中发展而来，并随着时代变迁发生变化而呈现为阶段性的特征，因此对西部次边疆带民族关系的研究也需要有着时间的维度。"研究者在某一'共时态'中见到的地域社会的相互关系及其特点，反映的不仅仅是特定地域支配关系的'空间结构'，更重要的是要将其视为一个复杂的、互动的、长期的历史过程的'结晶'和'缩影'。'地域空间'实际上'全息'地反映了多重复合的动态的

[①] 马戎：《民族社会学——社会学的族群关系研究》，北京大学出版社，2004年。

社会经济变化的'时间历程'。"① 因此，对西部次边疆带民族关系的研究既要理解其空间上的多元性及内在联系，又考虑时间上的发展脉络与演进机理。

在时空结合的视野下，对西部次边疆带民族关系的研究依然要以空间上的区分作为基本框架，这一方面是因为西部次边疆带有着空间上的多元性与复杂性，其外部地位维度的讨论也需要在不同区域关系的视野内展开；另一方面则因为是在当下，其民族分布与民族关系置于多重的空间格局下，也就是"时间被压缩，而空间被延展"，空间维度的考察更能揭示与呈现其关系的丰富性。西部次边疆带这个区域，实际上观照着三个不同尺度的空间视野，这便形成了观察与讨论西部次边疆带民族关系的三重视野：其一，西部次边疆带区域的内部视野；其二，西部次边疆带与内地、与主次边疆带联系的外在视野；其三，跨区域乃至全球性的整体视野。这三重视野展现了西部次边疆带民族关系的不同面向，每一种视野之下实际上包含着多样的议题，而对这些议题的讨论，既能从整体上把握西部次边疆带民族关系的基本面貌与主要特征，又能从细微处分析不同区域与不同群体之间关系的独特性。

一、西部次边疆带区域视野内的民族关系研究

西部次边疆带是由不同的地理单元构成的，在地理、气候、生态等方面都呈现出鲜明的多样性，这种区域多样性也塑造了民族与文化上的多元性。地形差异、海拔高低、植被差异等都影响着人群的分布及适应，以及在此基础上的互动交往与文化生成，这使得民族间关系呈现为多样性，有着丰富的研究议题。其一，海拔高低造成的生态差异形成不同民族的垂直分布，从而呈现为基于垂直空间分布的多民族间资源互补与竞争关系。这一形态的民族关系在横断山脉区域有着突出的呈现，主要发生在高原山地的藏族、羌族、彝族与平原河谷地带的汉族之间。其二，区域地理环境与生态水平的差异形成了不同的生计方式，在此基础上多民族展开着共生互补的互动关系。这一形态的民族关系体现在农牧生计的差异与互补之中，以从事畜牧的藏族与从

---

① 陈春声：《历史的内在脉络与区域社会经济史研究》，《史学月刊》，2004年第4期。

事农耕的汉族之间的互动为典型,而回族在其中扮演着互通有无的"中间人"①角色。其三,特定空间形态下多民族的经济交往与文化互动而形成的民族间关系。典型者如:藏彝走廊与西北民族走廊中的多民族间的空间流动、经济互动与文化交流,六江流域、河湟谷地中的多民族以流域空间而形成的关系网络,茶马古道与川藏通道开通及之后沿着道路体系而形成的民族间互动关系,等等。这些依托特定空间形式而展开的多民族互动关系网络,不仅呈现为鲜明的空间特征,而且形成了独特的发展脉络。其四,因行政边界分割而形成的具有特殊形态与影响的民族关系,突出表现为省际交界地带多民族的互动与交往。西部次边疆带跨越了多个层次的行政区划,其中交界地区"边界效应"所造成的在行政、经济、基础设施方面的影响,使得多民族跨越边界的交往与互动呈现为特定的空间形态、网络体系与频度深度,具有重要的研究价值。其五,城乡结构中的民族关系。西部次边疆带既有广大的乡村,也有具备历史沉淀与文化特色的城镇,而且经历着波澜壮阔的城镇化进程,城乡民族关系因此就成为一个重要议题。随着城镇化进程,城镇逐渐成为多民族互动交流的承载空间,在城镇内多个民族展开频繁的经济交往与文化交流,空间上的互嵌格局也在历史的基础上呈现出新的面貌。而这些城镇又形成了具有一定结构的层级体系,推动更大范围的民族交往与互动。因此,描绘并呈现西部次边疆带内城乡及城镇体系的多民族交往交流交融,是理解与把握该区域民族关系的重要内容。

二、区域格局影响下的西部次边疆带民族关系研究

西部次边疆带之所以被看作一个区域,是因为其内在的联结与联系,以及与两侧区域相比较的外在地位,区域间事实上存在着多个方面的联系。内地社会的政治、经济与文化,新疆、西藏等西部主边疆带的社会文化状况,都共同作用于西部次边疆带这一区域,使其呈现出区域中间性、文化复合性与多样性的特征。这一地带的民族分布格局与民族关系发展受到双边区域的

---

① 敏俊卿:《中间人:流动与交换临潭回商群体研究》,中央民族大学出版社,2011年。

深刻影响，政治活动、军事行动、经济交往、人群流动、宗教传播等在这一区域相互作用，不仅在历史的长时段与关键节点上有所体现，而且在近代以来呈现出丰富的意涵，共同塑造了当前西部次边疆带的民族格局与民族关系形态。由此，在内外两侧区域格局影响下，西部次边疆带民族关系呈现出区域的特殊性。同时，这一区域民族关系的状况也对两侧区域产生着反作用与影响，承担着对内地形成缓冲、对主边疆带形成依托的作用。

从区域间的相互影响来看，区域格局视野下的民族关系研究包含三个方面的议题。其一，内地经济社会活动的推动与西部次边疆带之间的多民族互动交往。在国家空间战略格局中，西部次边疆带处于承接、传导、依托的地位，因此国家十分重视对这一区域的治理，实施的区域发展政策、对口援助工程与在西部次边疆带展开的工程建设，以及内地人群的旅游活动等，事实上都推动着内地人群向这一地带的流动，从而与这一地带的多个民族展开互动与交往。其二，新疆、西藏等地与西部次边疆带区域互动中的族际交往与民族关系发展。通过走廊、通道及现代交通，新疆、西藏等地与西部次边疆带之间形成了密切的区域关系，多民族间的人员往来与互动交往对西部次边疆带的民族关系产生了重要的影响。其三，西部次边疆带民族关系的状况及对两侧区域的影响。历史地看，西部次边疆带具有地理上的破碎性与生态上的多元性，推动着民族格局的变迁，并对两侧的民族关系产生影响。这在清朝及民国时期的西部边疆治理中有着鲜明的体现。在内外区域的影响之下，西部次边疆带的民族关系呈现出鲜明的过渡区域的特征，其民族关系的和谐状态有着全局性的影响。因此，在区域格局影响下展开对这一区域民族关系的研究，不仅有着丰富的议题，而且具有重要的意义。

第六节
田野调查与研究框架

一、田野点的选择与调查

作为一个具有特殊内在结构与外部地位的广阔区域，西部次边疆带民族关系的研究首先面临方法论上的挑战。如果对这一地带的民族关系进行一种整体视野上的历史性梳理，那就不仅可能会流于表面，无法探知其内在细节，而且难以发现其中的问题症结。因此，本课题着眼于区域内部及区域间的空间形态与事件情境，采取历史研究与案例分析相结合的方式，就某种空间或情境下的民族关系展开田野调查。在调查地点选择上，我们着眼于西部次边疆带不同的空间视野与情境特征，选择了相对典型的调查地区。

在研究期间，课题组成员在西部次边疆带区域展开了田野旅行，足迹遍布川甘青等西部次边疆带的核心区域，一方面感受西部次边疆带区域的地理、生态、社会、文化、民族、宗教等整体情形，另一方面则选定可以展开深入调查的田野点。最终，基于空间形态与事件情境的视野，我们选定了以下地点展开调查。

乡村空间与情境下的民族关系调查：经过探索与筛选，我们选择了处在农牧交错地带的青海省循化撒拉族自治县，对藏族与撒拉族之间在农业生产及乡村社会中的族际关系变化展开调查。循化作为一个农牧交界地带，在经济上存在着农牧之间的互补共生，这不仅体现在藏族与撒拉族的生活方式上，还体现在以此为基础所形成的区域性的社会关系上。循化在20世纪90年代就开始了牛羊育肥产业，其中存在着多民族合作的情形，此外循化在历史上形成了藏族与撒拉族"许乎""达尼希"的族际关系。在循化这一田野点，我们对牛羊育肥中的族际关系，以及传统藏族与撒拉族"许乎""达尼希"关系的变迁，展开调查与研究。

城镇空间与情境下的民族关系调查：城镇是西部次边疆带民族间互动交往关系展开的重要空间，因此对城镇空间内的民族关系展开研究是本课题不可缺失的部分。经过历史梳理与空间考察，我们首先对藏彝走廊地带的族际互动与城镇发展进行了历史性的梳理，在此基础上以松潘为例进行了调查。在松潘的调查，以松州古城城墙内外的族际互动为视角，就战争情境、贸易情境、旅游情境下的汉藏回羌等多民族的互动与交往展开调查研究。

道路空间与情境下的民族关系调查：在西部次边疆带，道路具有十分重要的意义，各民族人群沿着道路而流动迁徙，在道路空间内展开着互动与交往。在道路空间与情境下，我们首先对川藏通道开拓修筑过程中的民族分布格局的形成与变化进行了历史性梳理，然后对作为道路设施与空间组成部分的民宿空间内的族际互动与民族关系发展进行了调查。田野地点选择了四川省丹巴县的中路乡，这一区域藏寨颇具特色，很多村民以此改造为民宿，在此游客与民宿主人及当地民众展开着互动并发展出跨区域的民族关系。

省际交界地区的民族关系调查：在西部次边疆带区域，省际交界地区有着鲜明的区域特色，省际边界的存在影响着民族间交往的范围、方式与深度。因此，我们首先对川甘青交界地带的族际交往与民族关系进行了整体考察，其中主要在阿坝、玛曲、久治等川甘青省际边界县进行了座谈与访谈，并在位于川甘交界地的郎木寺进行了深入的田野调查。

区域间的族际互动与民族关系调查：西部次边疆带作为一个中间地带，受到两侧区域的形塑与影响。在这一视野的观照下，我们以对口援藏情境下的族际互动与民族交往展开调查。以甘孜州甘孜县为田野点，同时以广东省深圳市、成都市龙泉驿区为辅助，其中在甘孜县、龙泉驿区进行了实地调查与访谈，对深圳市的相关部门进行了电话访谈。

二、内容安排

本课题是对西部次边疆带地区民族关系的综合研究，旨在从该区域的内在结构与外部地位的视野讨论多民族在这一区域内的互动与交往，呈现西部次边疆带多民族间的和谐关系。

　　本书分八章：第一章在整体上对西部次边疆带民族关系研究的意义、视野与框架进行了说明，是本课题研究的导论。第二章对西部次边疆带的地理空间、历史沿革与相关理论视野进行了讨论。第三章对西部次边疆带的民族分布格局与演变进行了历史性梳理。第四章以循化为例对西部次边疆带乡村空间与情境内的民族关系进行调查研究，主要对牛羊育肥产业发展及传统区域性族际关系进行分析。第五章对西部次边疆带城镇空间与情境内的民族关系展开了调研，包括对族际互动与藏彝走廊城镇发展的历史性梳理，并且以松潘为案例进行了调查研究。第六章研究了西部次边疆带道路空间与情境内的民族关系，以川藏公路沿线区域为总体区域，以川藏线上的民宿空间的族际互动为案例。第七章研究了西部次边疆带省际交界空间与情境内的民族关系，以川甘青交界地区为研究区域，以位于川甘交界地的郎木寺为案例。第八章以对口援藏为情境，研究了对口援藏过程中的族际互动与民族关系发展。最后是本书的结语部分，从西部次边疆带中间地带地位的角度对民族关系的互动与交融进行了总结与提升。

　　西部次边疆带作为在内在结构与外部地位方面具有特殊性的区域，在中国整体疆域空间内具有中间地带的重要地位。这一中间地带有内在的地理、生态、族群、宗教与文化的多样性，在国家治理特别是边疆治理中有举足轻重的地位。对这一地带民族关系的研究，对认识中国民族关系的发展脉络、关键问题及发展方向具有现实意义。

　　内在的多元性与复杂性，以及与两侧区域的相互影响，使得对西部次边疆带的民族关系展开研究需要考量多重因素。不同的空间尺度是合适视角，但也要将时间的结构融入其中，而且历史的惯性还在其中发挥着或隐或现的影响。这样，对西部次边疆带民族关系的研究，就需要沿着区域之内、区域之间以及全球化的空间尺度与视野展开。其中，外部区域的影响是形塑西部次边疆带民族关系的重要力量，而全球化形塑的时空延展，使得民族关系受到外部的深刻影响，这造成地方化层面的社会重构并使得民族关系处在相对大的变动之中。这种内外交织的视野，可以描绘出西部次边疆带民族关系的全面图景，有利于发现其中的问题症结。

需要说明的是，虽然西部次边疆带在空间上与西北民族走廊、藏彝走廊有所重合，但在民族关系研究的旨趣上有所差异。与民族走廊研究主要描述与探讨沿走廊而展开的南北向民族互动与文化交流不同，西部次边疆带民族关系的研究主要着眼于东西向的族际互动研究。但是，民族走廊民族关系的丰硕成果，也为本研究提供了有益启示。随着边疆地区的全面对外开放，特别是"一带一路"建设推进的内外交流与边疆内地一体化，西部次边疆地带的民族分布将在更大的范围内发生变动，区域间的相互作用与联系将使得西部边疆带的民族互动更加活跃，民族关系也会有更为显著的发展。这要求我们在历史脉络的延续中、在新的时代情境下，对这一地带民族关系展开更加深入的探讨。

| 第二章 |

"地非边隅，岂成边疆"：西部次边疆带的地理、历史与相关理论

本章是对西部次边疆带这一区域的地理、历史与相关理论的探讨。研究西部次边疆带的民族关系，首先需要关注承载、形塑并促动民族关系发展的这一区域空间。地理学意义上的区域研究，经过了"古代地志的分区书写、区域差异的描述解释、空间关系的定量分析和社会过程的深度建构"① 四个发展阶段，逐渐从对区域自身的描述分析转向对区域中所展开社会活动的研究，区域空间与社会活动相互建构，使得区域研究越来越具有人类学的意味。人类学的区域研究有其自身的特色，全面研究某一地区的文化是人类学的学科传统，并且在对区域划定及其内在关系的描摹与揭示中，形成了诸如施坚雅模式等具有延展性的区域分析理论范式。本研究所讨论的西部次边疆带，也就是这样一个内在结构与外在地位具有自洽性的区域。也就是说，它具备成为一个区域的基本要件：具有区域自身的独特性与作为区分的边界性；具有内在的有机联结与外在的互动关系；在更大空间中有其自身发展的脉络与机理。但是，西部次边疆带的特殊之处在于，它一方面是作为一个中间过渡地带而存在，受到两侧区域的深刻影响，另一方面具有内在的复杂性，几乎可以被称为"区域组成的区域"。正是这种过渡性与复杂性，使该区域的人群分

---

① 熊梅：《地理学区域研究与区域历史地理学的取向》，《地理科学进展》，2013 年第 8 期。

布与民族关系呈现出丰富的形态，民族间的互动与交往具有波澜壮阔的景观。对这一区域从地理、历史与相关理论方面加以认识是一项必要的任务。

第一节
中国疆域空间的块状构造、圈层结构与联结网络

界定西部次边疆带这样一个区域，使其具备在地理、社会意义上的自足性，并阐释其学术研究价值，是展开本研究的基本前提。西部次边疆带具有区域之上区域的特征，同时也属于更大区域之中的部分，因此就需要更为宏大的视野，也就是要将之置于中国疆域的空间结构中加以界定。

从当代中国的疆域来看，其地理空间上的构成有着不同维度的划分，如地理方位上的华北、东北、西南、西北、东南等，经济地理上的东部地区、东北地区、中部地区和西部地区之划分等。如果从人文地理的视野特别是民族分布与民族关系发展角度考察，空间的划分应该结合生态与人群的互动关系，这样才能呈现民族关系的区域类型及差异，以及在此基础上所形成的网络联结与共同体塑造。

区域的形成是一个自然地理与社会历史的过程，也受到人们观念的深刻影响。中国历史上的区域空间结构有着块状构造与圈层结构两个维度的划分，这两种划分体现了人们的空间观念，也是历史地理塑造的结果。对于西部次边疆带的范围界定与特征描述也要在这两种空间视野下展开。

早在《禹贡》中，载有"禹别九州，随山浚川，任土作贡"。上古时期洪水泛滥，没有明确的区域划分，大禹治水后以山脉、河流为标志，将全国划分为冀、兖、青、徐、扬、荆、豫、梁、雍九州。虽然《禹贡》所指向的九州区域范围并非今日中国疆域的范围，但以河流、山脉和大海为区域分界，块状构造的划分视野已经出现雏形。《禹贡》中的九州看似是自然地理的划分，实际上有着非常深刻的政治人文地理的内涵，集中体现在贡品的类型与等级上，而这又在一定程度上暗示了圈层结构的存在。

在中国疆域空间块状构造的区分上,学者们从考古发现、自然地理与人文类型等角度进行了范围不一的界定。苏秉琦基于新石器时期的中国文明状态,指出中华文明的起源如满天星斗[1],并在考古学意义上提出了区系类型说,指出中华文明起源有六个区系类型,分别是：以燕山南北长城地带为中心的北方,以山东为中心的东方,以关中（陕西）、晋南、豫西为中心的中原,以环太湖为中心的东南部,以环洞庭湖与四川盆地为中心的西南部,以鄱阳湖、珠江三角洲一线为中轴的南方[2]。费孝通先生也提出了极具解释力与理论潜力的区域划分,将中华民族聚居地区归纳为六大板块和三大走廊,"六大板块是指北部草原区、东北部高山森林区、西南部青藏高原区、云贵高原区、沿海区和中原区,三大走廊则是指藏彝走廊、南岭走廊和西北走廊"[3]。这一区域划分综合了自然地理、生计方式与人群分布,不仅指明了地理环境对人群生计的制约,而且特别指出了民族走廊的人群流动对人文景观的塑造。施坚雅也划分了古代晚期的九大区域,虽然是按照河流系统从支脉到干流的层次进行划分,但也表现出鲜明的经济社会意涵。九大区域在环境、经济资源、文化上相互依赖,但也有自身的特殊性,集中体现在每个区域都有自身的核心与边缘[4]。鲁西奇将区域的划分提升到历史发展道路的高度上,认为中国历史的发展存在着中原道路、南方道路、草原道路、高原道路、沙漠绿洲道路,这些共同构成了政治一体下的区域多样性[5]。以上学者对中国疆域的区域划分,呈现出不同视野下中国地理空间的多元性与区域多样性,这些区域划分总体上都呈现了块状结构视野下的空间认知。

如果说,块状结构的空间视野体现了地理环境对人类生计与文化形态的规制,那么对中国空间结构的另一认知则体现了人类观念对空间的塑造,这就是中国历史地理中的圈层结构。无论是块状改造还是圈层结构,都体现了

---

[1] 苏秉琦：《满天星斗：苏秉琦论远古中国》,中信出版社,2016年。
[2] 苏秉琦、殷玮璋：《关于考古学文化的区系类型问题》,《文物》,1981年第5期。
[3] "六大板块和三大走廊"的说法是李绍明根据费孝通的《民族社会学调查的尝试》《谈深入开展民族调查问题》两篇文章中的有关论述总结而成。参见李绍明：《费孝通论藏彝走廊》,《西藏民族学院学报（哲学社会科学版）》,2006年第1期。
[4] 〔美〕施坚雅：《中华帝国晚期的城市》,叶光庭等译,中华书局,2000年。
[5] 鲁西奇：《中国历史的空间结构》,广西师范大学出版社,2014年,第72—93页。

人类的空间观念，但是观念的影响却十分不同，圈层结构更多体现为人类观念秩序的外化。

与块状构造随着人们活动空间的扩展而出现较大的变化不同，圈层结构更多体现出观念的累积性影响。圈层结构在早期集中体现在《禹贡》中的五服思想中。《尚书·禹贡》记载："五百里甸服：百里赋纳总，二百里纳铚，三百里纳秸服，四百里粟，五百里米。五百里侯服：百里采，二百里男邦，三百里诸侯。五百里绥服：三百里揆文教，二百里奋武卫。五百里要服：三百里夷，二百里蔡。五百里荒服：三百里蛮，二百里流。"这种基于地理与赋税关系差异、以自然地理与经济地理为表征的政治地理区划，集中体现了中心与边缘的圈层结构。周振鹤先生对此有精辟的阐释："五服制正是封建制的理想化，从中心统治区向外围水波纹似的推开去，正和'商郊牧野'和国野制度的圈层型结构——城外是郊，郊外是牧，牧外是野——相似。"① 五服制后来演化为九服制，表现了空间扩展的过程，也指向了圈层结构的稳定性。这种圈层结构可以视为天下观念的具体化与形象化，天下从中表现为从核心到边缘的普遍观念秩序，但在现实的政治地理上有着差异性的表现。郭声波进一步指出："五服制圈层结构与各种地方政治实体地理空间存在着对应关系，似可用'直接行政区'和'间接行政区'的概念来指称，历史上的府郡州县等经制区域，都属于直接行政区范畴，而诸侯国、羁縻府州、土司、藩属国等自治区域，则属于间接行政区或统治区范畴，为中央王朝（宗主国）的圈层结构式版图所及。"②

这种圈层结构特别是其背后的观念，深刻影响了国人的空间认知。地理上的差异与人们的观念相互印证。中国历史上的确存在着王朝的核心区，这一核心有着"基本经济区"③的意涵与功能，而且，核心区在不同时代存在着空间上的转移，总体上呈现出自西向东、自北向南的转移方向。所谓边缘可视为边疆。"核心区"与"边缘区"实际上体现着"集聚"与"离散"的辩证

---

① 周振鹤：《建构中国历史政治地理学的设想》，载《历史地理》第15辑，上海人民出版社，1999年，第4页。
② 郭声波：《中国历史政区的圈层结构问题》，《江汉论坛》，2014年第1期。
③ 冀朝鼎：《中国历史上的基本经济区》，朱诗鳌译，商务印书馆，2017年，第11页。

力学:"'集聚'导致了诸种区域与社会的形成,而'离散'则带来了文化的传播、扩散与社会的变动。"①

核心区及其延伸出的区域构成了核心与边缘的圈层结构。与其说这一圈层结构揭示了人们的空间观念,不如把它看作观念影响的实践。虽然历史上圈层的范围存在扩展或伸缩,但其结构没有发生根本性变化,而且历史上各王朝在军事、政治、制度、文化等多个方面不断地强化着这种结构性特征。对边疆的传统认知,正是需要在这一结构性视野下展开。本研究对主次边疆带的概念,虽然着眼于地理空间且在边疆界定的方式上与以往不同,但也基本呈现为一个从内地向外延伸的圈层结构。

中国历史与地理的空间结构基本上存在着块状构造与圈层结构两种区分形态,这在一定程度上成为人们认知多元统一的中国的空间结构范式。周振鹤先生指出,"我们既然称五服制为圈层式结构,也不妨称九州制为分块式结构。秦汉以降,这两种结构一直是政治地理格局的两种基本形态,以迄于近现代"②。但如果要全面准确认识次边疆带的概念,实际上还需要具有另一番空间视野。

西部次边疆带概念的提出,实际上是着眼于空间的结构性关联。与次边疆带相区别但又相联系的是主边疆带与内地区域,甚至还包括前出边疆带③。边疆带的空间形态在一定程度上显示了中心边缘结构的影响,但是主次边疆带界定的空间指向有着显著的不同。如果说,边疆在传统中心边缘视野下呈现的是从中心向边缘的延伸与扩展,着眼的是国家视野下的边疆形态,那么主次边疆带的划分则是在主权国家视野下以边界为区分界限的向内延伸,主次之分除了空间区分,更重要的是体现了战略地位的差异。

因此,认识西部次边疆带的特征与地位还需要有更为广阔且有着交互指向的视野,在更为广阔空间内定位西部次边疆带,而这就需要超越国家的视野,将之置于亚洲视野之中加以考察。

---

① 鲁西奇:《中国历史的空间结构》,广西师范大学出版社,2014年,第3页。
② 周振鹤:《中国历史政治地理十六讲》,中华书局,2013年,第50页。
③ 孙勇:《国家战略下的大边疆战略研究:多重世界非恒称视角下的力量博弈》,四川大学出版社,2017年,第29页。

空间的区分并不是基于同质性而是在于差异性，这也就是空间的分异，正是差异的存在使得区域有着划分的可能与依据。中国疆域的区域划分有着多种类型，但无论何种标准，实际上都是自然环境与人类活动相互作用的结果，并以历史地理的形态表现出来。无论是块状构造、圈层结构，还是在更大范围内的"二元互竞"与"四元互动"，都是认识与界定主次边疆带必不可少的空间视野，而理解次边疆带内在的复杂性特征及区域间的地位关联，也需要在这些空间视野内展开。

第二节
西部次边疆带的空间范围及区域特征

一、西部次边疆带的区域范围

作为一个从空间战略角度界定与勾勒出的区域，西部次边疆带的空间范围可能难以遵循一般区域的典型划定，而更多地要考虑特定战略对区域范围的规定性。这样，西部次边疆首先是在广阔空间内的战略地位上得以界定，其次则是其所具有的边疆特征，这成为判定次边疆地带区域的两个基本标准。

次边疆带是与内地、主边疆带甚至与前出边疆带等战略性区域空间相对而言的，因此界定西部次边疆带的范围，首先要确定这一系列边疆区域所界定的依据。中国的疆域空间，在地理上总体可区分为块状构造，也就是如费孝通先生所言，"中华民族聚居地区是由六大板块和三大走廊构成的格局，板块是指北部草原区、东北部的高山森林区、西南部的青藏高原区、云贵高原区、沿海区和中原区，而走廊是指藏彝走廊、南岭走廊和西北走廊，板块是以走廊相联结的,故板块具有相对的稳定性,而走廊则具有相对的流动性"①。与此同时,中国的疆域空间还可以区分为由内向外延伸的不同圈层。这一圈层结构在人们的观念结构中根深蒂固,一方面是由于传统中原中心观及差序格局的映射,另一方面则是由于在主权国家形态下的安全战略考虑以及经济发展的区域差异,使得人们以中心边缘的圈层结构来观察中国疆域。在圈层结构的视野下,疆域有着层次与地位的区分。西部次边疆带的概念界定与区域范围的划定,也需要在圈层结构的视野内展开。

孙勇教授认为,"由于历史的原因,中国以农耕民族思维发展起来的防守型战略,在'中心—外围'的地理态势下,围着疆域的边沿,通常都会形成一个主边疆带以抵御外敌,再在其后有一个次边疆带以拱卫内地;当国家意志特强的时候,以有限反击为前提,中国在有的历史时期还会有一个前出边疆带,即超越本国自身的地理主边疆带前出到敌国控制或欲控制的地带"②,并进一步指出,"当代中国政治地理存在着一个环边疆带,即在大陆由边界往内,在历史上和现实中经常发生涉边(例如涉藏、涉疆、涉滇、涉桂)问题的地带,其中以新中国行政区划的边疆省区为主边疆带,以这些边疆省区相邻的部分地区为次边疆带,而在沿海是以国际法承认与中国行政地图标注的海域为主边疆带,沿海省市内陆为次边疆带;在此之外,符合中国国家战略意图的,与世界政治体系规则吻合的,与他国所进行较高程度的政治、经济、军事合作,能够开展具有战略意义活动的地方,可视之为前出边疆带"③。这样,就从国家空间战略特别是边疆战略的角度提出了边疆带的划分,指出了各个边疆带所指向的区域范围。其中,次边疆带是指与新中国行政区划的边疆省份相对应的且向内相邻的省份,沿海省份内陆也应视为次边疆带。可见,对次边疆带的界定也在一定程度上是以行政区划为着眼点的。这一界定方式无可厚非,特别是在界定西部次边疆带的区域范围上,有其合理性与自洽性。这是因为,省级行政区划的划定有着山川形便与犬牙交错的基本原则,其内

---

① 费孝通:《关于我国的民族识别问题》,载《费孝通文集》(第七卷),群言出版社,1999年,第215页。
② 孙勇:《国家战略下的大边疆战略研究:多重世界非恒称视角下的力量博弈》,四川大学出版社,2017年,第323页。
③ 孙勇:《国家战略下的大边疆战略研究:多重世界非恒称视角下的力量博弈》,四川大学出版社,2017年,第323页。

在特征呈现出多元复杂的情形，这在西部次边疆区域的省区表现更为明显。正是这种内在的多元复杂性——实际上正是由核心区域的内地与主边疆地带的双重影响所塑造的——使得西部次边疆带区域的省区形成了区别于其他区域的独特特征。应该指出的是，虽然西部次边疆带的省区有着内在的多元性，但既然是在边疆意义上对其展开讨论，那么本书主要研究的区域则是其行政区域内具有边疆特征的部分。

因此，本研究所讨论的西部次边疆带，是指介于主边疆带（新疆、西藏）与内地之间、依然具有边疆特征的过渡地带（包括宁夏、甘肃、青海、四川、云南等省份的全部或部分区域）。其中涉及的省份要么是直接临边，要么是与主边疆带省区相邻。需要指出的是，对西部次边疆带的界定，空间位置只是考量因素之一，更为重要的是其边疆特征及战略地位。其中，青海、甘肃、四川、云南都是青藏高原东部边缘区域，对西藏的社会治理与发展具有重要的支撑作用，甘肃则依托于河西走廊而对新疆有着后方基地的地位。历史上的行政区划有着特殊的设置，其中典型者为民国时期的川边特别区域，其可以被视为是当时情境下的西部次边疆带。川边特别区域上承改土归流、下启西康建省，是"固川保藏"的必要之举，起到了支撑西藏、抵御外侵的作用。当时政府已明确指出川边的重要战略位置："窃查川边地方，东障四川，西控卫藏，南接云南，北接青海，山脉纵横，形势扼塞，匪独川边之辅车，实为西南之屏藩。为巩固边防计，自非独成一区不足以便措施，而期完密。"[①] 民国政府在川边设置镇守使，负责军政兼管民政，也是由这一区域的特殊性决定的。川边特别区域虽然有着"化边地为腹地"的考虑，但事实上依然为边区，并且呈现为鲜明的边疆特征。

二、中间地带：西部次边疆带的区域特征

西部次边疆带的区域范围界定有两方面的考量，一是在边疆战略上重要的依托与支撑地位，二是该地带的边疆特征，也就是所呈现的边疆性。在此

[①] 四川省档案馆编：《近代康区档案资料选编》，四川大学出版社，1990年，第19页。

观照下，我们可以具体讨论西部次边疆这一区域的基本特征。总体来看，西部次边疆带是处在青藏高原东部边缘的一系列省份，并且在地理环境、生态类型、社会文化等方面都表现出这一区域的独特特征。

首先，从地理位置来看，西部次边疆带大致处于青藏高原东部边缘及延伸区域，地形地貌复杂多样。从西部次边疆带所包含的宁夏、甘肃、青海、四川、云南等省区来看，这些区域都处在青藏高原的东部边缘及延伸区域。而在青藏高原的北部与东部边缘，以昆仑山脉、祁连山脉、横断山脉与地势第二级阶梯分界。这样来看，西部次边疆带是跨越了第一阶梯与第二阶梯，西部高峻、东部倾斜，自西向东呈梯形降低，并且以第二级阶梯分界线为中心分布。从地形来看，西部次边疆带包含了高原、山地、盆地、峡谷、台地、沙漠、湖泊、河流等多种地形地貌。其中，山地占据主导地位，山脉的走向、山地的高低等决定了河流的走向、盆地的面积、河谷的宽度等。站在青藏高原向东看，以山脉为脉络，自北向南可以发现：沿着祁连山，柴达木盆地与河西走廊、青藏高原与内蒙古高原分立在山脉两侧，向东是黄土高原；巴颜喀拉山作为季风区与非季风区的分界线，长江水系与黄河水系作为分水岭，其北侧是河湟谷地，南侧是横断山脉。横断山脉山川南北纵贯，东西骈列，与山川相间的则是河流，自东而西有邛崃山、大渡河、大雪山、雅砻江、沙鲁里山、金沙江、芒康山（宁静山）、澜沧江、怒山、怒江和伯舒拉岭—高黎贡山、察隅河、岗日嘎布山（及西支）、丹巴曲、米什米山等，横断山脉因此也被称为六江流域。在横断山脉东部，是四川盆地与云贵高原。依山脉可以基本上勾勒出西部次边疆带区域的地形类型。但是从行政区域的角度来看，就会发现该区域的地形更为复杂，诸如甘肃就可分为河西走廊、蒙古高原、黄土高原、陇南山地、甘青高原、祁连山地和黄土高原西部边缘七种地貌地形。这种多样性的地形，造成了西部次边疆带区域的阻隔性、分散性与多样性。地形地貌的复杂性，也加剧了气候的复杂性，使得这一区域成为亚热带季风气候、温带季风气候、温带大陆性气候和高山高寒气候的交错地带，并造成这一区域的植被类型多样，这些都深刻影响着人群的分布及所依托的生计方式类型，也深刻影响着这一区域乃至更大区域的社会历史进程。

其次，从植被与生计类型来看，西部次边疆带处于我国的农牧过渡与交错区域。西部次边疆带跨越第一阶梯与第二阶梯，地形复杂多样，植被类型也极为丰富，这使人们在适应与改造自然时就发展出多种生计方式，其中最主要的是游牧与农耕。西部次边疆带处在游牧与农耕生计类型的过渡与交错区域。青藏高原的高海拔以及东部边缘地区的降水量，决定了从事农业生产要面临较为严苛的条件，但高原的草原植被则为畜牧业的发展奠定了良好基础。这样，自西向东随着地势的降低，生计类型便呈现为从畜牧到农耕的过渡。就具体的区域而言，祁连山以北的河西走廊分布着非典型的绿洲农业，祁连山南北麓则是畜牧业为主。日月山作为中国季风区与非季风区的分界线，也是内流区与外流区的分界线，还是青藏高原与黄土高原的分界线，以西是畜牧业为主，以东的河湟谷地则以农耕为主。祁连山向东的陇南山地、甘南高原、川西北高原，以高山草甸、高山灌丛带为主，发展出靠近内地的畜牧业。而在横断山脉地带，高山峡谷的地形使得气候、植被垂直分布特点显著，使得该区域的生计类型也十分多样，山地农耕与畜牧在同一地点垂直分布，呈现为农牧兼有、农牧混合的特征。农牧过渡与交错，意味着在一些区域，人既可以从事农业也可以从事畜牧业。农牧过渡与交错区域是一个复杂的人地系统，不仅意味着基于生态的人群互动，而且也表现了深刻的社会政治意涵，农牧生态系统的内在互动造成了农牧群体的互补合作或竞争冲突，形成了社会发展的重要推动力。

再次，从区域的广度而言，西部次边疆带呈现出鲜明的跨区域特点。西部次边疆带的核心区域在甘肃、青海、川西、滇北地区，大致包括甘肃、宁夏、青海、四川、云南五个省级行政区。这种跨区域特点给西部次边疆带的经济发展与社会治理产生了深刻的影响，使其呈现出区域上的分散性和不平衡性，并且面临着经济社会发展上的行政协调问题。其中，在川甘青省际交界地区，由于各省份经济基础、发展水平、政策取向各不相同，不仅造成以省际边界为表征的区域发展差异，而且还造成交界地区的社会稳定及治理问题。除了跨越行政区域，西部次边疆带还跨越了基于自然环境与人类活动的人文区域。由山脉所规制的地形深刻影响着人类的互动范围与迁徙方向，西部次边疆带从北向南分布着西北民族走廊（包含河西走廊与陇西走廊）和藏彝走廊，这两大走廊是民族分布与迁徙上的重要区域，呈现出鲜明的政治、社会与文化特征。而在这两大走廊之间，则交汇着在西部次边疆带具有重要战略地位的河湟谷地，地处农牧交错地带，呈现出鲜明的区域特征。如果从藏语方言区的角度来看，西部次边疆带跨越了安多地区与康巴地区，这两大地区也表现出不同的区域特征。西部次边疆带的这些跨区域特征，使其更添多元性与复杂性。

最后，从社会文化角度来看，西部次边疆带是多民族、多宗教、多文化交叠区域，呈现出异彩纷呈的文化多样性。其一，西部次边疆带是多民族混居区，生活着汉族、回族、藏族、羌族、彝族、撒拉族、土族、蒙古族、裕固族等三十余个民族，在生计方式、宗教信仰、民族文化、生活习俗等方面都表现出丰富的多样性。其二，西部次边疆带可以视为汉族为主的儒家文化圈、藏族为主的藏传佛教文化圈以及回族等为主的伊斯兰教文化圈的边缘交汇与重叠区域。这些文化以不同的民族为载体，对西部次边疆带给以了社会文化上的整合，在今天依然深刻地影响着这个区域多个民族的价值观念、身份认同与行为实践。其三，从文明的类型与范围来看，西部次边疆带是多种文明的交汇之地，这也意味着存在不同文化间的交流与碰撞。

总体来看，西部次边疆在地形上是第一阶梯、第二阶梯的过渡地带，是农牧过渡与交错地带，是跨越多个行政区与文化区的地带，是多民族、多宗教、多文化的交叠区域。这样的外在地位与内在特征，使得西部次边疆带呈现出鲜明的地域特征。西部次边疆带所呈现的诸多特征，都指向一个突出的特征：西部次边疆带是一个中间地带。在中国历史与地理语境中，中间地带一般是处于农耕与其他生计方式混杂交汇的区域，而其中青藏高原以东的西部次边疆带最为典型，其历史发展过程基本上可以总结为从内陆边疆到民族地方的演进①。

对这一地带的整体或部分，学者们提出了各种表述概念，虽然在区域范围与概念所指上存在一定差异，但都总结出了该地带的基本特征。童恩正先生从考古发现提出了历史上从东北到西南的"边地半月形文化传播带"②，这

---

① 王丽娜：《"中心"与"边缘"之间——中间地带的发现》，《读书》，2019年第2期。
② 童恩正：《试论我国从东北至西南的边地半月形文化传播带》，载文物出版社编辑部编：《文物与考古论集》，文物出版社，1986年，第17—43页。

条传播带由长城地带和藏彝走廊两部分组成，历史上是华、戎集团的文明分野，是诸多族群相互交往、渗透的文化叠加带，呈现了从石器时代到青铜时代文化传播的空间形态。费孝通先生提出藏彝走廊这一历史-民族区域概念，在宏观上指出各大板块是以走廊相联结且形成了地理与文化上中华民族多元一体的过程与动力，并着重指出了走廊所具有的相对流动性特征[①]。王铭铭受藏彝走廊概念的启发提出"中间圈"的概念，指出中间圈是介于核心圈和外圈之间、"半文半野"的过渡地带[②]。敏俊卿将回族称为汉藏之间的"中间人"[③]，描述这一回商群体的双向互动过程与独特认同。

西部次边疆带作为特殊的地理、社会与文化空间受到了学者们广泛关注，虽然区位与所指重点有所差异，但其旨趣基本一致，都是旨在描述两个或多个群体及其文化在这一空间地带内的碰撞与互动，并探索其中的动力及机制。这一中间地带最重要的功能是凝聚与联结，这使其成为一个多民族互动交往的场域，民族关系也由此发展成一个典型的和谐共处的区域类型。

第三节
西部次边疆带的历史过程与空间位移

从空间政治与文化秩序的角度来看，西部次边疆带所呈现的是一种结构性关系，因为与次边疆带所对应的是主边疆带及内地区域，次边疆带呈现出一种中间地带的性质。在传统中原中心观念的影响下，由内而外、由近及远的差序格局中，必然存在着作为中间地带的区域，但这不完全是观念的构造，而是有着深刻的地理、生态、社会与文化基础，体现为现实存在着的区域差异，并且在历史变迁中呈现出强有力的韧性与支配作用。因此，西部次边疆带不仅在历史上结构性地存在，而且在相当长的时间内持续产生影响。

---

① 费孝通：《关于我国民族的识别问题》，载《费孝通文集》（第七卷），群言出版社，1999年，第215页。
② 王铭铭：《中间圈："藏彝走廊"与人类学的再构思》，社会科学文献出版社，2008年。
③ 敏俊卿：《中间人：流动与交换临潭回商群体研究》，中央民族大学出版社，2011年。

西部次边疆带作为一种结构性存在，在现实中对应着相应的区域，而之所以呈现为当前的区域范围，是历史发展所推动的区域政治与社会变迁的结果。历史地看，西部次边疆带的形成是一个多方力量塑造的过程。其中，特别需要着眼于这一地带人群的互动及其地位所发生的变化。以长时段的历史来看，西部次边疆带的形成与发展分为三个阶段：秦汉时期华夏边缘的西部扩张与西部次边疆带的初现；清朝大一统格局下西部次边疆带中间地带地位的确立；晚清民国时期西部次边疆带的剥离与变动。这不仅是一个空间位移过程，也是中国国家转型与建构的政治过程。

一、秦汉时期华夏边缘的西部拓展与西部次边疆带的初现

虽然苏秉琦先生提出，早在新石器时期中国大地就呈现了古文明"满天星斗"的分布格局，以强调中国文明的多元起源，但不可否认的是，在其后的历史发展中，以中原为区域、以华夏为族群的农耕中原起到了中华民族形成发展中的凝聚核心的作用。这种凝聚核心作用形成的关键时期是秦汉。秦汉是具有进取精神的朝代，这一进取呈现为政治上的拓展，以及农耕上对游牧人群的影响。农耕与游牧的过渡地带是游牧与农耕两个生态系统相衔接的地方，存在着生态上的混合与政治上的游移。

在秦汉时期强有力的进取之下，农耕民族扩展到了支撑雨养农业的生态的边缘，也扩展到了军事补给的收益临界点，这在政治地理与族群上的表现如下：在地理上，为"断匈奴之臂，张中国之掖"，派张骞出使西域，击退匈奴后设置河西四郡，控制了河西走廊，在河湟地区移民屯垦设置郡县，设护羌校尉管领羌人事务，在藏彝走廊地带设置郡县以实施羁縻统治；而在族群上，则是"华夏边缘羌人地带之形成"①。王明珂指出："当汉代中国的势力逐渐扩张至甘肃河西走廊、西域，青海地区的河湟，以及西南夷之外的西方地区，并与当地人群有往来接触时，原来被称作戎、氐羌或羌的西方边缘人群

---

① 王明珂：《羌在汉藏之间：川西羌族的历史人类学研究》，中华书局，2008年，第148页。

不断融入华夏,于是汉人心目中'羌'的概念也向西漂移。"① 而到了汉晋时期,"羌"的概念已经扩展到了青藏高原东缘。"这个成于东汉魏晋时期的西部'华夏边缘',也是汉人的西部族群边缘。今日汉族分布地区的西缘与此'羌人地带'仍大致吻合。"② 这一重合也意味着在生态意义上西部次边疆带的空间已经基本确定。历经两千余年,这一地带的基本特征没有发生根本性的变化,而且其政治地位与战略意义在不同时期都有着重要呈现。

理解这一华夏西部边缘的结构及其此时西部次边疆带的意义,还应有更为广阔的视野。在生态意义上,华夏西部边缘呈现为农耕与游牧的过渡与混合状态,生活在其中的民众有着灵活的或不得已的选择;在政治上,呈现为中原王朝对此进行治理与统治的取向,但在更为边缘的区域,则是秦汉等力所不逮的;而在文化上,则是以华夷族群的文野认同进行自我定位与区分。也正是这样,政治秩序也就呈现为一种包含了多民族的天下秩序。

在秦汉时期,西藏尚没有显示出其政治与宗教方面影响,但是居于青藏高原上的羌人也为汉朝所忌惮,汉朝对河西走廊的控制阻隔了匈奴与羌人,而正是这一以羌人为主的人群,形成了其后历史上西部次边疆区域族群的主要组成部分,并推动了波澜壮阔的民族互动与融合。

二、清朝大一统格局下西部次边疆带中间地带地位的确立

秦汉时期华夏边缘的西部扩展,体现的是在农耕社会与游牧社会竞争互动中的中央王朝视角,而历史的发展告诉我们,这一农耕社会与游牧社会的二元互竞最终被纳入同一个政治体系与格局之中,这就意味着大一统的真正实现。"大一统"这一概念自《公羊传·隐公元年》正式提出后③,就形成了对中国现实人群的政治心理高度的制约,认同中华、统一天下成为历代帝王的雄伟抱负。自秦代开始,西汉、东汉、西晋、隋朝、唐朝、元朝、明朝、清朝都可以被视为是大一统王朝,但只有在清朝才算是真正实现了大一统。

---

① 王明珂:《华夏边缘:历史记忆与族群认同》,浙江人民出版社,2013年,第211页。
② 王明珂:《羌在汉藏之间:川西羌族的历史人类学研究》,中华书局,2008年,第150页。
③ 《公羊传·隐公元年》:"何言乎王正月? 大一统也。"

这是因为，在清朝的经营下，游牧地区和农耕地区被纳入同一个政治体系中，从而实现了多民族国家的统一。

在大一统的政治格局中，空间上存在着块状构造与圈层结构。圈层体现为内地与边疆的衔接与过渡区域，边疆可以细分为双重边疆，内边疆是郡县区的边疆，是作为大一统国家统治基础的核心区的边疆；外边疆是非汉族居住区、大一统国家的边缘区，这才是大一统国家真正的边疆①。就西部次边疆带而言，清朝在形成满蒙同盟的基础上展开对西藏的经营，而真正确立对西藏的统治则是在经由康区军事行动的基础上实现的。在新疆也是同样的情形，对新疆统治的确立是以对陕甘地区的经营为前提的。清朝意识到内边疆的重要性，在经营西藏时控制了康区，在罗卜藏丹津叛乱后实现了对青海地区的统治。可以说，在清朝前期，大一统格局的真正实现是建立在对内边疆即西部次边疆带经营基础之上的。

三、晚清民国时期西部次边疆带的剥离与变动

清朝前期所建立的包含着农耕汉地与游牧边疆的大一统格局，事实上处在一种自在的状态，因为这一格局是历史上农耕与游牧二元竞争互动过程发展的产物，虽然在不同时期表现为不同的状态，但总体上并没有脱离其所构想的天下体系。但是，近代以来西方列强的入侵，特别是其在提出领土要求时所秉持的民族国家及主权观念，极大地撼动了清朝所构建的以朝贡体系为制度形式的"华夷秩序"，清政府认识到必须在观念与实践上进行转变，才不至于亡国。

因此，晚清时期，"放弃对一系列'外藩'（如朝鲜、越南、缅甸等）等的传统'上国'地位；试图取得或巩固对边地'内藩'的直接统治主权（蒙古、新疆、西藏、满洲[东北]皆在此例）；放弃以往维持'缓卫'边疆、阻断内地汉民和边疆民族联系的安全方略，代之以移民实边、促进民族融合的

---

① 杨军：《双重边疆：古代中国边疆的特殊性》，《史学集刊》，2012年，第2页。

新政"①,"在内部区域建制的调整上,大清开始努力将汉满蒙回藏多元秩序,逐渐纳入统一的行省制度当中"②,从而以一体化的努力塑造着自大一统完成之后的国家疆域。晚清时期在边疆地区的诸多变革与施政,主要目标就是"使中央政府在边疆地区的权威与控制达到与内地省份等同的程度"③,也就是,"在中国同前'外藩'的关系被迫'外交化'以后,中央政府积极致力于使原'内藩'边地在近代意义上'内政化'的过程"④。

近代以来的边疆秩序变化,使得西部次边疆带的地位得以凸显,晚清民国中央政府都着力加强对这一地带的控制,以巩固边疆与领土完整。但是这一地带本身的复杂性,以及近代以来内外激烈碰撞所带来的震动,使得这一地带表现出纷繁复杂的政治态势,土司政治、军阀混战、民族冲突等层出不穷。但是,这一时期总体上保障了疆域的完整,除了外蒙古的独立改变了北部边疆的结构层次,使内蒙古地区成为外缘的主边疆带,在西北与西南基本意义上的内外边疆的区域结构依然存在,而这一结构的历史延续性,也就成为西部次边疆存在并且依然呈现其意义的重要前提。从生态的角度来看,近代以来的边疆变动及国家整合,事实上重塑了历史上延续的农耕与游牧的共享体系。而中华人民共和国成立之后,在西部次边疆带原来四大特别区域基础上所建立的省区更是被重新整合,形成了在同一个行政区内的农耕与游牧的共享,突出表现为西康省被撤销并成为四川省的一部分。

历史地看,中国历史上的空间结构整体上表现为一种中心边缘结构,即观念与治理上的层级结构,只是这一结构在不同的历史阶段有着不同的空间区位。西部次边疆带在其中是一个不断塑造的过程,虽然在政治上有着剧烈的变动,但在生态上呈现为稳定的空间特征。自秦汉时期农耕民族扩展到生态所支持的边缘后,就没有发生重大的空间变化,其中关键的事件是唐代吐蕃的东扩、回族等民族的形成以及汉人在这一地带的经营,从而塑造出当前的社会面貌与民族格局。西部次边疆带变动的关键节点是清朝完成大一统。

---

① 刘晓原:《边疆中国:二十世纪周边暨民族关系史》,香港中文大学出版社,2016年,引言XVI页。
② 施展:《枢纽:3000年的中国》,广西师范大学出版社,2018年,第363页。
③ 刘晓原:《边疆中国:二十世纪周边暨民族关系史》,香港中文大学出版社,2016年,第11页。
④ 刘晓原:《边疆中国:二十世纪周边暨民族关系史》,香港中文大学出版社,2016年,第11页。

在清朝的经营下，实现了对漠北、西域以及青藏地区的直接统治，并且以"因俗而治"的制度加以统治，这样实际上扩展了历史中国的空间范围，也实现了区域结构及体系的拓展，以一种多元化且层次性的治理制度加以统合。这一制度上的多元化与区域结构上的差异性，表现为内外边疆的区域差异。大一统的完成使得内外边疆最终形成并具有了结构性特征。但是晚清民国时期，随着边疆危机原来作为外缘层次的区域发生了部分剥离，而西部次边疆带其他区域则更加内属化。在今天，这一区域依然呈现为主边疆带与内地之间中间地带的地位，继续发挥着在边疆治理中拱卫与依托的作用。

第四节
"空间层化"与西部次边疆带形成的机理

西部次边疆带的存在不仅是一个地理与文化上的现实，而且与国家建构的时间进程着密切关联，可以说，西部次边疆本身呈现了国家建构的历史进程及建构成效。从民族国家的理想类型来看，典范性的民族国家意味着政治、经济、社会与文化的一体化，国家的空间区域内不存在明显的中心、边缘结构。实际上，世界上大部分国家都在疆域上有着空间的分异，在族群与文化上呈现为显著的多样性，而且很多大国都呈现出中心与边缘的空间结构。这种空间上的边缘之地，往往也是文化的边缘与多样性区域，即边疆。

理解西部次边疆带形成的机理，应该在国家建构的历史视野内展开。国家建构意味着多个方面的一体化，而在空间上也有着如此呈现，这也就是空间的国家化。而这一空间的国家化实际就是德勒兹所说的"空间层化"，这一概念是理解西部次边疆带形成机理的一个关键。在德勒兹看来，无论如何，作为一种社会组织形态，国家的特性主要包括以下四点：它是一个纹理空间，倾向于把所有空间层化、纹理化；是一种僵化的节段性模式，倾向于建立共振的权力中心；是一种皇家科学形态，对空间实施层化，对僵化节段实施同一化；是一种过度编码的符号学，与层化、僵硬节段化协调运转。这阐释了国家建构所覆盖的方方面面，包含着空间、权力与文化等。其中，德勒兹将国家视为一个纹理空间，有着将所有空间都层化、纹理化的冲动，呈现了国家建构的空间维度。将空间层化的概念与国家建构联系起来的国内学者是王勇，他在讨论西北内边疆地区的草场承包与围栏建设时，指出这些对草场展开的空间划分与产权确定的行动，实际上就是一个空间层化的过程，并且直接提出"空间层化即国家建构"①的命题。在此基础上，他还对这一命题进行了延展，认为中国整体的国家建构体现了空间层化的逻辑。"中心层化空间——'中原'，向边缘'平滑空间'——'四夷'——不断拓展，是大中国国家建构规律的核心秘密。具体而言，空间层化即从定耕确权到划界定牧——由'中原到四夷'，乃是最具有实质意义的中国国家建构的历史经验和现实逻辑"②，并进一步指出，"中国西北地区的空间层化这一历史逻辑进程的展开主要是经由被最早实现空间层化的东南（中原）中国所不断产生的'社会经济剩余'所支撑和开启的。这是一个国家疆域由边徼到内地，从以边为界到边外为界的过程"③。

空间层化的概念以及王勇将之与国家建构相联系而展开的分析，是理解中国边疆十分有益的视角，对认识西部边疆带这一区域有重要启示。民国时期的雷殷先生在马鹤天《甘青藏边区考察记》的序言中，提出了一个"甚至于地非边隅，亦挤于边疆之列者"的问题，实际上就是指出了边疆并非仅仅指向濒临边界线的区域，也指向在其他方面呈现为边疆特征的区域，诸如"有被强占者，有租借者，有遗忘者，有界址未清者，有任其荒弃者，有住民不尊重国权、服从政令，管理不及者"④，都可以被视为边疆。也就是说，边疆并非完全是一个空间上的界定，也有着政治社会层面的意涵。其中，最为关键的则是马克斯·韦伯所指出的，"政权领域的各个部分，离统治者官邸愈远，就愈脱离统治者的影响；行政管理技术的一切手段都阻止不了这种情况的发生"⑤。按此观点，也就是国家控制的薄弱空间，这些并不濒临边界的区

---

① 王勇：《草权政治：划界定牧与国家建构》，中国社会科学出版社，2017年，第47页。
② 王勇：《草权政治：划界定牧与国家建构》，中国社会科学出版社，2017年，第376页。
③ 王勇：《草权政治：划界定牧与国家建构》，中国社会科学出版社，2017年，第164页。
④ 马鹤天：《甘青藏边区考察记》，中国国际广播出版社，2016年，序言。
⑤ 〔德〕马克斯·韦伯：《经济与社会》下卷，林荣远译，商务印书馆，1997年，第357页。

域，可视为"内边疆"。西部次边疆带的形成与历史上的演进有着自身的机理，而这种机理在很大程度上呈现为国家建构的努力与所面临的局限及制约的共同作用。

传统中国呈现为一种弹性的文明秩序，有着文野之分及华夷秩序，也存在着战争与疆域的扩展。中国的大一统最终是由农牧二元社会的统合完成，但这一统合并不均衡，在农业社会呈现为超越历史的韧性，这一韧性在很大程度上体现为空间层化上的精细化。这种空间层化并不均质，在各个方向上存在差异。这实际上就造成北方边疆与南方边疆的不同形态与发展趋势：北方边疆表面来看取决于中央王朝与游牧地区之间的力量对比，实际受到农耕与游牧生态的深刻制约；在南方边疆，农耕生计不仅有着平面的延伸，也有海拔上的拓展，这样王朝的拓展就有了生计与人群上的依托。在西部次边疆这一区域，地理的、气候的、生态的因素发挥着支配性作用，制约着历史上中央王朝与国家空间层化的努力及成效。

但是这些地理、气候、生态要素的结合并没有形成一条清晰的界线，而是形成了农耕区与游牧区的交错分布。这一交错地带也就是本研究所指向的西部次边疆带。其中，农耕的延伸区域有河西走廊的绿洲、河湟谷地与横断山脉的河谷地带，在从汉代到明清的历史时期，汉人不断进入并形成中央王朝在这一地带立足与延伸的基础，而这一地带也较早地完成了空间层化，被纳入中央王朝统治之中。而在这一地带的山地、高原、丘陵则依然是游牧人群支配的区域，空间的层化面临着较大的挑战。游牧人群的生产方式、社会组织、政治架构、文化观念与农耕汉人有着明显的区别，以农耕社会的空间层化方式对其展开改造，一方面是面临着基于生态差异的困难，难以在组织上对其进行整合，另一方面则受制于所支配资源，当成本大于收益时，中央王朝便缺乏了继续前进的动力。虽然如此，到了清朝时期，中央王朝还是在这一地带有了值得瞩目的进展：驱准保藏的军事行动，不仅开通了由川入藏的通道，而且招抚了沿途的"番众"，建立起了土司统治；罗卜藏丹津叛乱的平定及之后的善后事宜，使得清朝确立了对青海、甘肃的直接统治。这两者实际上都是对西部次边疆带的空间层化。其中，驱准保藏中的道路开通与土司设立，是在带状空间上推进的空间层化，而罗卜藏丹津叛乱平定后的划界、会盟、贡市、朝贡交易、边防营汛、卫戍防御、移民、开垦屯种等事宜，特别是仿照蒙古札萨克制度统编青海蒙古部落，则体现了清朝对青海区域加强统治的意志，这些安排很多都有着空间上的观照，是以空间层化来推进的。

但是，中央王朝在西部次边疆带的空间层化依然受到多种因素的制约，包括宗教文化倾向、所支配资源的丰度以及边疆治理观念等。

在中央王朝基于政治与文化展开对西部次边疆带的统治的同时，来自主边疆带的宗教也在此发挥着重要影响。伴随着西藏的东向发展，藏传佛教逐渐在西部次边疆带占据着文化主导地位，几乎整个区域都受到藏传佛教的影响。而从西北方向传播而来的伊斯兰教，在清朝时期对该区域广大民众产生了重要影响。在这一情形下，中央王朝空间层化的进展十分有限，一方面以行政设置的方式推进，另一方面则受到宗教影响，政府机构与宗教寺院成为两个彼此交互的中心，使得空间层化虽然在空间区域范围上推进，但在深度上则受到制约。

制约西部次边疆带空间层化的另一重要因素，是中央王朝或之后的中央政府所支配资源的多寡。统治的推进与空间的层化，往往伴随着军事上的战争与行政上的设置，这需要大量的人力、物力与财力作为支撑，中央政府所能汲取与支配的资源是完成这一目标的关键。长城的修建需要巨大的物质基础，而奠定这一物质基础的不是长城沿线的区域，而是由中原东南的农耕社会积累的。对此，王勇指出："中国西北地区的空间层化这一历史逻辑进程的展开主要是经由被最早实现空间层化的东南（中原）中国所不断产生的'社会经济剩余'所支撑和开启的。"[1] 以此类推，他将清朝时期的寺庙修筑、新中国成立后的草原围栏都视为空间层化的表现，并且认为这些都依托于中国东南（中原）地区的"社会经济剩余"所积累的资源。即使在今天，中国对西部次边疆带各省区的经济开发与建设，以及组织各省市的对口支援，都是以中国整体特别是东部地区生产的财富为基础的。

近代以来随着主权国家观念的传入，国人对边疆的认知出现分歧，集中体现在不临近边界线但具有战略地位的区域是否应视为边疆，在概念上有着

---

[1] 王勇：《革权政治：划界定权与国家建构》，中国社会科学出版社，2017年，第164页。

政治边疆与文化边疆的分野。这种认识反映到边疆治理上,体现为治理策略的权衡。"现代中国民族国家的建构其实表现出一个'外紧内松''外重内轻'的特点,即'外边疆紧,而内边疆松'。"① 虽然在晚清民国时期,国人意识到甘肃在保障新疆安全与稳定上的重要地位,以及康区是治理西藏的前沿与依托,并提出了"治藏必先安康"的策略,但实践上并没有将这些区域提升到相应的战略地位。新中国成立之后较长一段时间,国家投入大量人力、物力、财力在新疆与西藏,却曾一度对西部次边疆带的建设与治理重视不够。

总体来看,西部次边疆带这一区域之所以形成并呈现出超越历史的韧性,空间层化这一概念可以给予一定解释,也可揭示这一地带形成的机理。但是历史上的空间层化受到多重因素的制约,其进程并不顺利,而是呈现为一种在政治、经济、社会、文化等方面杂糅的状态,这也正是西部次边疆带所呈现的面貌,是其形成与发展的机理所在。正如王勇指出的,"用'空间层化'这个分析概念可以表达出中国西北边疆社会政治、经济、文化变迁的诸多方面,诸如政治上内边疆的腹地化、经济上农牧经济的互动消长、文化上的民族认同的不断加强以及族群格局的变动与成型等等"②。在分析西部次边疆带方面,特别是探讨这一区域的民族关系方面,"空间层化"也是一个合理且有解释力的视角。

---

① 王勇:《草权政治:划界定牧与国家建构》,中国社会科学出版社,2017年,第34页。
② 王勇:《草权政治:划界定牧与国家建构》,中国社会科学出版社,2017年,第380页。

| 第三章 |
西部次边疆带民族分布格局的形成与变迁

西部次边疆带的民族分布及民族关系，无论是在区域结构内部还是区域间相互影响的外部地位，都呈现出鲜明的区域特殊性。游牧与农耕生计基础上的共生互补、多文明交汇与民族间的互嵌结构及跨体系性、区域内外交织互动下的中间性与复合性，是这一区域民族关系的显著特征。

但是，西部次边疆带民族分布格局的形成是一个历史过程，来自不同区域的人群在此流动迁徙、碰撞融合，一些民族定居，一些民族离开，一些民族消失，在不同的历史阶段形成了不同的分布格局。其中，清朝时期所形成的民族分布基本上奠定了当前的民族格局。随着民族迁徙流动，民族间的互动与融合也更加频繁深入，形成了多民族和谐共处的局面。

第一节
唐朝以前西部次边疆带的人群流动与民族格局

一、羌人南下

据考古发现，早在旧石器时代，西部次边疆带就已有人类活动遗迹。至少在距今三、四万年前，甘青一带已有人类活动，在大约一、二万年前，甘青地区已有人口向藏彝走廊迁徙，分散在雅砻江、大渡河及嘉陵江等水域上游一带[1]。石硕教授研究发现，到了新石器时代，黄河上游区域气候骤变，寒冷干燥的气候使得这一区域人群的生存面临极大挑战，人们开始大规模向南迁徙[2]，他们先在北部的澜沧江、大渡河、岷江上游等地建立较大聚落，然后在很长一段历史时期内又沿河谷自北向南迁徙，成为藏彝走廊最早的祖先人群[3]。这应是西部次边疆带内第一次大规模的人口迁徙。

西部次边疆带最早的人群是古羌戎人，主要分布于河西走廊之南，洮、岷二州以西，中心在河曲（黄河九曲[4]）[5]，即今青海果洛、海南、黄南藏族自治州，甘肃的甘南藏族自治州、临夏回族自治州一带。有学者曾指出："黄河上游的羌戎族系在中华民族的形成过程中以供给为主，而这主要是通过羌戎诸族的族群扩散来实现的。"[6] 黄河上游羌人的迁徙从未终止过，从相关考古发现与文献记载来看，藏彝走廊最早的居民来自黄河上游区域[7]。

春秋战国至秦汉时期羌人开始第二次大规模南下。《后汉书·西羌传》载：

> 时为羌无弋爰剑者，秦厉公时为秦所拘执，以为奴隶。……至爰剑曾孙忍时，秦献公初立，欲复穆公之迹，兵临渭首，灭狄䝠戎。忍季父卬畏秦之威，将其种人附落而南，出赐支河曲西数千里，与众羌绝远，不复交通。其后子孙分别，各自为种，任随所之。或为牦牛种，越巂羌是也；或为白马种，广汉羌是也；或为参狼种，武都羌是也。[8]

---

[1] 参见石硕：《从旧石器晚期文化遗存看黄河流域人群向川西高原的迁徙》，《西藏研究》，2004年第2期。
[2] 参见石硕：《从新石器时代文化看黄河上游地区人群向藏彝走廊的迁徙》，《西南民族大学学报（人文社会科学版）》，2008年第10期。
[3] 参见石硕：《黄河上游新石器时代人群向藏彝走廊迁徙路线之探讨》，《西南民族大学学报（人文社会科学版）》，2009年第6期。
[4] 河曲即河流的一连串曲折河段，此处所言"黄河九曲"指黄河从巴颜喀拉山流出，经青海果洛藏族自治州、甘肃玛曲、甘肃临夏回族自治州而形成的一个S形流域，即古文献所称的"三河间"。参见刘夏蓓：《安多藏区族际关系与区域文化研究》，民族出版社，2003年，第12页。
[5] 参见马长寿：《氐与羌》，上海人民出版社，1984年，第91页。
[6] 参见周星：《黄河上游区域多民族格局的历史形成》，载费孝通主编：《中华民族研究新探源》，中国社会科学出版社，1991年，第382页。
[7] 参见石硕：《藏彝走廊历史上的民族流动》，《民族研究》，2014年第1期。
[8] 范晔撰：《后汉书》卷八十七，《西羌传七十七》，中华书局标点本，1965年，第2875—2876页。

此记载指出秦献公（前384—前362年在位）时期，为效仿先人穆公霸有西戎而出兵渭河上游之狄獂戎。因畏惧秦人之威，羌人开始南下，至武都郡（今甘肃西和南部）、广汉郡（今四川金堂东南）、越巂（今四川西昌邛海一带）等地。这是羌人南下藏彝走廊区域的最早记载。原始的羌族部落以狩猎为生，而中原各地很早便从事狩猎与农耕，其先进的生产方式吸引着羌族不断向东、南迁徙，为羌的壮大提供了条件。羌族的东徙、南迁与中原对其的影响密不可分。秦汉、魏晋之际，羌人内部社会分化，需要拓展生存空间，加之北方各游牧民族的南下对其造成生存威胁，羌族进行着各种主动与被动的向南迁徙。隋唐以后，羌人在藏彝走廊的活动区域集中在岷江上游的茂县、汶川一带，这基本上奠定了此后羌人在藏彝走廊的分布格局[1]。羌人自北向南迁徙至西部次边疆带是唐以前民族流动的一个显著趋势。李绍明先生曾言："六江流域藏彝走廊上居住的藏缅语族各民族都有着一部从北向南迁徙的历史。"[2] 这在藏彝走廊的羌文化遗存上得到了印证。岷江上游保留的火葬、羊骨随葬等习俗实际上为羌人所有，是羌人南迁的重要遗存。羌族的南迁成为这一时期的西部次边疆带人群交往、交融、互鉴的主要动力。据《后汉书·西羌传》的记载，羌人虽经过多次迁徙，但其主要氏族部落仍留居于湟河流域和赐支河曲一带。

二、吐谷浑西迁

吐谷浑属于辽东慕容鲜卑，原居于辽东、辽西的鲜卑各部之间。随着游牧经济的发展，辽东鲜卑慕容部吐谷浑与其兄弟部落、周围其他部族因相互争夺人口、牲畜和牧场，斗争愈发激烈，促使吐谷浑最终于太康四年至十年之间（283—289年）远徙[3]。据相关记载，吐谷浑由辽东徙至阴山，游牧了二十余年后，西度陇山（今陕西陇县以西），进而来到枹罕（今甘肃临夏附近），

---

[1] 石硕、李锦、邹立波：《交融与互动——藏彝走廊的民族、历史与文化》，四川人民出版社，2014年，第105页。
[2] 李绍明：《西南丝绸之路与民族走廊》，载四川大学历史系编：《中国西南的古代交通与文化》，四川大学出版社，1994年，第40页。
[3] 参见周伟洲：《吐谷浑史》，宁夏人民出版社，1985年，第3—4页。

然后很快向西、向南扩展①。从《新唐书·吐谷浑传》的记载来看，5世纪初期的吐谷浑"自枹罕以东千余里，暨甘松②，西至河南，南界昂城③、龙涸④，自洮水西南，极白兰⑤，数千里"⑥。从今天的行政区划来看，其范围大致包括今甘肃南部、四川西北，南抵青海南部，西至新疆若羌、且末等区域，北隔祁连山与河西走廊相接⑦。

吐谷浑在迁徙、崛起的过程中，不可避免地要与迁入区域原有人群产生联系，关于吐谷浑与羌人的接触与碰撞，《晋书·吐谷浑传》中言：

> 吐延身长七尺八寸，雄姿魁杰，羌虏惮之，号曰项羽。性俶傥不群，尝慷慨谓其下曰："大丈夫生不在中国，当高、光之世，与韩、彭、吴、邓并驱中原，定天下雌雄，使名垂竹帛，而潜窜穷山，隔在殊俗，不闻礼教于上京，不得策名于天府，生与麋鹿同群，死作毡裘之鬼，虽偷观日月，独不愧于心乎！"性酷忍，而负只智，不能恤下，为羌酋姜聪⑧所刺。剑犹在其身，谓其将纥拔泥曰："竖子刺吾，吾之过也，上负先公，下愧士女。所以控制诸羌者，以吾故也。吾死之后，善相叶延，速保白兰。"言终而卒。⑨

由此记载可见，吐谷浑在迁入羌人地域的过程中，受到当地人的反抗，羌人虽成"羌虏"但仍未停止抗争，甚至将吐谷浑此时的首领吐延杀害。吐延死后子叶延承其志，并最终压制了当地羌人的反抗⑩，"遂为强国"⑪。吐谷

---

① 参见周伟洲：《吐谷浑史》，宁夏人民出版社，1985年，第6—7页。
② 甘松因甘松山而得名，在今甘肃陇南及甘南白龙江上游一带。
③ 昂城，即今四川阿坝藏族自治州一带。
④ 龙涸，今四川松潘。
⑤ 白兰，今青海果洛。参见李文实：《白兰国址再考》，《青海社会科学》，1984年第1期。
⑥ 参见《新唐书·吐谷浑传》卷二二一上，中华书局标点本，1975年，第6224页。
⑦ 参见周伟洲：《吐谷浑史》，宁夏人民出版社，1985年，前言。
⑧ 《北史·吐谷浑传》作"昂城羌酋姜聪"，《宋书》本传作"昂城羌酋姜聪"，《太平御览》卷四八二引《前燕录》作"帛城羌酋姜聪"，不知孰是。按：昂（或昻）城，地在今四川阿坝。见周伟洲编：《吐谷浑资料辑录》，青海人民出版社，1992年，第5页。
⑨ 《晋书》卷九七《四夷·西戎·吐谷浑传》，中华书局标点本，第2537—2542页。
⑩ 参见周伟洲：《吐谷浑史》，宁夏人民出版社，1985年，第15页。
⑪ 参见《通典》卷一八九《西戎·序略》。

浑与羌族部落在战争中交融,在碰撞中交往,在吐蕃人大规模进入这一区域前,成为西部次边疆带最主要的聚居人群。

第二节
吐蕃向西部次边疆带的扩展与族群格局的变迁

公元 7 世纪,吐蕃击败羊同、苏毗等部落后,统一了青藏高原本部。随着政权的逐渐壮大,吐蕃对广阔的耕地、牧场及先进文化的需求更加强烈,开始了近两个半世纪的东扩历程。在这两百余年的历史中,西部次边疆带上的诸部落逐渐被吐蕃征服,藏族人群的大规模进入给西部次边疆带的民族格局与文化形态带来了巨大变化。

有学者指出,"吐蕃向外扩张之路线主要有三条:其一,向东迁徙,以四川盆地的西缘为极限。其二,向东南迁徙,云南西北部的丽江为极限。其三,向东北迁徙,为藏人外移最多之路线,即向川甘边区、河西走廊、至黄河流域中、上游等地"[1]。吐蕃东扩,首先进入青海一带。青海不仅是进出青藏高原的通道,亦是通往西域的重要通道。除此以外,由青海南下可以直取藏彝走廊,正如林冠群先生所言,"吐蕃得之不但可以深防纵深,且可借此多方向外发展"[2]。自隋末中原战乱以后,唐与吐蕃之间的政权如吐谷浑、党项、白兰等都处于相对分散、自主的状态。贞观十二年(638 年),吐蕃以吐谷浑"离间"唐蕃之间联姻,致其求取公主失败为借口,攻击吐谷浑,"吐谷浑不能亢,走青海之阴,尽取其赀畜"[3]。随后,吐蕃顺势出兵党项(今四川西北、甘青东部一带)、白兰(今青海南部、四川西部一带)等地,随后率众攻击唐朝的西域及陇右地区。唐朝为阻止吐蕃势力更进一步,于咸亨元年(670 年)

---

[1] 林冠群:《唐代吐蕃史论集》,中国藏学出版社,2006 年,第 223 页。
[2] 林冠群:《唐代吐蕃史论集》,中国藏学出版社,2006 年,第 233 页。
[3] 《新唐书》卷二百一十六上,《吐蕃上》,中华书局标点本,1975 年,第 6073 页。按:古以水南为阴。

派薛仁贵出兵吐蕃①，双方在大非川激战，最终吐蕃大胜唐朝。从陈庆英先生所列"吐蕃青海、鄯州、河州节度使及其部落"的管辖情况可见吐蕃对河西走廊、安多地区统辖之大致范围，载："唐代陇右道领秦、原、河、渭、兰、鄯、阶、成、洮、岷、临廓、叠、宕14州，即今甘肃中部、东南部和青海东部。吐蕃在进攻和统治陇右道各州时，曾设青海节度使、鄯州节度使、河州节度使等，以统辖进驻这一地区的各千户部落。"② 在河、陇地方吐蕃设置凉州节度使进行管辖。吐蕃还设有瓜州节度使，据陈庆英对敦煌汉藏文书的研究，指出"吐蕃瓜州节度使管辖的范围，大略是唐朝的肃州（今甘肃酒泉）瓜州（今甘肃安西县东南）沙州（今甘肃敦煌）伊州（今新疆哈密）西州（今新疆吐鲁番）"③。吐蕃的势力范围遍布河湟、河陇一带。

大非川战役后，吐蕃开始推进对藏彝走廊的征服。永淳元年（682年），吐蕃"尽收羊同、党项及诸羌之地，东与凉、松、茂等州相接，南至婆罗门，西又攻陷龟兹、疏勒等四镇，北抵突厥，地方万余里，自汉、魏以来，西戎之盛，未之有也"④。此后，吐蕃开始向藏彝走廊扩张，一方面自青海玉树一带向东，经松、茂南下，另一方面与南诏联合，由迪庆、丽江和西洱海一带自巂州、黎、雅北上⑤。沿途所经之石渠、色达、甘孜、炉霍、道孚诸县都曾是吐蕃故地⑥，丽江、迪庆、中甸、阿墩子等亦被吐蕃控制。贞观之后，一方面吐蕃面临西北扩张中来自回纥的压力，另一方面唐朝在川西防线极力抵抗，许多军事重镇被唐朝夺回，吐蕃军队退到金沙江以北，失去了对洱海地区和丽江一带的管辖，但中甸及维西、德钦一带仍在其控制之下。有学者指出此时唐蕃的实际分界线维持在"今松潘（故松州）—黑水县东南（栖鸡、老翁）—杂谷脑河中段（维州）—小金县东部（逋租）—康定以西立启河流域（偏松）—贡嘎山、石棉县西（黎州过大渡河吐蕃诸城）—安宁河以西（诺济）—盐源（昆明）"⑦ 一线。另外，在今四川甘孜州、青海玉树、四川阿坝

---

① 司马光：《资治通鉴》卷二〇一，中华书局，2007年。
② 陈庆英主编：《中国藏族部落》，中国藏学出版社，2004年，第609页。
③ 陈庆英主编：《中国藏族部落》，中国藏学出版社，2004年，第613页。
④ 《旧唐书》卷一九六《吐蕃上》，中华书局标点本，2013年，第5224页。
⑤ 王海兵：《唐蕃西川战争及相关路线考辨》，《江汉论坛》，2008年第1期。
⑥ 任乃强、曾文琼：《〈吐蕃传〉地名考释（二）》，《西藏研究》，1982年第2期。
⑦ 王海兵：《唐蕃西川战争及相关路线考辨》，《江汉学刊》，2008年第1期。

州、西藏昌都、云南丽江、大理等地均发现吐蕃政权的遗迹①。

吐蕃统治了河西走廊、安多、康北的大部分区域。在这些区域内，吐蕃带来了原有的统治方式、军事制度、宗教信仰，最终使得西部次边疆带出现大规模的"吐蕃化"。吐蕃对西部次边疆带的统治，基本上保留了当地原有的社会组织形式，扶植当地政权的首领来进行管理。地方势力也被大量编入吐蕃军队，成为吐蕃军事力量的重要组成部分②。吐蕃还在当地收取赋税，强化彼此在经济上的联系，如吐蕃在征服吐谷浑后，"及至蛇年……吐谷浑诸部前来致礼，征入贡赋税"③。另有学者指出康区"部族弱而依赖吐蕃，且有盐铁之利，故吐蕃视为'禁脔'，不容他人染指"④。

吐蕃征服其周边区域后，在当地大规模驻守，很大一部分人群开始在西部次边疆带驻守，并与当地民众展开新一轮的交往、交融。石硕教授指出，"吐蕃军队既是军事组织，也是生产单位，他们的东征事实上也是民族迁徙"⑤。这一点笔者十分赞同，据民间传说，今河湟谷地南部山区的藏族多来自西藏山南的堆龙⑥。甘肃玛曲的"欧加六部"、卓尼杨土司亦是吐蕃的后裔⑦。他们在吐蕃东扩时，随军而下，之后戍守在当地，逐渐成为安多地区民众的一部分。

除以上所述统治方式、赋税制度、人口迁入等，吐蕃给西部次边疆带的最大影响即藏传佛教的传入。吐蕃军队实行"苯教师"制度，藏军每千户有一"拉本波"即大苯教师，每小组有一"拉巴"即小巫师，主持各种有关战斗的敬神仪式⑧。吐蕃出征时，这些巫师随军队作战，并在征服之地长期驻守，在与当地人的交往中，苯教得以传播。8世纪下半叶后，吐蕃佛教开始兴盛，在与佛教的斗争中，苯教不敌，使得苯教开始向吐蕃中心区域外扩散。

---

① 参见石硕、王鑫源：《吐蕃在康区的活动遗迹》，《湖北民族学院学报（哲学社会科学版）》，2018年第6期。
② 石硕、李锦、邹立波：《藏彝走廊历史上的民族迁徙与互动》，四川人民出版社，2014年，第121页。
③ 《敦煌本吐蕃历史书》（藏文本），第15页，转引自陈崇凯：《西藏地方经济史》，甘肃人民出版社，2008年，第110页。
④ 转引自林冠群：《唐代吐蕃史论集》，中国藏学出版社，2006年，第236页。
⑤ 石硕：《藏彝走廊历史上的民族流动》，《民族研究》，2014年第1期。
⑥ 王志强、俞丽娟：《青藏历史移民与民族文化的变迁》，上海大学出版社，2016年，第153页。
⑦ 刘夏蓓：《安多藏区族际关系与区域文化研究》，民族出版社，2003年，第46页。
⑧ 格勒：《藏族本教的巫师及其巫术活动》，《中山大学学报》，1984年第2期。

佛教也开始由吐蕃本部向周边传播。吐蕃最后一任赞普朗达玛灭佛后，有僧人逃往安多①与康区，卫藏十人中也有人逃往康区②，佛教更是在安多、康区等周边区域残存，这为佛教后弘期"下路弘传"奠定了基础。这之后，西部次边疆带与吐蕃在宗教上、文化上逐渐融合，趋于同化，西部次边疆带逐步完成了"吐蕃化"的进程，高原文化圈形成③。有学者指出吐蕃化的重要特征有三：即藏语的广泛通行和使用，藏传佛教的广泛传播，以及社会民俗的吐蕃化④。

总体来看，西部次边疆带藏族人群的形成与发展是建立在吐蕃与部分羌、党项、白兰、吐谷浑等人群长期杂居、交往、交流、交融的基础上的。

第三节
蒙古两次大规模南下与西部次边疆带民族格局的重要变化

一、元朝时期的蒙古南下

1206年，铁木真（1162—1227）在鄂嫩河畔被立为大汗，尊号成吉思汗，蒙古汗国正式建立，拉开了蒙古向周边快速扩张的序幕。在对金的战争中，因"西南诸蕃勇悍可用，宜先取之，藉以图金，必得志焉"⑤，蒙古采取先取西南诸番的策略。曾现江指出，此处之西南诸蕃即指"黄河河曲以南的川甘

---

① 《安多政教史》载朗达玛灭佛后，"在吉祥曲卧日山的禅院中修行的约尔堆的玛班·释迦牟尼、哲穹多的约格迥、嘉惹巴的藏惹赛三人用骡驮上律部经论，逃往上部阿里，又从那里转往噶洽合，由此取道霍尔地区，经多麦南部白日的察措湖，来到黄河峡谷的金刚岩洞、安穹南宗窟、丹斗寺等处修行"。文中所述多麦即安多地区，见智观巴·贡却乎丹巴绕吉：《安多政教史》，甘肃民族出版社，1989年，第22页。
② 王森：《西藏佛教发展史略》，中国藏学出版社，2010年，第35页。
③ 王志强、俞丽娟：《青藏历史移民与民族文化的变迁》，上海大学出版社，2016年，第156页。
④ 刘夏蓓：《安多藏区族际关系与区域文化研究》，民族出版社，2003年，第46页。
⑤ 《元史》卷一九四《郭宝玉传》，第3521页。

青毗连地区即藏彝走廊北端的各部族，这些部族当时被称为'河南诸蕃'"①。西夏位于蒙古与金之间，是两者必争之地，成吉思汗曾多次出征西夏，对其进行招抚。1226年，蒙古再次出兵西夏。同年，蒙古军队攻取西夏的沙洲、肃州、甘州、灵州等地。次年，西夏都城中州府（今银川）被攻破，西夏不久即灭亡。之后，成吉思汗渡黄河，攻占临洮、西宁等地。成吉思汗死后，相继由窝阔台（1186—1241）、蒙哥（1209—1259）继承汗位。1253年，蒙哥命令忽必烈（1215—1294）远征大理。忽必烈指挥军队由临洮南下，分三路进军。第一路军从今日的色达、甘孜、新龙、理塘南下进入云南；第二路军由四川阿坝草原经今西昌、盐源后至云南；第三路军由松、茂南下，沿大渡河，经越西、会理进入云南②。忽必烈的此次行动，不但征服了大理国，还沿途进行招抚，至1258年基本完成了对藏彝走廊的征服。

  1236年，窝阔台在位期间，命次子阔端驻凉州，管辖原西夏属地和甘青地区。阔端命其手下将领多达那波进军西藏，多达那波带回来的消息使得阔端认识到西藏不同于内地，西藏海拔高，不适合大规模的蒙古军队作战与驻守，其地崇信藏传佛教，内部教派林立，势力不均，难于集中统辖。所以，阔端邀请藏地德行最高的班智达萨班到凉州会盟，此后，元中央政府开始在西藏施政。元世祖忽必烈即位后，八思巴被封为帝师，统管藏地事务。此后，元朝中央政府又在西藏清查户口，设置驿站，规定赋税的数额③。不仅如此，元朝曾先后在西藏地区设置了三个军政机构来实施统治与管理，元朝置乌思藏纳里速古鲁孙等三路宣慰司都元帅府管辖卫藏和阿里三围。元朝又设"土蕃宣慰司"，大体管辖"今青海黄河以南、黄河源以东的地区及今甘南藏族自治州的西部、四川阿坝州的北部"④，其范围与安多地区大体重合。元朝另设"朵甘思宣慰司"管辖今"西藏昌都地区（今昌都市）、青海玉树地区和四川甘孜藏族自治州一带，并包括四川雅安的部分地区"⑤。

---

① 曾现江：《胡系民族与藏彝走廊——以蒙古族为中心的历史学考察》，四川大学博士学位论文，2005年，第28页。
② 参见曾现江：《胡系民族与藏彝走廊——以蒙古族为中心的历史学考察》，四川大学博士学位论文，第51页。
③ 苏发祥：《藏族历史》，巴蜀书社，2003年，第75页。
④ 陈庆英：《元朝在藏族地区设置的军政机构》，《西藏研究》，1992年第3期。
⑤ 石硕：《藏族三大传统地理区域形成过程探讨》，《中国藏学》，2014年第3期。

蒙古军队进入西部次边疆带，开始改变该地域内的民族格局，今青海河南蒙古族自治县即是元朝时期蒙古人南下后形成的较大的亦是甘青地区最早的蒙古人聚集区①。在青海湟水流域、庄浪河、西宁等地戍守的蒙古将领、官兵数量亦不在少数，蒙古族成为安多的主要民族之一。

元朝灭亡后，蒙古力量大多北迁、内徙，但蒙古余部在西部次边疆带仍有较大影响。明朝时期，定居在青海的蒙古人在明廷的约束下定期在西宁开展茶马贸易。蒙古各部落亦多次在青海展开大规模活动。明正德五年（1510年），东蒙古阿尔秃斯因起兵反抗达延汗失败，率一万余人转移到青海湖北岸，成为元亡以后蒙古人移居青海之始②。

土默特部俺答汗率领其部众在青海、甘州等地活动三十余年③。而在藏彝走廊，蒙古势力的踪迹也不难寻觅，很多残元势力遗留在这一区域，不少故元官员向明朝廷称臣纳贡。而洪武年间，蒙古降将建昌指挥使月鲁贴木儿在川滇地区发动了七、八年的叛乱，这也是蒙古人在西部次边疆带地区活动的一个例子④。

二、明末清初时期的蒙古南下

从明朝中后期开始，蒙古人在西部次边疆带的活动又频繁起来。明末清初，卫拉特蒙古⑤各部落势力对比发生变化，准噶尔部开始逐渐挤压和硕特部的势力，在此背景下，和硕特蒙古开始南下至青海一带。这一时期，西藏内部各教派间的斗争也十分激烈，各教派纷纷在外部寻找靠山，作为政治上的庇护，最终藏传佛教格鲁派与和硕特蒙古组成联盟。1639年，固始汗决意率

---

① 参见刘夏蓓：《安多藏区族际关系与区域文化研究》，民族出版社，2003年，第51页。
② 青海民族学院民族研究所编：《青海少数民族》，青海人民出版社，1987年，第118页。
③ 参见刘夏蓓：《安多藏区族际关系与区域文化研究》，民族出版社，2003年，第52页。
④ 参见《明史》卷三一一《四川土司传一·建昌卫》。
⑤ 卫拉特蒙古，"卫拉特"是蒙语"Oilrad"的汉语音译，蒙元时期汉语译为"斡亦剌惕""斡亦喇"等，明代汉语译为"瓦剌"，清代汉语译为"卫拉特""厄鲁特"等。在清朝初年时主要分布在蒙古高原的西部，故又称为"西蒙古"。四卫拉特，四卫拉特是以和硕特、土尔扈特、都尔伯特、准噶尔、辉特为首的诸部落。"四卫拉特"的真正含义，即众多部落构成的四个军事阵营。和硕特为中央军，额鲁特（绰尔斯或准噶尔同）为左翼军，土尔扈特为右翼军，都尔伯特和辉特为后卫军，而巴噶图特、巴尔呼、不里雅惕等较小的其他部落被编入各个军事阵营里。

和硕特蒙古军队出兵南下康区。和硕特蒙古击溃当时康区势力最为强大的白利土司，随后不断向南推进，最终占领包括理塘、巴塘、打箭炉（今康定）、云南中甸（今迪庆香格里拉）等地在内的整个康区。

固始汗在康区进行一段时间的征服后，率军进入西藏，击败了与格鲁派集团为敌的藏巴汗政权，建立起硕特蒙古和以五世达赖喇嘛为首的格鲁派集团联合执政教权力的甘丹颇章政权①。这样，硕特蒙古势力不仅控制了西藏，也控制了安多地区和康区，由此西部次边疆带大部分区域都处于硕特蒙古统治之下。

青海是和硕特蒙古统治整个涉藏地区的根据地。自明崇祯十年（1637年）和硕特蒙古占领青海后，统治青海八十余年。和硕特蒙古贵族的封地大多分布在青海湖四周的牧场上。固始汗在拉萨与格鲁派建立联合政权后，命其第六子达赖巴图尔以副王的身份统领青海蒙古诸部落，形成了青海八台吉的游牧封建统治核心。至康熙四年，"顾实汗既据青海，分部众为左右两翼，子十人领之"，青海八台吉的游牧封地以西宁—东科尔寺—日月山—青海湖东北岸—布隆吉尔河一线划分，以北为左翼，以南为右翼。② 其中左翼主要包括今海北、海西北部，甘肃西部及额济纳河等区域；右翼包括今黄河南岸，海南、玉树、果洛以及海西东南部地区③。除此以外，甘州（今甘肃张掖）、凉州（今甘肃武威）、河州（今甘肃临夏）、庄浪、西宁等地方也在和硕特蒙古的控制之下④，雍正二年（1724年）清朝曾派河州副将岳超龙进剿河州口外听命于和硕特蒙古的铁布生番⑤。而罗卜藏丹津事件发生时，甘肃天祝的天堂寺曾参与支持罗卜藏丹津。在这一时期，青海、甘肃一带是和硕特蒙古的大本营，蒙古与藏族以黄河为界，形成"南番北蒙"的分布格局，蒙古族多居于黄河之北，而藏族多居于黄河之南⑥。

---

① 石硕：《西藏东向文明发展史》，四川人民出版社，1994年，第301—307页。
② 马大正、蔡家艺：《卫拉特蒙古史入门》，青海人民出版社，1989年，第34页。
③ 青海民族学院民族研究所编：《青海少数民族》，青海人民出版社，1987年，第121页。
④ 《条陈西海善后事宜折》雍正二年五月十一日折，李永海、李盘盛、谢志宁翻译点校：《年羹尧满汉奏折译编》，天津古籍出版社，1995年，第285页。
⑤ 参见《清实录·世宗实录》卷一八，雍正二年（甲辰）四月丁卯条，西藏人民出版社，1982年。
⑥ 参见秦永章：《元明清时期甘青地区多民族格局的形成及其演变》，中国社会科学院博士学位论文，2003年，第102页。

藏彝走廊地区则被和硕特蒙古纳作税收之地,"以养青海蒙古"①。和硕特蒙古在康区统治根基颇深,自1639年固始汗南下康区以来,康区逐渐成为蒙古和硕特部的地盘。整个康区包括南路的打箭炉—理塘—巴塘,北路的炉霍—道孚—甘孜,以及云南的中甸等地,都在和硕特蒙古的控制之下,这种局面延续了近八十年。

雍正元年(1723年),青海和硕特部首领罗卜藏丹津发起反清战争,但很快被清朝击败。这一事件对整个西部次边疆带的影响很大。此事件后,年羹尧提出《禁约青海十二事》,意在对青海蒙古进行改造以限制青海蒙古的活动。清朝对蒙古部落定分地并编佐领,具体安排如下:

> 如郡王额尔德尼额尔克托克托奈,与伊弟阿旺达克巴噶尔丹达什,人户众多,应令住牧工格脑儿沙拉兔一带地方;亲王插汉丹津,仍令住牧海留图地方;贝勒色卜腾扎尔应令住乌图一带地方;贝子索诺木达什部落无多,应与公策[凌](冷)、公诺尔布住牧柴达木一带地方;喇嘛插汉奴木汗应令仍住舒儿古尔一带地方;贝子阿尔布坦已经正法,其弟达麻林色卜腾,达赖喇嘛之妹夫也,所有部落应令达麻林色卜腾管辖,住牧齐七儿哈纳地方;扎萨克阿尔布坦应住牧图申兔地方;贝子拉叉布与罗卜藏插汉,应令住牧恰克图一带地方;噶尔旦待青与其子达什策[凌](冷),仍令住牧阿巴海雅素地方;盆楚克王渣尔与其弟伊什朱尔扎布多尔济那木扎尔,应令住牧克鲁尔呼儿呼纳地方;公阿尔布坦扎木素仍令住牧库库乌苏地方;茇茇克扎布应令住牧席拉朱尔格鄂伦布拉克地方;台吉伊克拉布坦、出鲁木两家,应令住牧库尔鲁克地方;喇嘛诺颜格隆应令住牧库库赛里地方;台吉色卜腾拨什兔仍令住牧柴达木之西席地方;台吉罗卜藏盆楚克与其弟噶克巴部落甚少,再,苏尔扎属下之巴尔出海与春木珠儿,久归内地,其带来户口,亦为数无多,应俱令住牧那尔萨朗地方。各家部落悉照北边蒙古之例,编立佐领,其如何分立佐

---

① 段绶滋:《民国中甸县志》之卷首《大事记》,载《中国地方志集成·云南府县志辑》(83),凤凰出版社,2007年,第3页。

领之处：另具清字奏折请旨遵行。①

以各王公台吉原管辖地为基础，青海蒙古共有29个部落，即编为29旗，其中有21个旗为和硕特蒙古，其驻牧的地点在"大通河上游，布哈河、布隆吉尔河、柴集河两岸及河曲地区。土尔扈特部4旗，牧地在河曲地区黄河东西两岸；绰罗斯（即准噶尔）部2旗，牧地在青海湖东南；喀尔喀部1旗，牧地在青海湖南岸；辉特部1旗，牧地在柴集河东"②。这一划分基本上确定了蒙古部落在青海的分布格局。

而在藏彝走廊一带，和硕特蒙古的势力开始大规模退出，清朝效仿经营内蒙古之例，在藏彝走廊地区也施行盟旗制度，编佐领，划分旗界牧地，以此来限制各盟旗之间的移动，③此外，清朝在青海一带设置西宁办事大臣进行管理，将其收为内藩。这样，蒙古和硕特失去了再次进入藏彝走廊地区的机会。但即使如此，和硕特蒙古对藏彝走廊八十余年的统治仍为这一区域带来深远的影响。在元代和明末清初，蒙古势力两次大规模沿青海南下，使得当地"止知有蒙古，而不知有厅卫"。蒙古人在藏彝走廊分布广泛，至民国时期各地仍有为数不少的蒙古人，四川的泸定、盐源、木里等地蒙古人的数量更多④。而康区北部甘孜、炉霍、道孚一带曾是霍尔五土司的辖地，霍尔人很有可能是蒙古人的后裔。在这一人群内部至今都保留着关于蒙古族的传说及一些特殊的风俗⑤。蒙古人在当地收税、设官，与当地人交往、交融，影响着当地民众的生产与生活。

清末，蒙古族在西部次边疆带的分布形成了青海湖（主要分布在今海西、海北）及河曲、祁连山西段山麓及贺兰山等区域，此后未发生大的变化⑥。

---

① 《条陈西海善后事宜折》雍正二年五月十一日折，载季永海、李盘盛、谢志宁翻译点校：《年羹尧满汉奏折译编》，天津古籍出版社，1995年，第283页。
② 张生寅、杜常顺：《青海历史》，民族出版社，2014年，第92页。
③ 《条陈西海善后事宜折》雍正二年五月十一日折，载季永海、李盘盛、谢志宁翻译点校：《年羹尧满汉奏折译编》，天津古籍出版社，1995年，第283页。
④ 参见石硕：《藏彝走廊历史上的民族流动》，《民族研究》，2014年第1期。
⑤ 参见曾现江：《胡系民族与藏彝走廊——以蒙古族为中心的历史学考察》，四川大学博士学位论文，2005年，第135页。
⑥ 参见秦永章：《元明清时期甘青地区多民族格局的形成及其演变》，中国社会科学院博士学位论文，2003年，第102页。

第四节
元明清时期回族在西部次边疆带的流动与分布

元明朝之后，在西部次边疆带，除了汉、蒙古、藏等人群，信奉伊斯兰教的回、撒拉、东乡等群体开始成为新的民族。这些民族同其他民族一样，在西部次边疆带繁衍生息，与其他民族交往、交融，最终成为这一区域的重要人群，并在其历史上画上浓重的印记。

唐永徽二年（651年），中亚的大食遣使唐朝，伊斯兰教开始传入中国。由于唐朝开放、包容的边贸政策，此后很多中东、中亚人经河西走廊、甘青一带来到唐朝经商、传教等。河西走廊一带在西汉后即成为中亚与中原贸易的重要区域，敦煌、张掖、武威等地均为重要的贸易重镇。中亚人开始在所经之地定居下来，与当地人群杂居、交流。大食人信奉穆罕默德所创立的伊斯兰教，随着大食人的不断东进，伊斯兰教亦开始在中国得以传播。另外，安史之乱时期，"上闻安西、北庭及拨汗那、大食诸国兵至凉鄯。甲子，幸保定（今甘肃泾川县）"[①]。在这些士兵中，有相当数量的伊斯兰信徒，他们中不少人即留在当地。宋代时期，河西一带的回族亦在当地十分活跃。元朝时期，回族大规模东进。成吉思汗曾三次大规模西征，中亚大片土地被纳入元朝管辖，在此背景下，大量的回族商人、军队进入陕甘地区。南宋灭亡后，大量的回族被迁往甘、青、宁一带屯田，并长期居住在此[②]。元代"探马赤军"中有很大一批回族定居在河湟一带，与当地人融合后逐渐成为回、东乡、撒拉、保安等族的一部分。明清时期，朝廷经营西北，迁入大量人口，其中包括很多回族人，不仅河西走廊成为回族人的重要聚居区，陇右、陕西回族人口也愈发增多[③]，青海回族四个系统最终形成，即"西宁、湟中、平安为一系（原

[①] 参见《资治通鉴》卷一二九。
[②] 张奇：《浅析甘肃回族的源流与变迁》，《社科纵横》，1999年第5期。
[③] 参见张奇：《浅析甘肃回族的源流与变迁》，《社科纵横》，1999年第5期。

西宁县辖区）；门源、祁连、大通为一系（原大通卫，大通县辖区，包括北大通）；民和、乐都为一系（系碾伯县辖区）；循化、化隆、贵德为一系（原循化、贵德属河州卫，化隆与循化一河之隔）"[1]。

而在藏彝走廊，回族的踪迹也渐渐多了起来。回族人善于经商，藏彝走廊作为内地与西藏的中间地带，其商业地位无可比拟。藏彝走廊海拔较高，地形支离破碎，所以在明朝时期商人多聚集于大渡河以东，经营茶、盐等生意。明末清初，汉藏贸易重镇逐渐西移至打箭炉[2]，回商亦开始大规模西进，在川藏大道沿途贸易、经商。至清末民初，川藏道南路的理塘、巴塘及北路的炉霍、甘孜的商号中均以陕商最为突出[3]，而这些陕商中回族占很大比例。除此以外，回族在松潘、茂县一带分布也为数不少。

回族的进入为西部次边疆带带来了新鲜血液，成为各民族之间的"中间人"，通过商品的流动和交换，汉、回、藏、蒙等民族之间的联系不断加强，西部次边疆带的民族格局更加立体、多元。

第五节
明清时期汉人西迁与西部次边疆带民族格局的基本形成

在西部次边疆带，西北一带因其重要的通道地位成为中央政府权力及汉人移民率先进入的地方。河西走廊是中央王朝与西域诸地往来的重要通道，早在汉朝时期即设置有酒泉、武威、张掖、敦煌四郡，而汉人亦早就在河西走廊活动。隋唐时期，又有汉人向西北移民之高潮出现。但是，随着战乱的增加，抑或是其他族群的同化，明朝立国之初，在甘、宁尤其是青海的汉人数量并不多。

---

[1] 刘夏蓓：《安多藏区族际关系与区域文化研究》，民族出版社，2003年，第82页。
[2] 参见王海兵：《跨越大渡河：明至清初四川南路入藏茶道的市场变迁》，《中华文化论坛》，2017年第5期。
[3] 参见石硕、邹立波：《近代康区陕商在汉族互动与文化交流中的角色》，《四川大学学报（哲学社会科学版）》，2011年第3期。

明朝建立后，对西北的经略使得内地汉人大量流入西北，汉人逐渐成为西部次边疆带西北部的主要人口。明廷以嘉峪关为西北边界，河西、陇右一带自然成为明朝防御西北蒙古的前沿阵地。太祖朱元璋时期，明廷即曾在甘肃武威、肃定、河西等地派重兵驻守。此后，明廷又在西北设置卫所，"系一郡者设所，连郡者设卫"[1]，屯兵驻守，"临洮、巩吕、平凉、兰州、河州、朵甘、甘肃、庄浪等卫"均是明廷相继所建[2]。而这一时期以军屯的形式来到西北的汉人移民为数众多，仅宁夏一省在明朝时期即有驻军及家属约 8 万人[3]。在南部的藏彝走廊，由于其复杂的地理状况及其高海拔，虽早在秦汉时期即有汉人进入，但汉人大部分没有越过大渡河。随着清朝建立，清中央政府与西部次边疆带发生的关系愈发密切，清朝经营西北，直接控制青海、川康、西藏，清朝经营西部的过程也成为汉人向西部次边疆带大规模迁移的过程。

清朝初期，准噶尔蒙古是其西北的心腹大患。为抵御蒙古，清朝在河西走廊西部嘉峪关至敦煌一带实施屯田政策，很多屯民相继进入这一区域，至雍正年间，沙洲的汉人移民即达 12 万有余[4]。雍正三年，罗卜藏丹津事件后，清朝开始在青海设置"钦差办理青海蒙古番子事务大臣"即后来的西宁办事大臣，直接管辖青海地区，大量汉人移入青海一带。除中央推动的移民以外，还有很多人因经商前往这一区域。丹噶尔（今青海湟源）境内的人群多"因工商到丹，立室家，传子孙，遂成土著"[5]。随着汉人数量的增加，在不断地交往、交融之中，原来的世居人群及吐蕃时期发展的藏族人逐渐融入汉人之中。河陇地区逐渐由藏人聚居区变成汉人聚居区[6]。

随着清朝对涉藏地区的经营，清朝多次出兵西藏，汉人移民逐渐西移至藏彝走廊一带，并在这一区域定居，最终成为区域内的重要人群。石硕教授指出："清代以绿营驻军入住川藏沿线为先导，开启了汉人向藏彝走廊地区大

---

[1] 参见《明史》卷九十《兵志二》，中华书局标点本，1974 年，第 2193 页。
[2] 秦永章：《元明清时期甘青地区多民族格局的形成及其演变》，中国社会科学院博士学位论文，2003 年，第 67 页。
[3] 葛剑雄、曹树基、吴松弟：《简明中国移民史》，福建人民出版社，1993 年，第 384 页。
[4] 参见葛剑雄、曹树基、吴松弟：《简明中国移民史》，福建人民出版社，1993 年，第 444 页。
[5] 参见杨治平编纂：《丹噶尔厅志》卷六《人类》，青海人民出版社，1989 年，第 316 页。
[6] 参见刘夏蓓：《安多藏区族际关系与区域文化研究》，民族出版社，2003 年，第 89 页。

规模移民的浪潮。"① 驻军成为藏彝走廊汉人移民最重要的力量。"西炉之役"后，清朝在大渡河上修筑了泸定桥，这为汉人进入藏彝走廊提供了良好的交通条件，任乃强先生指出："康熙四十五年桥（泸定桥）成，拨化林营兵戍守，设把总一员。桥头始有汉户，经营小贸。"② 泸定桥建成后，清朝的军事力量开始跨越大渡河，由化林营西移至打箭炉一带，而汉人也随之西进。"西炉之役"使得清朝的统治推进到雅砻江以东广大区域，开始有汉人到九龙、丹巴等地从事商贸③。康熙五十七年（1718年），准噶尔部策妄阿拉布坦入侵西藏，清朝开始着手"驱准保藏"行动。最终，清朝南、北两路大军共同进军西藏，而此中发挥重要作用的南路大军则经过打箭炉—理塘—巴塘一线入藏，此路线成为其后清朝官员及士兵往来西藏的重要通道。随着清军的进入及川藏官道的开辟，汉人的踪迹开始西进至理塘，而巴塘一带"内地汉人亦寓此贸易"④。雍正五年，"卫藏战争"爆发，清朝又一次出兵西藏，根据周瑛的奏请，清朝此次"拟带兵由霍耳一路前进，留理塘、巴塘一路办理粮务"⑤，由此清军经打箭炉—理塘—巴塘路与炉霍—道孚—甘孜路共同入藏，康北一带汉人逐渐增多。《西康图经·境域篇》载："雍正七年，置打箭炉厅，汉人来此经商领垦者渐众，市场勃兴，由三四十户，增至百余户。乾隆时，增至数百户。"⑥ "卫藏战争"后，清朝着手将七世达赖喇嘛移驻到康区惠远寺。七世达赖喇嘛在康区居住六年余，在此过程中，清朝为保卫其安全，在噶达、打箭炉、华林坪、灵雀寺等地驻兵两千余名，这也是清朝在康区驻兵人数最多的一个时期⑦。这些驻兵很多成为当地的首批汉人移民。乾隆时期，大小金川之役成为大批汉人进入康区的又一重要节点。金川之战中，"且其馈运之

---

① 石硕：《试论康区的人文特点》，《青海民族研究》，2015年第3期。
② 任乃强：《泸定考察记》，载拉巴平措等编：《任乃强藏学文集》（中册），中国藏学出版社，2009年，第203页。
③ 参见王丽娜：《内地边疆的形成：清朝在康区的权力推进与治藏重心南移》，四川大学博士学位论文，2018年，第185页。
④ 《西藏志 卫藏通志》，西藏人民出版社，1982年，第65页。
⑤ 中国第一历史档案馆等合编：《元以来西藏地方与中央政府关系档案史料汇编》（2），中国藏学出版社，1994年，第403页。
⑥ 任乃强：《西康图经·境域篇》，西藏古籍出版社，2000年，第71页。
⑦ 参见王丽娜、朱金春：《七世达赖喇嘛移动驻惠远寺与清朝对清朝控制的强化》，《西北民族论丛》，2020年第20辑。

艰，或数石而致一石；禁旅所至，以数夫而供一夫"①。除士兵外，很多汉人劳工役夫进入康区。清朝在平定大小金川之乱后，在这一地区施行土屯制，很多汉人借此进入。由于藏彝走廊地形情况较为复杂，在清朝初期，汉人在藏彝走廊呈现为沿着主要入藏道路线性分布。清朝末年，内忧外患下，朝廷着手开发边疆。清朝在康区施行以移民为先导的边疆内地一体化政策，大量汉人移民进入藏彝走廊地域，汉人开始由点的集中转为面的扩散。随着汉人的进入，西部次边疆带多元民族、宗教、文化并存，各民族交往、交流、交融，最终成为西部次边疆带多元包容民族关系的基石。

第六节
新中国成立后的人口流动与西部次边疆带民族分布格局的形成与变化

新中国成立后，人口流动十分频繁，民族分布格局有了进一步的杂居与融合的局面与特征。历史地看，新中国成立之后西部次边疆带民族格局的变化主要分为两个阶段：其一，新中国成立之后国家边疆建设动员下的人口流动，主要是内地的汉族人口向西部次边疆带的流动与迁徙；其二，改革开放之后市场经济发展所推动的人口流动，呈现为汉族与少数民族之间的双向流动。新中国成立之后，稳定的政治与社会秩序，不断完善的交通等基础设施，以及市场经济条件下的自由流动，使得西部次边疆带内部及与两侧区域间的民族流动进入前所未有的阶段，民族间的互动交往更加深入，形成了平等、团结、互助、和谐的社会主义新型民族关系。

---

① 魏源：《圣武记》卷七《乾隆再定金川土司记下》，中华书局，1984年，第308页。

一、新中国成立后国家建设推动的民族迁徙与西部次边疆带民族分布格局

新中国成立之后,西部次边疆带的政权建设、经济建设以及社会各项事业建设都重新展开,在当时的发展情况下,各项建设都需要国家的支持,故而形成了内地人群向该区域的迁徙。其中,在政权建设上,大量的汉族干部被派驻到川甘青等地区,建立起较为完备的党政系统,以及其他公共部门。据统计,1951年,甘孜州内的各级干部总数为1655人,其中汉族干部1208人,少数民族干部447人;到1956年汉族干部达到5726人,到1964年汉族干部已经达到10355人[①],由此可见随着政权建设与各项事业的展开,汉族干部得以快速增长。这些干部一般都到当地定居下来,有些与当地人通婚,形成西部次边疆带地区汉族人口的重要部分。此外,这一时期内地的专业技术人员也在这一区域有着较多的分布。

如果说政权建设推动的干部流动是制度化的民族迁徙的话,那么三线建设和知识青年上山下乡运动则是以运动的方式推动着民族人群的流动迁徙。从1964年开始,中国展开了三线建设。在当时备战的空间格局中,三线地区基本涵盖了本书所讨论的西部次边疆带区域。在党的号召下,几百万工人、干部、知识青年、解放军官兵和上千万民工从东部地区迁移到西部地区,成为"三线建设移民"。伴随着这些人群的,则是从东部地区迁移而来的企业、工厂等。相对于知识青年上山下乡,三线建设移民往往是携家属而来,利于更为长期的居留,从长时段来看,这改变了西部次边疆带的民族人口结构与分布格局,促进着民族间的相互交往与交流。此外,在"面向农村、面向边疆、面向工矿、面向基层"的号召与要求下,原本在城市的知识青年纷纷深入边疆民族地区的基层,与广大的少数民族群众一起生产生活,展开了频繁的互动。这一运动的一个重要影响就是使内地城市的汉族对边疆地区有了深入了解,与当地民众建立起长久的联系。

---

① 康定民族师专编写组:《甘孜藏族自治州民族志》,当代中国出版社,1994年,第210页。

总体上看,"改革开放前30年的人口流动以东部和中部地区的汉族人口向西部少数民族聚居区的流动为主,是在计划经济基础上形成的'总体型社会'结构模式背景下发生的"[1]。也就是说,在国家建设推动下的民族流动主要呈现为汉族向西部次边疆带地区的迁徙,使得汉族与各少数民族的分布形成了一种交错混杂的局面,促进着多民族间的交往、互动以及民族关系的发展。

二、市场经济中的人口流动与西部次边疆带民族关系格局

改革开放后,市场经济得到逐步发展。市场经济的重要特点就是各要素的自由流动,当然也包括人群的自由迁徙与流动。经济发展成为推动民族流动与迁徙的主要动力。随着西部大开发的推进,内地的一些汉族纷纷到西部寻求机遇,而西部次边疆带区域的少数民族也纷纷前往东部地区经商、求学、打工等。这样,汉族向民族聚居区的流动日益加剧,少数民族也日益由聚居区向内地大中城市流动,民族之间的交往联系不断加强。不同区域、不同民族的人群从"背靠背"进入"面对面"的交往状态[2],这在西部次边疆带有着突出表现,因为在我国民族分布空间格局中,西部次边疆带处在中间过渡地带,对两侧的民众都有着吸引与凝聚的作用,因此就成为多民族流向与展开互动交往的重要场域。

市场经济也推动着西部次边疆带城镇的发展,同时形塑了民族分布的格局。城镇作为人类的聚落,体现为一定的人群集聚,不仅来自内地的人群在西部次边疆带的城镇展开商业活动,而且当地的各民族民众也到城镇寻求发展机遇。在西部次边疆带,城镇是民族分布最为混杂的空间,而在这一空间内,多个民族展开了密切的互动。

市场经济推动的另一种更大规模的人群跨区域流动则是旅游。西部次边疆带地区的旅游资源十分丰富,吸引着广大游客的到来。旅游的发展也塑造着当地民族人群的空间分布,当地人群纷纷从事旅游业,故而集聚到景点或

---

[1] 赵罗英:《论新中国成立70年来的人口流动与民族交往交流交融》,《西北民族大学学报(哲学社会科学版)》,2019年第6期。
[2] 徐勇:《大碰撞:国家一体化进程中的边疆治理》,《南国学术》,2015年第3期。

城镇。"由于游客与目的地居民具有不同的文化背景,因此主客交往就带有了不同程度上的跨文化接触和交流的意味。当旅游者到达目的地开始心中的追梦之旅时,目的地地区的居民也在经历着一场跨文化交流过程"[1],从而促进了族际间的交往交流,推动了民族间关系的发展。

---

[1] 孙九霞:《传承与变迁——旅游中的族群与文化》,商务印书馆,2012年,第216页。

第四章
西部次边疆带乡村空间与情境下的民族关系

西部次边疆带地区的地理状况、人口数量与城镇化进程，决定了乡村是这一地带主要的聚落形式。多民族在乡村生产生活、繁衍生息，因此对西部次边疆带民族关系的研究，首先要对乡村空间内多民族关系进行调查与探究。

在西部次边疆带，多民族间的互动往往是在游牧与农耕两种生计方式竞争与合作的基础上展开的，在这种游牧与农耕的互动中，发展出诸多复杂多样且影响深远的经济形式，诸如茶马贸易及其延伸出来的商业贸易等，形成了多民族间基于生态差异的共生互补关系。而且，在经济互动的基础上，多个民族还进行广泛的社会交往与文化交流，从而形成跨越族群的关系网络与地域互惠共同体。

本章以青海省循化县的藏族与撒拉族为例，讨论西部次边疆带乡村空间与情境内的民族关系。首先，将藏族与撒拉族的互动与交往置于牛羊育肥产业发展的视野内，讨论农牧结合下的族际合作与关系发展；其次，将藏族与撒拉族置于区域社会传统族际关系变迁的视野内，考察社会变迁中民族关系的变化并探索重建与整合的机制。

第一节
牛羊育肥与族际互动：农牧交错地带多民族
共生互惠共同体的生成

20世纪80年代以后，在青海、甘肃等农牧交错区兴起了以牛羊育肥为重要形式的经济运行方式，被称为"西繁东育"，即在牧区进行牛羊繁殖，而由农区的农民通过贩运、育肥、屠宰、出售等环节完成牛羊等畜产品的商品化。作为一种新的畜牧业生产方式，这种方式得到广大农牧民的热烈欢迎，20世纪90年代就实现了规模化、产业化，成为农牧民增收的重要途径。很多学者意识到其重要意义，从农牧结合、经济发展、农民增收、民族经济贸易等角度进行了讨论，认为这一方式兼具农业和牧业两种生计属性特征[1]，"从根本上改变了牧业区'靠天养畜'、农牧区相互分割的封闭状态，初步形成了农牧业生态的良性循环，产生了互补效应，开创了振兴民族经济的新途径"[2]。但是，学者们对牛羊育肥的讨论主要从生态保护与农牧民增收等方面进行分析，没有充分发掘其蕴含的社会与文化意义。正如茶马贸易在沟通农牧贸易的同时也推动民族交流交融一样，牛羊育肥在实现经济效益的同时，也促进了民族关系的发展。总体来看，牛羊育肥关涉牛羊繁殖、收购、贩运、育肥和出售等环节，而且延伸到牛羊棚舍、饲料、兽药、运输、营销等领域，紧密地联系起不同区域和环节的各民族，从而将多民族编织到同一个经济网络之中，为民族关系的和谐发展奠定了坚实基础。虽然有学者已经意识到牛羊育肥、"西繁东育"可以推动族际交往与民族关系的发展，并展开了讨论[3]，但并没有对这一过程中民族交往交流的细节和详细情形进行梳理分析，也难以对其

---

[1] 郑宇：《中国少数民族生计方式转型与资源配置变迁》，《北方民族大学学报（哲学社会科学版）》，2015年第1期。
[2] 赵恒伦、张致义：《民族贸易经济研究》，青海人民出版社，1995年，第207页。
[3] 段继业：《青藏高原地区藏族与穆斯林群体的互动关系》，《民族研究》，2001年第3期。

中所蕴含的经验与问题展开探讨。事实上，牛羊育肥活动推动了多民族间经济社会文化的互动，是民族交流交融与民族关系和谐发展的重要载体。因此，本节在田野调查基础上，对牛羊育肥的环节和过程进行梳理与剖析，揭示各个环节所展开的族际互动，探索牛羊育肥过程中所蕴含的民族交流交融的宝贵经验，为发展和谐民族关系提供案例参考。

一、农牧结合视野中的牛羊育肥：起源与发展

作为农业的两大类型，农耕与游牧在生态类型、产品形态、组织方式、社会文化等多个方面都存在较大差异，二者之间存在很强的互补性，游牧民族与农耕民族之间的贸易成为彼此重要的互动方式，历史上的茶马互市、朝贡封赏、民间贸易等都是双方互通有无的重要方式。直到今天，农牧之间的经济交换与贸易互动依然持续开展，并发展出许多新的方式。

从20世纪80年代逐渐兴起的牛羊育肥活动，可以看作农牧互动与结合的历史延续和当代发展。牛羊育肥一般指每年冬春牧区牲畜膘情不良、出栏旺季且价格低廉时，农牧民将大量牛羊贩运到自然条件较好、饲草料相对丰富的农区，进行舍饲圈养育肥，待市场转旺时再集中出售的做法。以青海省为例，"牛羊的繁殖以西部牧业区为基点，从青南、环湖牧业区过日月山，越黄河，一批批牛羊被赶运到农业区各县育肥，贩运到城市、县城屠宰上市"[1]。这种做法，一是避免了牧区在冬春时节牧草不足、牛羊膘情不良、牧民集中出栏造成牛羊损失的问题；二是解决了牧区就业不足且农牧民收入不高的问题；三是满足了内地群众的牛羊肉消费需求。因此，牛羊育肥受到广大农牧民的广泛欢迎。据报道，青海省的牛羊育肥开始于原平安县洪水泉回族乡拉树岭村。1985年村民马长云、马长瑞率先在村里开始了小规模贩运育肥，获得了可观的收益，1992年马长云的牛羊育肥初具规模，年纯收入达2万元。[2]牛羊育肥获得了丰厚的回报，吸引了本村及周边村村民的纷纷效仿。到1996

---

[1] 赵恒伦、张致义：《民族贸易经济研究》，青海人民出版社，1995年，第207页。
[2] 东治：《再访老典型——拉树岭村》，《青海日报》，2006年9月24日第2版。

年，拉树岭村六成农户参与到牛羊育肥行列中，2006年，牛羊贩运育肥户几乎覆盖到了全村，其中百只以上的规模户已经超过60%①。随着规模的扩大，单纯的牛羊贩运育肥开始面临许多问题，牛羊贩运育肥户面向市场积极探索，打通了各个环节，形成了贩运、育肥、销售为主体，生产和流通有机结合的产业化经营模式。拉树岭村的探索与成效受到了广泛关注，被称为"拉树岭模式""拉树岭式的牛羊贩运育肥法"。牛羊育肥带来了可观的利润，每只育肥羊的利润在150~300元，每头育肥牛的利润在1500~3000元。利润有波动，主要受市场行情与养殖技术影响较大。2019年，拉树岭村所在的洪水泉回族乡养殖产业全年实现产值8465万元。② 这种牛羊育肥的做法也被相邻市州县的农牧民纷纷效仿，牛羊育肥逐渐发展为一个重要的产业。

青海省相关部门也认识到牛羊育肥蕴含的巨大商机，因此在省内积极推广实施"西繁东育"工程与"肉牛肉羊倍增计划"，产生了良好的经济社会效益。"西繁东育"工程实施以来，青海省12个项目县从2001—2005年累计贩运育肥牛羊1056.53万头（只），其中贩运牛羊564.02万头（只），育肥出栏牛羊492.51万头（只）。③ 2001—2008年，互助县农牧民共贩运育肥牛羊180万头（只），"西繁东育"共创收3.5亿元。④ 大通县牛羊贩运育肥规模户由2001年的898户发展到2005年的4170户，贩运育肥出栏牛羊由2001年的12.12万头（只）增加到2005年的65万头（只）⑤，牛羊育肥成为大通县农民增收的主渠道。截至2022年年底，循化县建成规模养殖场65个，家庭牧场350个，牛羊饲养达132万头（只）。⑥ 这一做法也引起了甘肃、四川等地的关注，当地广大农牧民纷纷投入到牛羊育肥产业之中。

牛羊育肥是一个联结着多个环节且范围涉及广大区域的产业，并不局限于棚舍育肥饲养活动。首先，牛羊繁殖主要发生在牧区，牲畜受气候和草场资源的影响，呈现夏饱、秋肥、冬瘦、春死的周期性特征，在冬春季节，牧

---

① 东治：《再访老典型——拉树岭村》，《青海日报》，2006年9月24日第2版。
② 《发展养殖产业 致富一方百姓——洪水泉乡发展村集体经济助力脱贫攻坚典型事例》，海东市平安区域人民政府官网，http:// www. pinganqu. gov. cn/ html/article/jjfz/4445. html。
③ 张晋青：《"西繁东育"工程实施效果调查分析》，《青海畜牧兽医杂志》，2007年第4期。
④ 代元：《互助县实施"西繁东育"工程的调查》，《山东畜牧兽医》，2010年第1期。
⑤ 刘红献、铁桂春：《大通县"西繁东育"项目实施情况调查》，《青海草业》，2007年第1期。
⑥ 2023年循化撒拉族自治县人民政府工作报告，http://www. xunhua. gov. cn/html/1525/405336. html。

区牲畜膘情不良、出栏旺季时，价格较低，农区的农民或商贩往往在此时前往牧区收购牛羊；其次，农区的农民从商贩手中购得牛羊，开展饲养育肥工作，牛羊暖棚建设、饲料生产与销售、动物疫病防治等都在这一环节中被联系起来；最后，牛羊育肥完成之后，需要面向市场销售，此时，加工与贮运、产品信息与流通就成为完成销售并获得收益的核心保障，同时，政府项目补助申请、银行贷款、合作组织建设等也贯穿于牛羊育肥的整个过程。

青海省推动实施的"西繁东育"工程及牛羊育肥，实际上是对历史上农牧互动与贸易的一种延续和发展。在清朝时期，川甘青地区就形成了具有一定规模的从事牛羊贩卖生意的羊客群体。这些羊客大多来自湟源、鲁沙尔、上五庄、贵德、大通、循化和甘肃张掖、临夏、拉卜楞、临潭以及四川松潘、阿坝县等地。[1] 羊客将从牧区贩来的牛羊运至各商业城镇进行屠宰或就地出售，或转运至中原。[2] 今天的牛羊育肥实际上是对历史上羊客产业的延续和发展。这些农民或商贩往往深入牧区进行收购并在农区贩卖，本身就成为农牧之间经济贸易交往的载体，联结着广大区域的各民族，成为促进各民族交往交流与民族关系发展的重要力量。与羊客贩运牛羊一样，"西繁东育"工程在推动农牧经济互动的同时，也促进着各民族的互动和关系发展。"西繁东育"工程有利于民族团结进步和民族文化交流，加深了各民族的彼此了解、信任和尊重，促进了民族文化交流，有利于各民族拓宽视野、转变观念。[3]

事实上，牛羊育肥可以看作在新的历史条件下农牧经济结合并推动汉族、藏族、回族、撒拉族等民族之间交往交流的重要方式。这主要表现为两个方面：一方面，牛羊育肥将汉族、藏族、回族、撒拉族等民族纳入同一个产业运行过程中，编织到一个联结着诸多行业所形成的关系网络中，使得各民族在有机联系的经济活动中展开互动交往，从而为各民族互动与民族关系发展奠定了深厚的经济基础；另一方面，在牛羊育肥所推动的直接或间接的经济社会交往中，汉族、藏族、回族、撒拉族等民族加深了彼此了解，消除了固有偏见，从而为民族关系的进一步发展创造了良好的社会环境。青海海东每

---

[1] 段继业：《青藏高原地区藏族与穆斯林群体的互动关系》，《民族研究》，2001年第3期。
[2] 喇秉德、马文慧、马小琴等：《青海回族史》，民族出版社，2009年，第173页。
[3] 段继业：《青海社会文论》，青海人民出版社，2001年，第294页。

年往返于青海东部农业区和涉藏地区从事这一行业的有上万人次,他们在牧区走帐串户,使各民族的互动达到了一个新的规模和层次。[①] 的确,在牛羊育肥推动民族交往与民族关系发展上,回族、撒拉族等民族发挥着穿针引线的作用,这些人群经商的传统与优势,以及对牧区藏族的熟悉,使得牛羊育肥成为青海、甘肃等农牧交错区域农牧民的主要生计方式之一,并发展为一个联结不同环节、联系农牧广大区域的产业,在此过程中各民族不仅获得收益,而且增进了互动与了解。但是,这一活动是如何展开的,各民族在其中是如何互动的,各民族的关系呈现为何种情形,又存在着哪些问题,这些都需要通过实地调查才能得知。我们以农牧交错区域青海省循化撒拉族自治县白庄镇为例,通过深入的田野调查来了解牛羊育肥是如何连接起农牧区域的各民族,在牛羊育肥的收购、养殖、售卖等环节中,各民族是如何互动和合作的,是如何推动民族间交往交流与民族关系发展的。

二、在牧区的收购:牛羊育肥中各民族互动的展开

牛羊育肥的兴起有着特定的经济社会和生态环境背景,并与广阔的市场相联系。一方面,内地市场对牛羊肉的需求日益增长;另一方面,草原生态环境保护对牛羊养殖规模的限制也促使人们寻求既能保护生态环境又能满足市场的途径,牛羊育肥也就应运而生。从整体上看,牛羊育肥主要是在农牧结合区域兴起和发展的,这是因为牛羊育肥本身就是一项结合农业和牧业的产业。其中,青海省发展最早,也最为迅速,这与青海的地理区位密切相关。青海发展牛羊育肥的地区主要是海东,该地区也是河湟地区的核心地带,长期以来农业与牧业结合十分密切。因此,本部分的田野调查点选在青海省海东市循化撒拉族自治县白庄镇,这里是藏族、回族、撒拉族、汉族等民族杂居的区域,牛羊育肥使当地各民族互动较为频繁且深入。

循化撒拉族自治县地处青海省东部黄河上游、祁连山支脉拉鸡山东端。从区域格局看,循化县处于青藏高原东部边缘地带,是河湟谷地的重要组成

---

① 段继业:《青海社会文论》,青海人民出版社,2001年,第82页。

部分；产业布局上属于农业和牧业两大区域的结合区，境内农业区以种植业为主，牧业和林业为辅，牧业区以畜牧为主，兼种饲草料；交通与市场方面，该区域地处西宁—临夏—兰州历史古道的中心，背靠黄南、甘南两大牧区，面向西宁、临夏、兰州三大市场，具有地理、生态、交通与市场优势，使得循化农牧民较早地参与到牛羊贩卖和育肥的产业中去。历史上，循化县是撒拉族聚居区，较早就形成了擅长养殖牛羊的传统，因此牛羊贩运育肥具备天然的优势。循化县政府意识到这一产业对经济发展与农牧民增收的重要意义，大力实施"一镇十村百户千人""西繁东育"和"自繁自育"工程，使循化的牛羊育肥业得到快速发展并形成了较大的规模，形成了一条贩运、育肥、屠宰、销售的完整产业链。2009 年，循化县贩运牛羊 55.69 万头（只），实现销售收入 3426 万元①。2013 年，全县牲畜社会饲养总量达到 116.82 万头（只），适度规模养殖户达到 4426 户，年贩运育肥牛羊 74.24 万头（只）②。2016 年，全县草食畜社会饲养总量 128 万头（只）③，2018 年增长到 131 万头（只）④，2020 年增长到 132 万头（只）。⑤

白庄镇位于循化县东部，距县城 20 公里，乡政府驻下白庄村，东南与道帏藏族乡为邻，西南同岗察藏族乡接壤，西靠文都藏族乡，北接清水和孟达乡。白庄镇辖 27 个行政村和 1 个社区，其中包括撒拉族村 21 个、藏族村 5 个、汉族村 1 个。2005 年年底，全镇有撒拉族 17864 人，占 88%；藏族 1752 人，占 8.6%；汉族 606 人，占 3%；回族 49 人，占 0.24%；⑥ 2018 年年初，白庄镇总人口为 2.91 万人，其中撒拉族占该镇总人口的 92%，藏族占该镇总人口的 6%，其他民族占该镇总人口的 2%。⑦ 因此，白庄镇是一个以撒拉族为主，藏族、汉族、回族等多民族共生互嵌的区域。

---

① 刘文义、李积智：《循化县发展牛羊育肥产业的思考》，《草业与畜牧》，2010 年第 9 期。
② 《循化县抢抓机遇加快农区发展步伐》，民和县人民政府官网，http://www.minhe.gov.cn/html /1611/187763.html。
③ 2017 年循化撒拉族自治县人民政府工作报告，http://www.xunhua.gov.cn/html/10558/244645.html。
④ 2019 年循化撒拉族自治县人民政府工作报告，http://xunhua.gov.cn/html/1525/368863.html。
⑤ 2020 年循化撒拉族自治县人民政府工作报告，http://www.xunhua.gov.cn/html/1525/404845.html。
⑥ 《循化撒拉族自治县概况》编写组，《循化撒拉族自治县概况》修订本编写组编写：《青海循化撒拉族自治县概况》，民族出版社，2009 年，第 45—46 页。
⑦ 此为 2019 年 7 月笔者赴循化县调研时，循化县白庄镇镇政府提供的资料。

在白庄镇，牛羊育肥贩运也是由个体农户探索开始的。事实上，这一情形在整个循化县普遍存在。目前，循化县的牛羊育肥先行者已成为育肥大户，并为广大农户津津乐道。其中，诸如白庄镇科哇片条井村马进财从1985年开始探索牛羊贩运，他曾到甘肃省甘南藏族自治州夏河县，青海同仁县、同德县，循化县岗察乡，收购羊，再到循化县白庄乡、积石镇贩卖给养殖户或自己育肥，带动了周边农户从事这一产①；积石镇大别列村的马富贵较早从事牛羊育肥贩运、屠宰行业，1992年创办了第一家由农民兴办的循化县第二清真肉联厂，产品销往各大城市，经济效益和社会效益显著②；积石镇草滩坝村四拉智每年从黄南、甘南牧区进行长途牛羊贩运；积石镇石头坡村韩明义在街子三岔口办起了牛羊育肥场，进行牛羊短期育肥；白庄镇科畦村马热木赞等人形成了贩运、育肥、屠宰、销售一条龙产业。白庄镇格达村藏族农民周嘉从事牛羊贩运育肥，一年贩运育肥三四茬，收入十分可观③。白庄镇牙日村拉毛扎西也从事牛羊贩运育肥，并带动了十几户村民开展这一产业。除了这些个体农户单干，还有联营情况，出现了牛羊贩运育肥村——强宁村，该村有22户，家家户户从事牛羊贩运育肥④。

从牛羊育肥的发展历程来看，循化的撒拉族前往牧区进行收购，也是对历史上牛羊贸易的一种延续，但是在牛羊育肥的情境下收购者的目标已经发生了变化，不再只是以直接屠宰获利，而是在其中增加了一个中间环节——育肥。这些牛羊育肥大户在初期的探索中，主要是前往牧区收购，涉及范围较为广泛，包括果洛、玉树、黄南、海南、夏河县等牧区，甚至远达祁连县等地。在牧区，一般都是藏族、土族、裕固族等放牧，当时这些民族的商业意识还比较淡薄，收购牛羊的主要是回族、撒拉族等。在整个牛羊育肥过程中，回族、撒拉族农牧民与藏族牧民等有着密切的互动和交往。

在看到牛羊育肥带来的收益后，白庄镇开始支持牛羊育肥。科哇地区草山面积大，群众擅长畜牧业，白庄镇把科哇、夕昌片作为牛羊育肥贩运的一

---

① 《马进财的牛羊贩育"三部曲"》，青海新闻网，http://news.sina.com.cn/o/2007-09-25/080012629509s.shtml。
② 赵春晖：《转型时期的撒拉族社会经济结构》，《兰州大学学报（社会科学版）》，2006年第6期。
③ 赵恒伦、张致义：《民族贸易经济研究》，青海人民出版社，1995年，第213页。
④ 仁措、李东曲：《循化县牛羊贩运育肥情况简报》，《青海畜牧兽医杂志》，1995年第2期。

个典型，以点带面，支持有条件的农户从事育肥贩运。在当地畜牧部门和镇政府的引荐下，笔者访谈了部分较早开展牛羊育肥的农户，这些农户现在已拥有规模产业，甚至成立了自己的公司。HMY是白庄镇所辖白庄村的一名牛羊育肥养殖户，从20世纪90年代开始从事牛羊育肥，现在已经成立了一家畜牧养殖加工企业。他告诉笔者："由于要与藏族做生意，我们一般都会说藏语，这样我们也到牧区直接去买羊。一般都是9月份左右，草都黄了，一些牧民家的羊就要着急出售。这时候去买的话，要相对便宜些。我跑过的较远地方有黄南、海南、夏河等，黄南、海南的羊个头大，玉树的羊个头小，但是多。我们一开始主要是在牛羊市场购买。买的时候需要经验与技巧，要考虑的因素很多。一只羊，要看皮、肉，还需要考虑税费等，其中最重要的就是要看出多少肉。买牛羊不像是粮食，你直接称就可以了，这个要靠经验。一只羊，能出多少肉，我捏捏就能估摸出来。但是要育肥的话，更得看这个羊有没有潜力了。在这个过程中，当然是要与藏族牧民打交道，但是很多时候也需要通过当地的经纪（中介人）。"①

　　育肥所需的牛羊主要是在牧区，所以远距离的收购是比较常见的，但是有些人就在附近的牧区进行收购。一般来说，附近主要是收购藏羊，白庄镇乙日亥村的HYF就主要是在附近收购藏羊并进行育肥。据他介绍："我主要是在附近买羊，主要是藏羊，好养，就在县里的文都乡，就是那个藏族乡。我一年一般是买两次：9月份一次，2月份一次。9月份主要是为了春节期间卖出去，需求量比较大，这时候比较好卖，2月份买的羊养到6月份，这时候青草长起来了，饲草料供应充足，价格较低，成本低，也能多赚点钱。我到文都乡，有些熟识的藏族，他们给介绍，常来常往的。买的过程比较有意思，一般都是买一群，有大有小，有肥有瘦，藏族同志会从最大、最肥的羊开始出价，我们肯定要从最小、最瘦的讨价还价，这样你来我往，经过几轮，差不多就成交了。这一过程中，就和藏族交往起来，因为我每年买两次，很多藏族都认识我。"②

---

① 此为笔者2019年7—8月在循化调研访谈材料。
② 此为笔者2019年7—8月在循化调研访谈材料。

这种单个农户或者几个人购买牛羊的情况主要是在牛羊育肥初期，后来随着规模的逐渐扩大就成立了合作社或企业，牛羊育肥开始专业化发展，有人专门从事牛羊贩运，诸如强宁村就充分发挥牛羊贩运专业村的优势，牛羊的收购和贩卖范围涉及青海、甘肃、四川等地。

从牛羊育肥的收购环节来看，回族、撒拉族等与藏族的交易有着深刻的社会与历史意涵。首先，在出售与收购经济行为背后，存在着社会结构与文化传统的约束。藏族信教群众不杀生，因此藏族农牧民一般不参与屠宰、销售等环节，这就需要将其牧养的牛羊出售给其他民族，这样回族、撒拉族等就自然而然地成为牛羊育肥中关键的贸易环节。其次，牛羊育肥中的收购是历史上回族、撒拉族等前往涉藏地区经商的延续与发展。历史上，回族、撒拉族等就深入涉藏地区，收购毛皮、药材，出售茶叶、布匹、盐和日用器皿等，还出现了从事牛羊贩卖生意的羊客群体，回族、撒拉族等与藏族牧民互动频繁，形成了密切的社会关系网络，而这一网络的延续与扩大为牛羊育肥的贩运奠定了良好的基础。最后，牛羊的收购与贩卖有着区域性的生态环境基础。农牧生态环境的空间分离与经济互补使得牛羊育肥有了发展空间，而牛羊贩运实现了空间上的联结，也意味着各民族交往交流不断加深，使民族关系的发展有着坚实的经济基础。

三、牛羊育肥生产组织与合作社中的民族交往交流

牛羊饲养是牛羊育肥产业的核心环节，同时广泛联系着相关行业及人员。初期，牛羊育肥主要是个体农户特别是带头人在探索，以家庭为单位的小规模贩运饲养为主。在这种方式下，贩运、饲养、售卖等环节都是由农户个体完成的，这样不同民族间的互动与交往不断加深。但是，随着更多的人被吸引到这一行业中，逐渐出现了专业化趋势，形成了专门的牧户、收购户、运输户、育肥户、屠宰户等。在牛羊育肥实现专业化的同时，个体分散的收购、饲养、出售不仅面临着市场波动造成的风险，而且面临着更为普遍的瓶颈——资金短缺，没有资金就难以开展一系列的生产经营活动。因此，农户以集体的形式进行牛羊育肥就成为产业发展壮大的必要选择。

相对于种植业而言,牛羊育肥的组织形式更为灵活。这是因为农业种植特别是经济作物从种植到收获、出售有着较长的周期,并且面临着多样化的分散特征,存在难以协调和组织的困难,而牛羊育肥则不一样,其生产资料是较为单一的牛羊,可以分散饲养但又易于形成市场规模。因此,随着牛羊育肥的广泛开展和规模的扩大,合作社就成为较为普遍的生产组织形式。合作社可以看作一个经济合作与互助组织,主要是基于生产销售等经济活动,因此很多合作社吸纳不同民族的农牧民入社。事实上,在合作社的组织建设和分工合作中,不同民族都可以发挥自己的优势,不仅合作社内部"成员共同利益和关系格局的形成促使内部整合的实现"[1],而且"合作社对乡村社会的整合具有正向促进作用,合作社可能成为乡村社会整合的一种实践性策略"[2]。合作社对于乡村社会的整合,在西部民族聚居地区也意味着对多民族间互动关系的整合。合作社的形成与发展,在一定程度上可以看作市场对社会的整合与塑造。

关于农业合作社的发展,主要经历了两个阶段。首先是大户能人阶段,这一阶段主要是一些能人经过探索与经营形成了大户,为了进一步扩大规模形成体系,联合其他农户建立合作社。可以说,这一阶段合作社的组建主要是基于经济考虑,通过联合做大做强,形成规模。其次,随着大户合作社形成的示范效应,一些实力不足的农户也有了联合的愿望,而此时地方政府也意识到合作社发展的潜力,从省、市、县等各个层面都推动合作社的建设,出台了一些优惠政策加以支持。此时的合作社虽以扩大产业发展规模为主要目标,但逐渐纳入一些经济实力与经营能力较弱的农户,这在民族关系发展上,意味着多民族村庄中的不同民族都可以参与其中,因此合作社这一经济组织具有了社会意义的公共性,也就构成了一个多民族互动交往的微观平台与空间。

合作社可以看作一个经济合作与互助组织,是村民自愿加入的。笔者调

---

[1] 黄增付:《农民合作社村庄整合的实践与反思——基于闽赣浙湘豫土地股份合作社案例的分析》,《农业经济问题》,2014年第7期。
[2] 张纯刚、贾莉平、齐顾波:《乡村公共空间:作为合作社发展的意外后果》,《南京农业大学学报(社会科学版)》,2014年第2期。

研发现，虽然存在由单一民族构成的合作社，但更多的是多民族成员共同合作经营的合作社。这与牛羊育肥是一项互动性很强的社会经济活动有关。首先，牛羊育肥具有一定的地域性。人们一旦发现牛羊育肥可以带来较为可观的经济收益，就会纷纷参与其中，这带动人们向某一区域集中，通过合作实现相互支持成为各民族的共识，共建合作社也就成为一种自然选择。与此同时，牛羊育肥合作组织的出现也是对长期以来各民族经济互助合作传统的延续和发展。历史上，无论是牛羊贩卖、长短途运输、商业贸易，还是行商、坐商，各民族都展开了形式多样的密切合作，并且形成了兴盛一时的商业组织。在一定意义上，民族地区的乡村市场是嵌入社会之中的，经济并非像主流经济学家所认为的那样是自足的，而是从属于政治、宗教与社会关系的[①]。这里的"社会"，实际上更多指向各民族之间所形成的互惠合作关系，在此基础上，人们开展经济活动以此不断强化社会性，而精准扶贫等政策的实施使得这一社会性得到了来自国家层面的保障。

某种意义上，牛羊育肥合作社可以看作这一产业中最基础的经济单位，但是牛羊育肥是一个联结起广阔区域和不同人群的庞杂产业或产业链，并且这一产业整体也联系着多个行业，涉及众多人群。其中，牛羊暖棚建设、资金筹集、饲料兽药购买等，都需要与其他人群展开交往与联系。随着牛羊育肥的展开，许多相关产业也发展起来，这些产业的经营者有着不同的民族与文化背景，而在这一过程中他们也有密切的联系。在白庄镇的一家兽药销售部，经理是一位韩姓撒拉族，笔者了解到，有不同民族的客户前来购买牛羊育肥的饲料、兽药、添加剂等。"开门都是客，周边村子的很多藏族都来我店里，大部分都比较熟悉，有些都成了老主顾、老朋友。之前有些人暂时手头没钱，我也放心赊给他们。不过现在不是很多，现在贩运饲养牛羊的人都挣钱了。他们挣钱，我才挣钱，是不？"[②] 整个牛羊育肥产业是促进各民族互动交往的一项重要经济活动。不同区域与民族背景的人们联系起来，以产业化的方式及经济社会合作组织解决了"封闭的乡土社会构造与现代社会运行体

[①] 〔英〕卡尔·波兰尼：《大转型：我们时代的政治与经济起源》，冯钢等译，浙江人民出版社，2007年，导言。
[②] 此为笔者2019年7—8月在循化调研访谈材料。

系之间的矛盾"①。

但是我们也看到，随着合作社向企业的发展，特别是规模化发展后就会出现雇佣关系，进而会容纳更多的人，各民族分工合作的情形也就比较普遍。现在主流的方式是"公司＋农民专业合作社＋农户"，这种有整有零、有分有合的运作方式塑造的是一个更具整合性的网络体系，各民族依此展开互动与交往。因此，牛羊育肥是一个联结各民族的经济过程，并且在牛羊育肥养殖过程中，各民族还探索出牛羊养育肥合作社这一组织形式。这既符合在社会化大生产情形下抱团规避风险的经济理性，也是历史上各民族互惠合作经验的传承与发展，既是经济的合作也是社会的整合，其经验与意义不可忽视。

四、牛羊销售环节的族际互动与社会网络

在牛羊育肥中，销售是关键环节，因为只有完成销售和资金回笼，才算获利，才能进一步扩大再生产，而围绕牛羊销售也形成了一个经济链条与社会网络。牛羊育肥的规模与组织化程度也影响着牛羊的销售渠道与网络，个体户与合作社的销售有着一定的差异。

个体户的经营较为自由，牛羊育肥往往作为收入来源的一种补充。牛羊销售渠道较多元，包括异地售卖、本地散卖、卖给收购商、农贸市场销售等，但是每一种渠道都意味着社会关系或深或浅的联结。其中，异地售卖主要面向周边市县。甘肃省临夏回族自治州是一个牛羊肉消费需求量较大的区域，往往几户进行联合，到临夏等地联系购买商，然后商讨价格，谈妥之后就进行交割肉羊的售卖，也有个别较大的个体户、专业户联合起来，以合作社的方式在网上销售，主要销往西宁、兰州及东部地区的城市，但是总体上数量较少。

在地域上，除了异地出售，更多的牛羊育肥户在本地售卖。循化县街子镇三岔口有一个以农贸为主的综合市场，集中了大量的牛羊肉销售店铺，是一个规模化的牛羊销售市场，很多牛羊育肥专业户都选择来这里出售牛羊。

---

① 王曙光：《中国农村微型金融的发展、创新与走向》，《国家治理》，2018年第39期。

在白庄镇，有一个小规模的市场，也有村民来这里销售。除了自己销售，养殖户也直接将牛羊卖给农贸市场的收购人员。这些收购人员依托设置在市场的摊点大量收购牛羊，并能很快将牛羊运送到大城市。农贸市场不仅是一个交易场所，也是一个信息交流的地方，在这里农牧民可以了解市场行情等。

除了自己前往外省或集镇市场上出售，更多的养殖户选择直接卖给收购商。这是因为个体养殖的规模较小，如果自己出售，还面临时间成本、价格波动等问题。收购商依照市场行情确定收购价格，一般也为养殖户所接受。

随着合作社特别是较为大型的牛羊育肥企业的出现，销售环节就变得专门化了。合作社与屠宰场等直接对接，有些企业甚至构建了一个完整的产业链，将贩运、育肥、屠宰、销售等多个环节都贯通起来，围绕牛羊销售形成了一个经济互动与社会关系网络。因为牛羊育肥之后的销售是一个更长的下游链条，诸如运输、屠宰、宣传、出售等，涉及养殖户、经纪人、批发商、屠宰场等，更考验农牧民的经验、能力和社会关系，特别是资金及规模等。与收购和育肥环节的小规模运作不同，屠宰与销售环节呈现为规模性的合作社或企业。其中，不少牛羊育肥的大户或合作社在西宁、兰州、临夏等城市设有屠宰场，面向这些城市的群众销售牛羊肉。这些规模化的运营实际上是一种基于产业的经济整合。

随着牛羊育肥的规模化，牛羊育肥的各个环节都呈现集中化与专业化的趋势。一方面，牛羊育肥的各个环节由专人运营，收购、饲养、出售、屠宰、运输等环节都有明确分工；另一方面，以企业的形式将这些环节纳入企业内部运营中，这是相互联系的两个方面，而更为常见的则是"公司＋基地＋农户"的生产模式。政府也积极推动，在白庄镇建立了一个规模化的牛羊育肥养殖基地，这是对牛羊育肥各环节的一种有效整合。在牛羊育肥过程中，与藏族等主要从事畜牧生产的民族有所不同，在贩运与销售环节，回族、撒拉族有着丰富的经验和传统优势，因而扮演着重要的角色。正是依托这一产业的各个环节，勾勒与编织起一个囊括多个民族的关系网络。

五、牛羊育肥产业所勾勒与编织的族际关系网络及其性质

整体来看，牛羊育肥产业的发展呈现了循化这一农牧结合地带的生态环境与经济结构，同时展现了藏族、回族、撒拉族等多民族之间的交往交流与互利互惠。具体而言，围绕牛羊育肥这一产业，在循化形成了两个相互联结的经济与社会关系网络。

其一，循化及周边的地域性经济社会关系网络。涉及牛羊育肥的多个环节及所联系的多个行业，形成了一种地域性的族际之间的社会分工，即从事农业的农户提供玉米、秸秆等饲料，从事放牧的藏族等提供繁殖的牛羊等，而从事育肥的回族、撒拉族等则将这些环节联结起来，形成一个产业链。与此相配套的是暖棚建设、饲料兽药、牧草种植、兽医、运输、冷藏、销售、加工等多个行业，这样就在循化形成了一个以牛羊育肥为中心的区域性经济社会网络，并且这一网络也将循化地区的汉族、撒拉族、藏族、回族等多个民族联系在一起，形成了一个多民族交往交流的平台。其二，以循化为中心形成的跨区域的经济社会网络。循化处在牧区与农区的交错地带，同时是河湟地区乃至西北地区商业网络中的一个重要节点，这样牛羊育肥不只局限于循化一地，而是与更为广大的区域联系在一起，形成一个联系川甘青甚至内地的汉族、撒拉族、藏族、回族等多个民族的关系网络。牛羊育肥所串联起来的社会经济网络将各个民族纳入一个基于产业发展与经济运行的体系之中，有力地推动了多个民族的互动与交往，深化了民族间的认识与了解，并推进着民族关系的发展。

但是，也要合理认识这一经济活动推动多民族关系发展的作用及其限度。在历史上，循化的藏族与撒拉族之间发展出一种称为"许乎""达尼希"的密切关系[1]，而且，随着牛羊育肥等产业的发展，形成了一种新的联系不同民族的关系网络、一种基于经济运行的族际关系。按照滕尼斯对共同体与社会的

---

[1] 旦正才旦：《"联结"与"断裂"：藏族与撒拉族之间的"许乎""达尼希"关系及其变迁研究》，《中央民族大学学报（哲学社会科学版）》，2018年第2期。

区分，现实的和有机的生命的结合是共同体的本质，思想的和机械的形态的结合是社会的概念①，个人与集群之间各种纽带、关系的性质随着时代的变迁呈现为两种不同的形式。其中，历史上循化县藏族与撒拉族之间形成的"许乎""达尼希"关系是区域性的地缘共同体的表现，是共同体形态下人们的纽带形式，而在牛羊育肥中联结起来的族际关系，则体现了"交换社会"中一种横向的自由的结合。两种不同性质的组织形态下，人们的关系状态有显著差别，"在共同体里，尽管有种种的分离，仍然保持着结合；在社会里，尽管有种种的结合，仍然保持着分离"②。与滕尼斯对传统共同体内人群关系温情脉脉的眷恋不同，涂尔干从社会分工与社会整合的角度讨论了不同社会结构与情境下人群联结的特点，提出了机械团结与有机团结两种社会整合方式。其中，机械团结指的是简单社会分工下基于相似性而形成的人群间联结方式，以人群的相似性与同质性为前提，有机团结则是在社会分工扩大情形下的人群整合，而之所以会出现这种联结与整合方式，是因为社会分工使得社会容量和社会密度增大，处于相互联系、相互作用关系中的社会成员越来越多③。虽然滕尼斯与涂尔干的旨趣不同，但指向同一个社会事实，也就是人群之间的联结方式有着重要的变化。而对于一个处在转型中的多民族社会而言，事实上是处在一个滕尼斯所言的共同体与社会之间的连续统的某一环节，即形成了涂尔干所说的因社会分工而发展出的有机团结，与此同时，传统的民族、文化等塑造与支配机械团结的因素依然发挥着重要作用，这样就使得循化地区的社会组织方式与多民族关系处在一种过渡性的复杂状态之中。

因此，对于循化县牛羊育肥及其他产业发展所形成的多民族联结关系，要特别注意文化与民族在其中的影响。的确，一方面，社会分工的扩大、市场体系的完善为各民族的交往互动提供了平台，使其在经济互动的同时增进社会交往与文化交流；另一方面，文化与民族等观念意识与组织约束在增强

---

① 〔德〕斐迪南·滕尼斯：《共同体与社会：纯粹社会学的基本概念》，林荣远译，北京大学出版社，2010年，第52页。
② 〔德〕斐迪南·滕尼斯：《共同体与社会：纯粹社会学的基本概念》，林荣远译，北京大学出版社，2010年，第95页。
③ 参见〔法〕埃米尔·涂尔干：《社会分工论》，渠东译，生活·读书·新知三联书店，2004年，第214—219页。

族群凝聚力的同时，也对经济有着深刻影响。如何推动各民族交往交流和互鉴互惠，以此实现更为密切的经济互动与社会交往，历史上西部边疆各民族已有着丰富的民族交往交流和互鉴互惠经验，但是如何在新的历史时期与社会巨变条件下有效推进，还需要持久的努力与不懈的探索。

六、结语

通过对牛羊育肥产业链条过程中各个环节各民族互动与交往交流的梳理与勾勒，本部分呈现了农牧交错区域各民族共生互惠的微观样本，这一微观样本展现了两个方面的事实：一是牛羊育肥已成为农牧交错区域各民族经济互动与社会交往交流的一个平台和载体，是民族关系在新的社会分工与历史条件下的新发展；二是牛羊育肥这一经济活动所呈现的互助合作关系，建基并延续着历史上各民族在互动中所形成的互惠经验，有着深刻的历史与社会文化基础。

牛羊育肥产业中出现的族际互动主要着眼于获得利润，因此并不特别区分和强调群体的民族身份，而且正是这种不区分与不强调，使得各民族间的经济互动遵循基本的市场规则，并形成市场主体间的平等有机联系。牛羊育肥在生产方式上的探索与创新，实际上重塑着各民族的生产行为及其生产关系。以牛羊育肥为中心，形成了一个长的产业链条，并且在此过程中广泛联结着其他行业，是一个面向市场的社会化大生产的表现形式。这样，事实上打破了农牧业生产封闭、分散的自然状态，将之联结到一个整体的生产关系之中。这一生产关系的形成，联结起不同地域、不同民族的人们，使之成为一个有着坚实经济基础的互惠共同体。基于牛羊育肥这一具体经济活动所形成的互惠共同体，意味着各民族之间的联结已走向涂尔干意义上的有机团结，并且这一经济形式及其呈现出的对多民族人群的关系塑造，意味着"社会生活规则也逐渐从以民族为中心向以社会分工为中心转变"[1]。推动这一变化发生的最基础的动力正是其具有鲜明现代性指向的社会分工。马克思指出："一

---

[1] 徐黎丽、韩静茹：《社会分工与民族》，《思想战线》，2018年第2期。

个民族的生产力发展的水平,最明显地表现于该民族分工的发展程度。"① 事实上,民族群体参与社会分工的广度与深度不仅决定着其自身的生存与发展,而且在很大程度上影响着各民族关系的发展状况。牛羊育肥正是以其社会分工而形成的产业链条吸纳各族群众参与其中,从而在更为广阔的空间联结起各族群众并使之发展着更为有机和密切的和谐关系。

牛羊育肥所形成的产业链条,使得更为广泛的各族群众参与到这一产业所催生的社会分工之中,并发展出更为有机的密切关系。同时,这一现代社会分工的形成与顺利开展有着深刻的社会文化根源。从事牛羊育肥产业及市场行为的各民族成员,并不能仅仅看作理性经济人,而是有着一定观念和文化支配的个体,其参与市场的方式及其社会分工的选择,在一定意义上受到社会文化的深刻影响。也就是说,作为文化意义上的民族群体,其互动与联系是在具体的经济与社会活动中展开的,而这一经济行为又是嵌入到总体的经济与社会关系之中的。因此,现代产业与社会分工视野之下的牛羊育肥实际上有着深刻的社会文化意涵,这一意涵最为突出的表现是在历史互动中所形成的各民族间的共生互惠经验及信任包容等态度②,而这实际上也是构成牛羊育肥不断发展壮大的文化根源。所谓文化,具有重要的社会资本意义,"就是一个群体的成员共同遵守的、例示的一套非正式价值观和行为规范,按照这一套价值观和规范,他们便得以彼此合作"③。在历史上,农牧交错地带的各民族在长期的经济互动与社会交往中形成了相互借鉴、共同认同的价值观与规范,并且外化为形式多样的文化形态,使得各民族间关系的发展有着丰富的形式与载体。这些在当前的牛羊育肥中均有集中的呈现。

总之,牛羊育肥为观察和理解农牧交错地带各民族的互动及其关系提供了一个生动案例,围绕这一产业的发展,跨区域互惠共生的共同体得以生成。这一过程所呈现的现代社会分工的社会经济有机联系,是基于历史上各民族长期的文化互鉴与交融所形成的,实际上构成了理解与推进农牧交错地带铸

---

① 中共中央马克思恩格斯列宁斯大林著作编译局:《马克思恩格斯全集:第3卷》,人民出版社,1995年,第147页。
② 潘春梅:《试论民族社会中的互惠交换模式》,《北方民族大学学报(哲学社会科学版)》,2014年第5期。
③ 〔美〕塞缪尔·亨廷顿、劳伦斯·哈里森:《文化的重要作用:价值观如何影响人类进步》,程克雄译,新华出版社,2013年,第190页。

牢中华民族共同体意识的应有之义，值得珍视并不断发展。

第二节
从"许乎""达尼希"到农牧合作社：
循化族际互惠共同体的重塑

西部次边疆带作为一个多民族混杂区域，农耕与畜牧两种生计的差异使得多民族间发展出互通有无、共生互补的经济关系，在此基础上展开了多个方面的社会交往与文化交流，并且在长期的互动中形成了一种跨越族群的地域互惠共同体。这在循化县的藏族与撒拉族的长时间互动交往中有着鲜明体现。历史上，在循化地域性的族际经济互动交往中，形成了被称为"许乎""达尼希"的具有世代继承性的密切的私人关系，这些私人关系具有族际交往的性质，所形成的关系网络构成了一个族际互惠共同体，促进了藏族与撒拉族之间的深入交往。但是改革开放以来，随着市场经济对循化地域性经济活动的重塑，道路交通等公共设施的发展，这一"许乎""达尼希"关系逐渐断裂，也意味着历史上所形成的族际互惠共同体的解体。"许乎""达尼希"关系所联结的族际互惠共同体的解体，背后隐含的是多民族地区乡村社会关系的个体化与原子化，意味着乡村要重新进行整合。随着牛羊育肥产业的发展，农牧合作社这一组织形式发展起来，这一组织在进行经济上的联合的同时，也展开了社会层面的整合，意味着对多民族的社会整合与互惠共同体的重塑。本部分以较长时段的视野考察循化地域内藏族与撒拉族之间的经济交往与社会互动，旨在勾勒出从传统"许乎""达尼希"关系到合作社组织形式的历史变迁中，地域性族际互惠共同体从建立到解体再到重塑的过程，其中着重考察合作社在重塑族际互惠共同体中的潜力，并就其中存在的问题展开讨论。这一案例研究，是对在市场经济条件下民族间传统的互动关系进行整合与塑造的探索，对西部次边疆带民族关系特别是乡村民族关系的发展具有启示意义。

一、"许乎""达尼希":地域互惠共同体中的族群关系

在农牧结合的西部次边疆带,各民族群体基于自身所依托的生态基础与资源类型,发展出不同的生计方式,其中以农耕与游牧为基本类型,在沟通农牧互通有无的基础上形成了另一种生计类型,即商业贸易。这些不同的生计类型大致对应着不同的民族。总体来看,藏族、土族、蒙古族、裕固族等以畜牧为生,汉族、回族等以农耕为业,回族、东乡族、撒拉族、保安族等主要从事商业贸易,这样基于不同生计类型,多民族之间发展出共生互补的关系,是西部次边疆带地区民族间关系的基本情形。

多民族间的互动交往是从经济互动开始的,进而发展出社会、宗教、文化等方面的关系。而对于循化的撒拉族与藏族的关系发展,有其特殊性。在循化的族群格局中,撒拉族与藏族是主要的组成部分,两者之间发展出全面且丰富的族群间关系。历史地看,撒拉族早就开始了与藏族的交往,并形成了民族间的通婚。撒拉族先民向邻近的边都沟(文都)的藏族求婚,得到藏族的同意,但同时也接受了藏族的一些风俗。与藏族的通婚对撒拉族的发展壮大有着两个方面的重要意义:其一,使撒拉族人口增长,规模扩大,从孕勒莽和阿合莽兄弟二人所带领的170户发展到万余[1],"到嘉靖年间,撒拉族人口已达'男妇一万名口',约二千余户,比初来之时不啻增加十倍"[2];其二,为撒拉族的发展创造了良好的社会环境,通婚关系的建立使人数较少的撒拉族获得了强有力的社会支持,对于信仰伊斯兰教的撒拉族来说,与藏族通婚是在特定的族群状况与社会环境下的选择。在通婚的情形下,撒拉族与藏族之间有着频繁的经济互动与密切的社会交往[3]。其中,一个典型的表现则是撒拉族与藏族之间"许乎""达尼希"关系的形成与发展。

在"许乎"与"达尼希"中,"许乎"为藏语安多方言,"许"为"住宿"

---

[1] 参见芈一之、张科:《撒拉族简史》,青海人民出版社,2014年,第14—15页。
[2] 张雨《边政考》(卷九),转引自赵春晖:《现代撒拉族社会研究》,民族出版社,2006年,第184页。
[3] 迄今为止,撒拉族与藏族之间仍然互相调侃,说藏族是撒拉族的舅舅,撒拉族是藏族的外甥。

的意思，而后加"乎"为"住宿的人"，在安多方言中为"朋友"之意①。对于"许乎"所指的对象及关系的性质，马成俊展示与讨论了学者们的观点及分歧，指出有学者指出"许乎""必须是距离较远的人，异民族的人，长期有经济交往的人，并且在双方交往中能够提供帮助的人"②，但还是有学者认为，"许乎"这个名词只有藏族与撒拉族可以相互称呼③。马成俊基本赞成这一称呼仅仅适用于藏族与撒拉族之间，但同时以自身经历及调查指出这一"许乎"的关系在藏族与撒拉族之间普遍存在。"达尼希"则是撒拉语中对这一关系的描述，"达尼希"在撒拉语中意为"熟人"或认识的人，与藏语的"奥西"相对应。与这些描述朋友、熟人等关系的藏语、撒拉语相关的，藏语中还有"夏尼"的称谓，意为亲戚④。在藏族与撒拉族关系的语境中，"夏尼"具有特殊的意义。撒拉族与藏族婚姻关系的建立为撒拉族的生存、发展与壮大创造了良好的环境，直到现在，藏族与撒拉族之间的舅甥关系依然在民间被提及。这些不同语言中用于描述藏族与撒拉族之间关系的词汇有着微妙区别，但总体上呈现了两者之间所形成与发展出的族群间密切关系。缔结干亲等拟亲属关系是为了追求"血缘和文化上的他者性"⑤，这种他者性是以民族间的血缘与文化上的边界为基础的，旨在以这种遵循边界并跨越边界但实质上强化边界的方式加深认知、消除隔阂、构造社会关系网络以促进民族关系的发展⑥。而藏族与撒拉族由于族际通婚的事实与历史记忆，不再以"虚拟亲属关系"来建构两者关系，而是以一种朋友的关系来进行表述。

"许乎""达尼希"关系有着特定的内涵，它是指藏族与撒拉族在经济互动中而形成的，并且基于数代人的交往而代际传承的族际间关系。结合已有研究及在田野调查中访谈得知，"许乎""达尼希"这一关系的建立主要呈现

---

① 旦正才旦：《"联结"与"断裂"：藏族与撒拉族之间的"许乎""达尼希"关系及其变迁研究》，《中央民族大学学报（哲学社会科学版）》，2018年第2期。
② 马成俊：《"许乎"与"达尼希"：撒拉族与藏族关系研究》，《西北民族研究》，2012年第2期。
③ 马成俊：《"许乎"与"达尼希"：撒拉族与藏族关系研究》，《西北民族研究》，2012年第2期。
④ 马成俊：《"许乎"与"达尼希"：撒拉族与藏族关系研究》，《西北民族研究》，2012年第2期。
⑤ 新吉乐图：《共生的实际：论中国西部民族间拟亲属关系》，付吉力根译，《西南边疆民族研究》，第25辑。（本文原稿为日文，刊载于日本《文化人类学》杂志81卷3号，2016年第12期，第439—462页）
⑥ 李静、戴宁宁：《文化人类学视野下的回汉民族"干亲交往"——以宁夏固原市为例》，《宁夏社会科学》，2010年第5期。

为以下过程：在农牧结合区域的循化，藏族与撒拉族进行物品交换活动时，由于交通条件的制约需要在对方中留宿，并且借助其社会关系网络来完成物品的交换。"藏族与撒拉族'许乎''达尼希'之间的交往，主要局限于商业交往的范畴，而且涉及生存资料的交换和交流，从交换形式上看，主要通过'以物易物'方式交换各自拥有的农牧产品。"① 这样长期的频繁往来就结成了"许乎""达尼希"关系，并且会代际传承，从而形成长期的互动交往。"大部分'许乎''达尼希'关系的维持和发展，建立在数代人的交往关系基础之上，一般通过父传子、子传孙的形式传递而来，双方的交往有着相当的历史积淀，并且在互相的交往中含有非同寻常的信任。"②

"许乎""达尼希"的关系，是在传统的时空条件与生计类型下，藏族和撒拉族因互通有无的需要而创造性地发展出的一种相互支持的关系。这一关系的形成以三个条件为前提。其一，藏族与撒拉族的混杂分布格局。从整体的空间布局来看，"循化厅所属口内十二族，口外撒喇回民八工，西番四十九寨，南番二十一寨，保安四屯，族工寨屯共九十四处"③，"撒喇各工，番回各半，惟夕厂全系番庄。因冒为生番，另编名目，取悦上宪，而实为撒喇旧属"④。这说明在元明清时期，撒拉族与藏族混杂性的居住格局已经形成。从今天的布局来看，"撒拉族多居住在黄河、清水河、街子河流域的川水地区，主要从事农业，兼营商业，而藏族则多居住在高寒牧业区，多从事游牧"⑤，依然呈现为混杂居住的情形。这种空间布局为撒拉族与藏族之间发展出"许乎""达尼希"这一具有民族特殊性的关系形态创造了条件。其二，基于生态的生计类型及互补性。循化地处农牧结合区域，农耕与畜牧交错分布，其中藏族主要从事畜牧业，撒拉族则部分从事农业，同时展开经商活动，这样两个群体就存在着互通有无的需要，民族间的经济交往也自然发生，这就构成

---

① 旦正才旦：《"联结"与"断裂"：藏族与撒拉族之间的"许乎""达尼希"关系及其变迁研究》，《中央民族大学学报（哲学社会科学版）》，2018年第2期。
② 旦正才旦：《"联结"与"断裂"：藏族与撒拉族之间的"许乎""达尼希"关系及其变迁研究》，《中央民族大学学报（哲学社会科学版）》，2018年第2期。
③ 龚景瀚：《循化志》卷四《族寨工屯》，青海人民出版社，1981年，第135页。
④ 龚景瀚：《循化志》卷四《族寨工屯》，青海人民出版社，1981年，第157页。
⑤ 马成俊：《"许乎""达尼希"与"达尼希"：撒拉族与藏族关系研究》，《西北民族研究》，2012年第2期。

了藏族与撒拉族展开互动与交往的必要性。其三，商业互动的低层次性[1]。在传统经济形态下，人们从事贸易活动在很大程度上是为了互通有无，满足自身的生产生活需要，而交通条件的落后制约着其经济互动的速率与范围，完成交易"一般而言至少需要几天甚至更长的时间，在这个过程当中，必须在一个或者几个'许乎''达尼希'家停留、借住、用餐"[2]，这种较长时期的频繁互动，使得藏族、撒拉族之间的深入交往与关系的建立成为可能。"许乎""达尼希"这一关系呈现了在甘青农牧结合区域不同生计类型的族群展开经济互动的典型风貌。事实上，类似的关系在这一区域普遍存在，周边的多民族地区如尖扎县、化隆县、贵德县的藏族和回族成员之间也有基于生产方式而形成的互补性交往关系，看来"许乎""达尼希"或类似的关系在这些区域普遍存在。

"许乎""达尼希"这一关系的建立发生在藏族、撒拉族之间，以此展开了族际群体间的互动。在循化这一"地区性多民族社会"[3]，藏族与撒拉族形成了一种跨越族际的互惠共同体，在历史的剧烈变动中共担休戚相关的命运，表现出跨越族际的共同利益与地域认同。藏族与撒拉族之间既有历史上以其族群身份互相保护对方寺庙的举动[4]，也有以共有资源利益为基础对抗外部资源竞争势力的行为[5]，形成了超越"民族身份"的"社区身份"认同，而在整体区域之内的互动中，形成了以"经济资源互补"为特征的经济与社会交往[6]。正是这种地区性多民族社会生态，催生出"许乎""达尼希"这样颇具特色的族际关系。

---

[1] 旦正才旦：《"联结"与"断裂"：藏族与撒拉族之间的"许乎""达尼希"关系及其变迁研究》，《中央民族大学学报（哲学社会科学版）》，2018年第2期。
[2] 旦正才旦：《"联结"与"断裂"：藏族与撒拉族之间的"许乎""达尼希"关系及其变迁研究》，《中央民族大学学报（哲学社会科学版）》，2018年第2期。
[3] 旦正才旦：《夕昌藏族与科哇撒拉族的交往与互惠》，《西北民族研究》，2018年第4期。
[4] 马伟：《撒拉族与藏族关系述略》，《青海民族学院学报》，1996年第1期。
[5] 旦正才旦：《夕昌藏族与科哇撒拉族的交往与互惠》，《西北民族研究》，2018年第4期。
[6] 旦正才旦：《藏族与撒拉族族际交往之变迁研究》，北京大学硕士学位论文，2015年。

二、疏离与断裂：乡村个体化背景下"许乎""达尼希"关系的变迁

历史上在经济共生互补基础上发展出的具有民族间特殊表现形式的"许乎""达尼希"关系，随着经济运行机制与社会组织形式的变迁也在发生着微妙变化。正如"许乎""达尼希"关系的建立是一个逐渐的过程并需要世代的继承传递加以维护与强化，这一关系的消失与断裂也是一个逐渐发生的过程。诸如，往来的次数变少了，每次停留的时间变短了，需要交换的物品变少了，等等，慢慢就不再来往。而且，"许乎""达尼希"关系的代际传承性也决定了这一关系可能会因为代际变化而消失。在调研访谈中，无论是撒拉族还是藏族都表达了对这一历史传承关系的眷恋，同时也指出，随着交往与互动的变少，这种关系逐渐消失也是正常的。在根本上这一关系的维持是以经济上的互动为基础，因此，在经济基础与社会条件发生重要变化的情况下则难以持续。总体来看，"许乎""达尼希"关系是在农牧结合的生态基础与区域性的社会关系网络的基础上生成的，是有着经济互补需求但同时受交通制约不可能进行广阔地域间的交换情形下的产物。

"许乎""达尼希"关系的疏离与断裂是当地社会整体性变化的一个表征，意味着族群间相互支持与互惠关系的消失，也意味着原来建立在生态互补基础上的区域性互惠共同体的解体。造成这一变化的原因是深刻的整体性社会经济进程。

在微观的区域社会层面上，这一变化，一方面表现为集市发展成为人们商品交换的主要场所，"人们获取生活资料的渠道从原来的具体的人与人之间或家庭与家庭关系转变为现在的一个特定的、专业化的'市场'"[①]，当个体的购买力足够强时，所有东西都可以直接从市场中获得；另一方面，道路的畅通使人出行方便，这对人的经济行为有着深刻影响。市场上的人群集中与道

---

① 旦正才旦：《"联结"与"断裂"：藏族与撒拉族之间的"许乎""达尼希"关系及其变迁研究》，《中央民族大学学报（哲学社会科学版）》，2018年第2期。

路的通畅，可以看作在一个微观层面的时空压缩，而这使得原来必要的移动与沟通被跨越与搁置了，也就表现为"许乎""达尼希"关系的疏离与断裂。

与这一区域社会微观层面变化相伴随，或者说影响与支配这一变化的则是更为广泛的经济社会过程。同样是遵循市场的集中及市场体系的扩展与道路交通的畅通所造成社会经济影响的逻辑，人群流动的空间得到极大扩展。循化这一区域性社会被整合到更大的市场网络之中，人们资源获取与物质满足不再仅仅依靠当地产出，而是有着更为广阔的市场来源与更为丰富的商品形态。很多民众特别是年轻人不再参与本地人群之间展开的经济互动，多民族间的社会交往缺乏了坚实的中间力量与可依托的载体。这样，在传统生态与区域社会内所建立与发展出来的"许乎""达尼希"关系，也就失去了其存在与延续的经济与社会基础，传统区域社会中的多民族互惠共同体也就趋于解体。

"许乎""达尼希"关系的疏离断裂，以及经济交换在市场中完成，意味着"越来越多的人从地方性共同体、家族、家庭乃至亲密关系中解脱出来，把日常性生产和生活关系转变为即时性交易关系"[①]，而后者成为区域社会主导性的社会关系。这一变化，一方面意味着个人从原有的在传统经济与社会结构中形成的关系中"脱域"或"脱嵌"，成为自由与独立的个体，在制度上则是对应着家庭联产承包责任制中家庭生产的自由安排；另一方面则意味着每一个成员又是作为个体嵌入市场所塑造的经济体系与社会运行之中。吉登斯指出，所谓"脱域"是指人们的"社会关系'摆脱'本土情景的过程以及社会关系在无限的时空轨迹中'再形成'的过程"[②]，这在循化意味着传统社会关系的疏离及其个体对市场体系的嵌入。对此，贝克有着精彩论说："脱嵌，即个体从历史限定的、在支配和支持的传统语境意义上的社会形式与义务中私出（解放的维度）；与实践知识、信仰和指导规则相关的传统安全感的丧失（去魅的维度）；以及再嵌入——其含义在此已转向与个体化的字面意义

---

① 吴理财：《论个体化乡村社会的公共性建设》，《探索与争鸣》，2014 年第 1 期。
② 〔英〕安东尼·吉登斯：《现代性与自我认同：晚期现代中的自我与社会》，夏琢译，中国人民大学出版社，2016 年，第 17 页。

完全相反的一面——即一种新形式的社会义务（控制或重新整合的维度）。"①但是，无论是"脱域""脱嵌"还是"再嵌入"，都指向境遇变迁中人群的个体化现象与再组织化的必要。需要指出的是，这里的"嵌入"与波兰尼所指出的市场对社会的"嵌入"与"脱嵌"，在指向与范围上虽有所差异，却都指向传统社会向现代市场社会的变迁，可以理解为市场与社会的脱嵌变化是造成社会关系个体化的结构性力量。

"许乎""达尼希"关系的断裂隐喻着传统社会联结与互惠共同体的解体，而其中相互支持的群体被推动形成了孤立的个体与原子。个体化与"原子化"虽同指个人从群体中独立与脱离，实际有着不同意涵及指向。其中个体化，除了在贝克看来是在现代化过程中一个个体如何"成为个体"的，个体的活力得到激活，并且彰显自由与独立的为自己而活，更多学者则是强调了个体化社会中个体所面临的不确定境遇，以及可能面临的原子化困境。如果说个体化是现代社会在结构与关系变迁中的必然境遇，那么"原子化"则是作为一种问题而存在。"原子化"指向的是社会联系松散的个体，难以再组织化，缺乏公共意识。贺雪峰曾经提出乡村社会个体化的最大特点是乡村的空心化与农民的原子化②。"许乎""达尼希"关系的断裂背后隐含的就是乡村的个体化或者"原子化"。传统的基于个人长期交往而形成的关系，被市场交易中的临时性关系取代，每一个个体都以逐利性为目标，无论是在经济还是在社会上都难以组织起来，也就是"脱嵌"已经完成，乡村及跨村落的共同体瓦解，再嵌入则面临着重重困难，个体无法找到一个共同的纽带，乡村整合面临困境。

在调研中，笔者听到不少藏族与撒拉族的老人对这种"许乎""达尼希"关系的怀念与眷恋。的确，在经历了集体化后的市场经济变迁之后，那种直接的面对面的交往互动以及当时结下的深厚情谊，对这些老人来说是一段难忘的回忆。村庄及乡村社会的变化，使得这些当时走南闯北的老人陷入了边缘与孤独的境况。不同代际人群的态度与认识，使得这种"许乎""达尼希"

---

① Ulrich Beck, Risk Society. *Towards a New Modernity*. Trans. Mark Ritter. London: Sage Publication, 1992, p. 128.
② 贺雪峰：《乡村治理的社会基础——转型期乡村社会性质研究》，《西北政法学院学报》，2005 年第 5 期。

关系反映了近几十年深刻的社会变迁。

　　市场经济推动村民成为独立个体，使其可以自由地参与到市场经济之中。在一开始他们表现出强烈的积极性与主动性，但在组织上相对分散。这样，民众的生活空间也是离散的，而且往往存在着利益纠纷或竞争关系。这种在经济与社会层面都处于风险与弱势地位的个体，实际上有着获得社会支持与情感依托的强烈需求，但是一方面他们不可能回到原来集体化的体制与社会结构中，另一方面农民的自组织受到经济社会与自身能力的制约。此时，家族、宗教、民族等展现出温情脉脉的社会与情感支持，在人们生活中的地位中得以凸显。当代社会所出现的向宗教回归，并非都是由于信仰皈依而更多是对社会规范和社会秩序的渴求，"换句话说，人们将会回归到宗教传统那里，这并不一定是因为他们接受了启示的真理，而正是因为在世俗世界里缺乏团体，而且社会关系稍纵即逝，才使他们期盼文化和宗教仪式上的传统"①。这在循化的藏族与撒拉族中有着鲜明体现。虽然依然是以部落或者由"孔木散"组建的"阿格勒"等形式延续而来的村落，围绕藏传佛教寺院与清真寺所形成的社区，在一定程度上也可看作一个互惠共同体，但是与"许乎""达尼希"这一跨族群的关系所塑造的互惠共同体的开放性不同，这些形式的群体具有封闭性，在与外界的沟通与交换上可能存在一定的排斥性。在经济互动与社会交往上，往往是以本民族、本宗教的人群为对象展开合作。虽然，从总体市场经济的角度来看，民族间的相互依赖与交往互动是在增强，但是也不可忽视民族之间交往的"内卷化"，这种封闭性的倾向是不利于民族间交往交流与交融的。

　　总体来看，"许乎""达尼希"关系的断裂及其引起的民族间交往互动关系的变化，呈现了多民族间关系从私人性、亲密性、特殊性关系向群体性、社会性、一般性关系的转变，这一转变是民族间关系变化的一个表征，呈现了区域社会关系的转变。在这一转变背后，则是重要的社会经济变迁。它所造成的影响，一方面表现为社会关系的个体化与原子化，以及民族间关系的

---

① 〔美〕弗朗西斯·福山：《大分裂·人类本性与社会秩序的重建》，刘榜离等译，中国社会科学出版社，2012年，第346页。

疏离，另一方面则是个体化的个人向家族、宗教、民族等传统群体的回归。这对民族之间的深入互动与民族关系的发展造成了新的影响。由此，我们可以看到，市场经济的发展以不分差别的机制在促进人们互动交往的同时，也可能会引发基于特定文化的群体间区隔。区域性多民族互惠共同体的解体，实际上呼唤着社会的整合，但又不可能回到原来的社会情形与制度结构中，只能寻求一种将不同人群联合与联结起来的社会机制或者平台，探索新的社会整合方式，重塑一种新的互惠性共同体。

三、互惠共同体的重塑：合作社组织与族际有机联系的塑造

"许乎""达尼希"关系的疏离不仅意味着族际间所建立的传统关系的断裂，也意味着在传统经济社会环境下所形成的互惠共同体的解体，这些变化背后是深刻的经济与社会变革。事实上，无论是在民族关系发展意义上，还是在乡村振兴及社会整合的经济社会意义上，探索新的整合机制与形式都迫在眉睫。民族间的互动与关系的发展是嵌入到更为广阔的经济社会现实中的，因此，寻求区域性的社会整合及互惠共同体的重塑，也要在社会经济发展中展开。

需要指出的是，乡村的重新整合，不可能回到原来的经济社会结构之中，也不能依托民族宗教等传统封闭性的群体，而是要在市场经济的条件下展开，但同时也要规避与应对市场经济所可能带来的风险与分化影响。从传统生产方式与社会结构中脱离出来的个体，作为最小的单位参与到市场之中，实际上意味着被边缘化。市场经济虽然促进了族际交往并推动了民族融合，但也是一种区隔与分化性力量。在市场经济所塑造的经济运行与社会运作机制下，民族间的互动交往也只能在这一机制下展开，因此必须在市场经济基础上探索民族间互动与关系整合的新机制。

事实上，对于乡村的个体化与分散化，政府有展开整合的努力，就是加强基层组织建设，但是面临诸多难题。其一，村庄里的绝大多数青壮年劳力要么常年外出务工，要么在临近城镇展开经营活动，留守村落的主要是妇女、老人、儿童等，乡村的行政整合缺乏群众组织基础；其二，农民经营的个体

化使得村庄的集体经济发展不足，而且税费改革使得基层政权从过去的汲取型变为与农民关系更为松散的"悬浮型"①，使得村庄的基层整合既缺乏经济基础又缺乏更好的制度环境；其三，村民自治制度体系的不完善，民主管理与监督制度的不完善。在循化这一多民族地区，一些村落还存在宗教较多干预村级组织与行政的情形，更增加了进行社会整合的难度。

市场经济所推动的社会分工扩大，是以市场手段展开社会整合的关键。社会分工的扩大，使得包含多民族的城乡群体都纳入统一市场体系之中，从而形成人群之间的有机联系。确实，这是市场经济所推动的现代化进程必然趋势，但对个体化小农而言，市场在意味着机遇的同时也意味着风险。就循化来看，市场经济使一部分人群尤其是青壮年纷纷离开乡村进入城镇谋生与发展，留在乡村的多是老弱病残。

社会与文化层面的整合可以超越村庄的范围而实现，但同样面临着困难。事实上在乡村，人们之间密切的社会支持来自宗族与亲友，而在民族地区宗教有时还表现出较大的力量。

在乡村社会整合上，政府体现了支配的逻辑，市场是分工的交换逻辑，而社会则体现了互惠的合作逻辑，各自都有优势，但也面临不足。因此，以上任何单独一种都难以完成乡村的整合。以"许乎""达尼希"关系为表征的互惠共同体是建立在一定经济社会基础上的，正是经济上的互动与交往才发展出这样的跨族群社会关系，而重塑这种区域性的共同体关系，也需要有着坚实的社会经济基础，并体现鲜明的社会共同性。

互惠共同体的塑造意味着乡村要整合起来，但前提是至少要建立起有机的社会关系联结，对此乡村的民间层面有一些积极尝试，政府也在积极探索，其中新型合作社是一个努力方向。笔者关注到合作社，是因为在调查牛羊育肥过程中，发现农牧民形成了自发的联合，后来政府对这一形式大力支持。

就一般意义而言，乡村中的合作社在当前可以看作对农村、农民、农业进行整合的重要途径。具体而言有三点：首先，合作社可以将分散的农户联

---

① 周飞舟：《从"汲取型"政权到"悬浮型"政权——税费改革对国家与农民关系之影响》，《社会学研究》，2006年第3期。

合与整合起来，抗御市场风险，形成经济互惠共同体。合作社意味着广泛的整合，也意味着不同族群民众在经济上的合作，共同抵御经济上的脆弱与组织上的分散，这样就为区域内的人群特别是多民族之间的交往互动奠定了坚实的经济基础，在更大区域意义上则意味着资源的重新整合，特别是基于生态差异的资源整合。

其次，合作社作为以经济组织为主的整合，可以有效降低或消解宗族、家族、民族、宗教等初级整合组织的影响，从而重新以经济组织的形式将原有离散化、原子化的人群组织起来，形成一种基于现代经济基础的社会整合。这样就意味着民族经济生活的开放，"传统意义上的民族'共同的经济生活'已经一去不复返，或正在变得日益淡薄，取而代之的则是各个族群的经济生活之间的相互渗透、相互依赖和相互促进"[①]。合作社在更为广阔的意义上对民族间的经济生活进行重塑，使得各个民族在合作社这一形式的推动下形成区域性的经济互惠共同体。

再次，合作社不仅有着经济理性，而且具有社会合作性，也就是在其以合作应对市场风险、增强竞争力的同时，还发挥着鲜明的社会功能与治理功能。合作社经济运行可以为村庄的治理提供经济与社会资源，与基层组织建设相结合，可以促进乡村的社会建设与治理。有学者就发现，涉藏地区的专业合作社并不是小商品生产者的联合体，"当地的商品经济发展水平和社会文化赋予了它'相互依靠开展商品生产的共同体'的内涵。"[②]。

在循化的调研中，我们也发现了合作社所蕴含的社会整合潜力。其中，主要的合作是经营农牧业，涉及农产品、经济作物、牛羊养殖等，而且还发展出一种农牧结合的产业——牛羊育肥。

在初期，牛羊育肥主要是个体农户特别是带头人探索，以数头牛羊的小规模家庭式贩运饲养为主。在这种方式下，贩运、饲养、售卖等环节都由农户个体完成，这样农户个体就要与各种各样的人交往。但是，随着更多人被

[①] 李红杰：《全球化、民族要素的相对性与当代族群关系的特点》，《中南民族学院学报（人文社会科学版）》，2002年第1期。
[②] 齐莉梅：《藏族地区农民专业合作社发展的独特性——以日喀则市农村合作组织为例》，《中国农民合作社》，2010年第5期。

吸引参与到这一行业中，就逐渐出现了专门化的趋势，形成了专门的牧户、收购户、运输户、育肥户、屠宰户等。与专门化同时展开的是组织化，这是因为个体户分散的收购、饲养、出售不仅面临着市场波动所造成的风险，而且面临着更为普遍的瓶颈——资金短缺。因此，组织起来并以集体的形式进行牛羊育肥，成为这一产业发展壮大的必要选择。

相较于农业种植，牛羊养殖与育肥的组织形式更为灵活。这是因为农作物特别是经济作物从种植到收获出售有着较长的周期，并且面临着多样化的分散种植，存在难以协调与组织的困难。而牛羊养殖与育肥则不一样，其生产资料是较为单一的牛羊，可以分散饲养但同时又易于形成市场规模，因此，随着牛羊育肥的广泛展开与规模扩大，合作社就成为较普遍的生产组织形式。合作社可以看作一个经济合作与互助组织，在合作社的组织建设和分工合作中，不同的民族都可以发挥优势，不仅合作社内部"成员共同利益和关系格局的形成促使内部整合的实现"[1]，而且"合作社对乡村社会的整合具有正向促进作用，合作社可能成为乡村社会整合的一种实践性策略"[2]。合作社对于乡村社会的整合，在西部次边疆带的多民族聚居地区也意味着对多民族间互动关系的整合。从更为广泛的意义来说，合作社的建立与发展，实际上意味着多民族更加深入地参与市场经济。这样，这一产业将各个不同区域与族群背景的人群联系起来，将区域内人群中传统的机械团结发展成为基于经济联系的有机团结[3]，以产业化的方式解决了"封闭的乡土社会构造与现代社会运行体系之间的矛盾"[4]。

但是，多民族聚居地区的乡村即使是深度参与到市场经济之中，也没有完全出现波兰尼所说的市场脱嵌社会的典型情形，而是其经济活动在很大程度上受到宗教、民族、宗族等深刻的影响。多民族聚居地区的乡村市场是

---

[1] 黄增付：《农民合作社村庄整合的实践与反思——基于闽赣浙湘豫土地股份合作社案例的分析》，《农业经济问题》，2014年第7期。

[2] 张纯刚、贾莉平、齐顾波：《乡村公共空间：作为合作社发展的意外后果》，《南京农业大学学报（社会科学版）》，2014年第2期。

[3] 参见〔法〕埃米尔·涂尔干：《社会分工论》，渠东译，生活·读书·新知三联书店，2004年，第214—219页。

[4] 王曙光：《中国农村微型金融的发展、创新与走向》，《国家治理》，2018年第39期。

"嵌入"社会之中的,"经济并非像主流经济学家所认为的那样是自足的,而是从属于政治、宗教与社会关系的"①。因此,在牛羊育肥的经营与合作中,不可避免地有着民族与宗教的区分,诸如在资金筹集、合作经营上倾向于寻求同一民族与宗教背景的朋友与亲人,这实际上是其社会关系在经济领域的延伸。

在东部发达地区的一些乡村,合作社发展规模更大,出现了合作联社,这就将各个村落整合进一个庞大的经济体系,不仅结束了农户分散与个体化的情形,还实现了村落间的集成发展。东部地区合作社的发展,对多民族地区的经济社会发展与多民族关系的发展有重要启示意义。其一,多个民族不仅在村落间展开互动,而且实现着更大范围内的社会交往,形成跨越村庄的关系联结,为区域性的互惠共同体的塑造奠定了基础。其二,合作社组织具有开放性,不仅是因为它与外界的市场社会进行着经济交换,而且还在于其组织有着兼容性,基本可以将乡村社会的各个人群纳入其中。其三,区域性合作组织的建立意味着区域性的经济与社会整合,这一方面使得多个民族的人群实现频繁互动而形成区域性利益共同体,另一方面也会逐渐突破具有封闭性的宗教、宗族的制约,使其整合到这一经济合作组织之中。当然,这是一个长期的过程,其中还会出现一定反复,但无疑它反映了一种主流趋势,使民族间的互动交往更加适应现代社会的组织运行机制。

虽然存在规模小等问题,但是牛羊合作社的确在推动经济发展、乡村整合等方面发挥着重要的作用,而且其推动的民族间在村落内及跨村落间的经济社会交往,实际上是在推动形成一个区域性互惠共同体。需要指出的是,与"许乎""达尼希"关系所表征的撒拉族、藏族之间交往而形成的互惠共同体不同,合作社是基于组织化的生产与协作活动,而且不会随着个人间关系的终结而消失。合作社以一种组织化的方式实现着普遍性的互惠。总体来看,虽然在构建民族间互惠共同体与重塑民族关系发展上,合作社的作用还有待观察,但其依然不失为一种可以探索、引导与完善的平台与机制。

---

① 〔英〕卡尔·波兰尼:《大转型:我们时代的政治与经济起源》,冯钢等译,浙江人民出版社,2007年,导言。

第三节
小　结

　　民族关系的本质是社会关系，是社会关系的特殊表现形式。这是因为民族人群的划分本身是一种社会与文化意义上的分类，民族之间的互动也是在各种社会活动中展开的。因此，民族关系研究应置于特定的社会活动、社会情境之中，这样才能呈现民族关系的鲜活情形与内在机理。在乡村空间与情境下，西部次边疆带的多民族互动与交往，受到农牧生态与区域社会文化的深刻影响。本章对循化县藏族与撒拉族在牛羊育肥产业中合作与互动的研究，以及对"许乎""达尼希"传统社会关系的变迁及重塑互惠网络与共同体的讨论，呈现了西部次边疆带乡村空间内民族关系的典型样态。

　　对牛羊育肥产业链条过程中各个环节多民族互动与交往的梳理与勾勒，呈现了在农牧结合区域多民族共生互惠关系的微观样本。这一微观样本展现了两个方面的事实：牛羊育肥的确已经成为农牧结合区域多民族间经济互动与社会交往的方式，但同时经济活动中也存在着民族与宗教的区隔。

　　在牛羊育肥经济活动中展开的族际互动主要是获得利润，因此并不特别区分与强调群体的民族身份，而且，正是这种不区分与不强调，才使得民族间的经济互动遵循基本的市场规则，才形成平等市场主体间的有机联系。牛羊育肥在生产方式上的探索与创新，实际上也重塑着生产行为及其生产关系。以牛羊育肥为中心，形成了一个长链条的产业，并且广泛联结着其他行业。这打破了农牧业之间生产封闭、分散的自然状态，将之联结到一个整体性生产关系中。这一生产关系的形成，联结起不同地域、不同民族的人群，使之成为一个有着坚实经济基础的互惠共同体。

　　但是，参与牛羊育肥这一产业及市场行为的，并不能仅仅看作理性经济人，而是背后有着一定的观念与文化支配的个体，其参与市场的方式及社会分工的选择，都受到宗教与文化的约束。在牛羊育肥的产业发展中，我们也发现了这一情形，藏族与撒拉族之间的互动、交往很大程度上限于经济层面，密切的组织化合作比较少见。

而循化县撒拉族与藏族之间的关系变迁则展现了市场经济变迁的影响深度。撒拉族与藏族之间所形成的"许乎""达尼希"的地域性族际互动，是当时生产与交通条件下区域社会关系的典范体现，呈现了多民族社会所形成的经济共生互补与文化交流交融的民族关系。这一关系在现代受到多方挑战，其中最基础的是生产方式及活动范围的变化，使得历史上所形成的"许乎""达尼希"关系趋于解体与断裂。这可以看作多民族地区民族关系发展变迁的一个典范案例，结构性地反映了民族关系发展中的关键问题。在传统族际关系发生断裂与解体的同时，新的生产方式与经济活动也在探索与创造着新的联结，在经济上的联系更加密切。农牧合作社是一种值得探索的方式。农牧合作社将分散的农牧民组织起来，实现经济合作与共赢。但是，当前农牧合作社自身发展中存在不足，使其在促进族际交往与关系发展上还存在一定限度。这需要在制度设计与民间探索上共同努力，重塑多民族地区族际互惠网络，推进多民族间关系的和谐发展。

总体来看，在相互合作且竞争性的经济活动中，循化的多个民族形成了频繁的互动交往，民族间关系得到和谐发展。但也应看到，循化的藏族与撒拉族虽然在牛羊育肥中形成了新的共生互补的经济关系，且在历史上还形成了"许乎""达尼希"族际间的密切关系，具有西部次边疆带乡村民族关系的复杂面向，应不断探索创新，创造促进西部次边疆带多民族关系和谐发展的更好的社会环境与文化氛围。

| 第五章 |
西部次边疆带城镇空间与情境下的民族关系

随着城镇化进程的加快，城镇逐渐成为多民族互动交流的承载空间，多个民族在城镇内展开频繁的经济交往与文化交流，这在西部次边疆带地区同样有着突出呈现。在西部次边疆带区域内，虽有较大的城市，如兰州、西宁等，但是受地形制约与人口规模的影响，人群聚落更多是以城镇的形式出现，因此城镇是多民族互动的主要空间。对城镇空间与情境下的族际互动展开研究，是西部次边疆带民族关系研究的重要方面。

城镇发展与族群的互动，体现了社会过程和空间形式的相互作用：多民族的互动及向城镇的集聚，不仅为城镇的发展提供了持续动力，而且也形塑了城镇的多元文化；而城镇不仅为多民族的互动交往提供了空间与场域，而且使多民族的联系更加密切。本章对西部次边疆带城镇空间与情境内的民族关系的研究，也主要着眼于此。首先，对作为西部次边疆带核心区域的藏彝走廊的族际互动与城镇发展进行分析，讨论多民族流动迁徙是如何塑造了藏彝走廊的城镇，以及多民族在城镇内展开的互动与交往；其次，以松潘为例，呈现城镇发展与族群互动的一个微观案例，以松潘古城的城墙内外为空间视野，以跨越城墙的族际互动为主要内容。这样既呈现了西部次边疆带城镇空间与情境下的民族关系的总体情形，又展现了城镇发展演进历史中不断累积与交融而形成的多民族关系的丰富面向。

第一节
藏彝走廊的族际互动与城镇发展

城镇作为人类聚落的重要形态，不仅是空间上人群的聚合体，而且是多元文化的复合体。不同人群的互动，塑造并呈现出丰富的社会景观与文化风貌。大卫·哈维（D. Harvey）认为，社会过程和空间形式是相互作用的，而非单向的因果关系，城市也是一个动态系统，空间作用和社会过程亦始终处于相互循环作用状态[1]。藏彝走廊的城镇不仅构成了一个多民族互动的空间场域，其本身也是一个多民族互动所塑造的产物。历史地看，军事与政治活动、贸易往来、行政建制等推动藏彝走廊多民族频繁流动，并在城镇的空间形态与文化景观上留下了深刻印记。藏彝走廊的城镇，都鲜明呈现出丰富的空间形质与多元文化的特征，这事实上是一个多民族展开互动、彼此形塑的结果。因此，笔者结合历史上军事与政治活动、贸易往来、行政建制等所推动的藏彝走廊多民族互动与交往，考察这些互动是如何形塑了藏彝走廊城镇的空间形态、景观风貌、文化特质，使得城镇成为多民族交往互动的空间的。

一、作为多民族互动空间与多元文化载体的藏彝走廊城镇

城镇是人类聚落的重要形态之一，呈现了人群的集聚及社会经济活动的集中，它构成了一个包含着人类多样活动的复杂系统，其形成与发展是多种因素共同作用的结果。作为一个相对集中的人类聚落，城镇体现并塑造着城乡的分野与结合，同时呈现出较之乡村更丰富的多元性。这种多元性体现在多个方面，既有城镇空间的多元分异，也有城镇功能的差异体现，以及人群的多源性与社会文化的多样性。这种多元性的形成，主要有内在发生与外在

---

[1] David Harvey. *The Social Justice and the City*. Oxford：Blackwell，1988，p. 23.

聚合两种机制：从内在发生机制来看，这一多元性是城镇内较初级社会分工的结果，这种分工所形成的异质性呈现为多元性；从外在聚合机制来看，城镇的多元性来自不同人群、技术、观念等在城镇的集合与混杂，它增加了城镇内在的多元性。事实上，这种内在与外在机制是相互联系在一起的，因为一个城镇的形成与发展很大程度上是以更大的区域社会为基础的，是区域甚至跨区域经济社会发展的结果与表现。在这样的基础上，内外机制才能各自发生并形成一种合力以推进城镇的发展。但在最基础的意义上，城镇发展是不同人群集聚的结果。正是不同人群的集聚与繁衍，以及在城镇空间内展开的各种形式的互动交往，才使得城镇的功能得以分化、城镇空间得以扩展、城镇文化得以培育。而对于藏彝走廊的城镇而言，这种集聚及其形成的多元性正意味着以多民族文化表现出来的多样性。

藏彝走廊作为一个多民族频繁流动与密切交往的区域，呈现出鲜明的民族多元性与文化多样性的特征。这有其地理与生态基础，在横向上，藏彝走廊内部的多个文化区呈现为区域性差异[①]，而在纵向空间上则呈现为垂直海拔上的生态与文化区分。这些多样性交织、汇集在城镇，使得城镇成为一个集中体现民族与文化多样性的空间。总览藏彝走廊区域的城镇，没有一个不是多民族混杂分布，从而使藏彝走廊的城镇成为多民族关系互动展开的空间与多元文化交流的载体。

今天藏彝走廊城镇内的多民族及文化多样性，在城镇的空间格局、经济形态、文化景观、文化习俗等方面有着鲜明体现。以藏彝走廊的中心城镇康定为例，康定人口以藏族为主，另有十余个其他民族长期聚居，在宗教上以藏传佛教为主，其他宗教并存发展[②]。这一民族与宗教的多元分布，在城镇的空间格局与文化景观上有鲜明体现。康定有四座藏传佛教寺庙，分别是安觉寺、金刚寺、南无寺、观音阁，另有清真寺、天主堂、基督堂各一座。而且，这一多元共生性还体现在对同一事物，不同人群基于自身文化传统有着差异性解读。诸如打箭炉地名的来源，打箭炉是藏语"Dar-rtse-mdo"（打折多）

[①] 石硕：《关于藏彝走廊的民族与文化格局——试论藏彝走廊的文化分区》，《西南民族大学学报（人文社会科学版）》，2010年第12期。
[②] 参见四川省康定县志编纂委员会编纂：《康定县志》，四川辞书出版社，1995年，第76、441页。

的音译，打折多是"打曲"（雅拉河）与"折曲"（折多河）交汇之意，而汉人将其理解为诸葛亮遣人造箭之地。再如，在康定，汉族语境中的"郭达"将军与当地藏族人所供奉的山神"噶达"是同一所指，而汉人所谓的"郭达将军庙"即是当地藏人祭祀山神的"噶达拉康"（mgar ba lha kang）①。这种在特定情境下的文化表达，呈现了观念及文化上的多样性。

藏彝走廊内的城镇及其文化多样性，其形成与发展有一个历史的过程，也是多重动力作用的结果。关于传统中国城镇类型，费孝通先生认为主要有两种：一为城镇即"驻防镇"，一为集镇。前者筑有城墙，内有衙门与驻军，是区域内的一个行政中心；后者没有城墙，内有商店和作坊，是区域内的一个经济中心②。这实际上指出了城镇形成与发展的两种类型。施坚雅进一步指出，城镇作为"人为"行政中心，其组织的社会空间体系是由一套行政等级体系所决定的，集镇作为"自然"经济中心，其组织的社会空间体系是由一套市场等级体系所决定③。虽然两人都对传统城镇的形成与发展进行了类型化区分，事实上城镇很少有单一起源，而是在行政、军事与贸易相结合并推动城镇的功能不断完善的基础上发展而来。"'藏彝走廊'上的城镇，有着深厚的根基，有的出现于社会共同体之间的交换和互动的'自然过程'中，有的则形成于朝廷和地方政权对'边疆'进行的军事、政治、经济统治的'人为规划'中。在诸城镇形态中，历史上帝国设置的军镇（如卫所之城）、茶马互市的古镇及起'间接统治'作用的土司之城，居突出地位。"④ 但从根本上，人群的聚集与互动是城镇形成与发展最具能动性的要素，正是人的群体性需要并发展出多种形态的互动方式，才使得城镇以相对集中的聚落发展起来。对于藏彝走廊的城镇，则要充分考量文化的重要影响。因为集聚在城镇的这些人群往往是不同文化背景的族群，有着殊异的文化行为逻辑，这些族群之间的互动也深刻地形塑着城镇的形态、景观及特征。这样，藏彝走廊的城镇

---

① "噶达"（mgar ba）是山神的名称，"拉康"（lha kang）是指某一场所。所引内容参见石硕、邹立波：《"打箭炉"：汉藏交融下的地名、传说与信仰》，《思想战线》，2019年第3期。
② 费孝通：《中国士绅：城乡关系论集》，生活·读书·新知三联书店，2021年，第72—82页。
③〔美〕施坚雅：《中国农村的市场和社会结构》，史建云等译，中国社会科学出版社，1998年，第7—11页。
④ 王铭铭、翟淑平：《松潘、巴塘、中甸——记三个西部城镇的研究》，《西北民族研究》，2017年第2期。

就自然而然地发展为多民族互动的空间。这种多民族人群互动与城镇的形成与发展就呈现为一种互构关系。但是受特殊地缘地位、地理环境与社会文化等因素的影响，藏彝走廊城镇的形成与发展又表现出自身的特殊性。

从城镇的整体布局与体系来看，藏彝走廊的城镇受到地理环境的深刻影响而呈现出特定形态。藏彝走廊的城镇往往是在地域狭隘的谷地，呈现为狭长的形态，且主要分布在道路沿线。藏彝走廊岭谷相间、高差极大的地理空间特征，建立了以"沟"为代表的文化生态单元，具有相对的封闭性，易于形成"多民族共居和文化相互影响交融的特质"[1]，当地人群的聚居与交流也是基于这样的地理与生态单元。但是，这样的地理与生态单元并没有形成城镇的强大经济动力，城镇发展需要来自外部力量的推动，而这一推动力的空间载体则是保障其资源与人口可以进入的道路体系。历史地看，藏彝走廊的城镇随着清朝时期由川入藏道路的开通而兴起与发展，并且随着道路状况的改善而不断扩大规模。藏彝走廊的城镇，主要分布在内地与西藏之间东西向的道路沿线，其空间形态表现为以道路为依托的带状体系。

藏彝走廊这种地形地理深刻规制着不同人群流动与交往的空间取向。在早期，藏彝走廊的民族流动主要是南北向，到了清朝时期川藏通道开通之后，大量的汉人开始沿着川藏通道进入藏彝走廊区域，回族也前往藏彝走廊地区的城镇展开贸易活动，使得城镇的发展开始具备人群基础与经济条件。这些不仅很大程度上塑造着藏彝走廊城镇及城镇体系的特征，而且藏彝走廊中间地带的地位以及深受内外两侧区域的影响，也使得藏彝走廊的城镇呈现出一种文化复合性的特征。总体来看，藏彝走廊的城镇，受到多重因素的制约与要素的影响，呈现为突出的地域性特征。表现如下：

其一，藏彝走廊城镇具有外源性与流动性。不同于一般意义上的"先市后城"的发展路径，藏彝走廊虽然在早期有茶马贸易等发展出来的集镇，但并没有形成稳定的定居人群，真正使其发展为具有相对规模城镇的是中央王朝的军事与政治行动。因此，藏彝走廊城镇的历史形成是以外部力量为主要

---

[1] 石硕、李锦、邹立波等：《交融与互动——藏彝走廊的民族历史与文化》，四川人民出版社，2014年，第32页。

推动力的。这种发展动力的外源性，使得藏彝走廊的城镇表现出时空上的特殊性：在空间上以道路沿线为主要分布区域，城镇体系呈现为线性的节点性形态，在时间上则受到外部力量的影响而呈现为阶段性的兴衰。内地与西藏之间的人员、物资与观念的流动等，共同塑造着藏彝走廊城镇的形态以及其内部之间的联系。

其二，城镇具有鲜明的节点性，层级体系不明显。藏彝走廊的地理环境及道路形态决定了城镇往往分布在道路沿线，城镇就是道路沿线的一个个节点，每一个城镇所辐射的范围往往是这一节点附近的区域。由于历史上的军事行动与行政建制，城镇也成为一个外部力量与相邻人群互动交流的空间。同时，城镇体系的线状空间分布，也决定了城镇之间存在差异，但在结构与功能上相似，这样城镇间就难以产生分化并形成等级分明的层级体系。

其三，受东南西北各个方向的多重影响，城镇呈现为鲜明的文化复合性特征。藏彝走廊总体上是处在一个地理、生态、政治与社会文化的过渡地带，其在历史上就是多民族互动交往的区域，南北与东西方向的互动使得多种文化都在此汇集并交互。城镇的兴起与发展受到多重的影响。随着贸易的发展，内地汉人陆续进入，与自唐代以来吐蕃东扩所形成的族群与文化碰撞并交流，以城镇为载体形成了多元文化互动的空间，使得藏彝走廊的城镇表现出鲜明的文化复合特征。在这些城镇，可以看到藏传佛教寺院、汉人关帝庙城隍庙与穆斯林清真寺并存一地，习俗之间相互借鉴。而且，多民族与多文化相互交流借鉴的历史塑造了区域性的文化基因，使得文化的复合性即使在当前依然有其强大的生命力。

总的来说，藏彝走廊的城镇是多民族族际互动的产物。藏彝走廊历史上的军事活动、商业贸易、宗教传播等都是在多民族互动交往中进行的，这些人群以城镇为空间载体展开活动，并在此过程中推动着城镇的空间扩展、功能分化、景观塑造、文化融合，从而使得藏彝走廊城镇有着颇具特色的景观与丰富多彩的文化。

二、军事政治活动中的多民族流动与藏彝走廊城镇空间的初设

历史地看,藏彝走廊地带很早就有人类活动且形成了一些聚落,在新石器时代人类活动遗迹已相当丰富,藏彝走廊北部的澜沧江上游和川西高原的大渡河上游、岷江上游一带形成了一些较稳定和规模较大的居住聚落[1]。多民族间的频繁流动与交往,也在不同时期形成了较大的聚落,例如唐朝时期中央政权、南诏与吐蕃的军事拉锯,各方修筑了建昌城、香城、诺济城、龙么城、大隆城、新安城、保塞城、如龙纳城、葛鲁城、麻龙城、亦一龙城、芙笼城、归依城、龙泥城、乌弄城等[2]。但是真正在整体上具有城镇形态与意义是在清朝时期。除了藏彝走廊东部边缘的,中央王朝与地方政权之间展开军事战争时所设置的军镇如松潘等,得到延续发展,大部分的聚落并没有发展成为城镇。这实际上与藏彝走廊的族群流动及其生计方式有着密切关系。诸如,湟水流域在西汉之前就形成了一定的聚落,但是随后生产方式从定居农业转向游牧业,畜牧业经济的分散性、流动性打破了定居生活这个原始聚落存在的基础,其结果必然是原始聚落的消失。

从城镇形成的类型来看,藏彝走廊的城镇有茶马贸易沿途的商品集散地、军事要塞、宗教中心、土司驻地与交通要道等基础上发展起来的城镇[3],但现实中一个城镇的形成往往融合了多种类型。在这些城镇类型中,作为军事重地的城镇具有十分重要的地位。在中国历史上的疆域空间结构中,藏彝走廊具有重要地位,不仅因其处在农耕与游牧的结合区域,更在于其战略重要性,掌握了这一区域就意味着在双边的政治与军事角逐中占据了优势。因此,在军事与政治上控制这一区域并建立军事重镇就成为必然选择。在军事重镇基础上所形成的城镇,其发展主要呈现为两个方面:其一,在空间上表现为防御性城池的建立。城镇的城墙修筑,在一定程度上圈定了城镇的空间形态。

---

[1] 石硕、李锦、邹立波等:《交融与互动——藏彝走廊的民族历史与文化》,四川人民出版社,2014年,第61页。
[2] 蒋彬、白珍:《四川藏区城镇化进程初探》,《西南民族大学学报(人文社会科学版)》,2004年第12期。
[3] 蒋彬:《四川藏区城镇化与文化变迁——以德格县更庆镇为个案》,巴蜀书社,2005年,第77—82页。

城墙的修建有着战争防御的目标，但是在藏彝走廊的地形条件下难以实现，更多呈现为内外观念与秩序，这一方面区分了城墙内外人群的化内化外，另一方面使得这一空间成为多民族互动展开的场域。其二，在人群上表现为汉族、回族多民族民众的进入。汉族士兵等进入藏彝走廊，在城镇驻守，不可避免地与周边民众展开互动，并且很大一部分就此定居下来，成为在藏彝走廊城镇定居的内地人群。这样，在军事防御的总体安排下，内地文化也得以传播，在此基础上多民族之间的互动也越来越频繁。

历史地看，军事行动所推动的藏彝走廊城镇发展，主要有两个阶段：其一，清朝前期在向西藏的军事行动中对藏彝走廊的经营，其中开通川藏通道过程中设置的塘汛与粮台，可以视为藏彝走廊军事型城镇形成与发展的萌芽；其二，晚清民初时期，中央政府经营康区以及在康藏纠纷过程中发生的军事战争，也推动了藏彝走廊城镇的人群集聚与城镇发展。

从藏彝走廊地带城镇发展的历史来看，其真正兴起并发展是在清朝时期，这与清朝对西藏及康区、安多地区的军事活动与治理密切相关，特别是川藏道路的开通及其沿线塘汛与粮台的设置，使得藏彝走廊城镇的发展既有了节点上的聚集又有了外部道路的联通，从而具备了内聚外联的发展条件。清朝在处理蒙藏关系时，发现西藏在其中的核心地位，开始着力经营西藏，并将康区也就是藏彝走廊的主体区域作为治理西藏的前沿与依托。在这一过程中，清朝经四川向西藏进兵，并开拓了由川、滇入藏的通道。为了保障由川入藏道路的通畅，清朝在道路沿线及重要隘口设置塘汛与粮台。"塘的主要职能是传递信息，与驿、台、站、铺同属驿传系统"[1]，使得军情政令畅通无阻，塘也兼具防守作用，与汛防有着密切的联系。自"西炉之役"控制了打箭炉之后，清朝就开始了经康区进军西藏的行动，特别是在"驱准保藏"行动中，探索开拓了从打箭炉入藏的道路，并设置塘汛传递消息、加强防守。与塘汛设置相伴随的则是粮台，清朝在经康区进军西藏时，设立粮台以支应差役，在川藏大道南线打箭炉、理塘、巴塘、察木多、拉里、拉萨等地设置六座粮

---

[1] 黄辛建：《川西地区在西藏对外经济往来中的作用》，载禹羌文化研究编委会：《禹羌文化研究》第 1 辑，民族出版社，2017 年，第 223 页。

台。粮台主要是为了保障军队的粮食等后勤补给，往往设置在人口密集、交通便利的地区，因此得以保留并发展起来。"塘汛和粮台制度的完备使四川在日后不同于青海、云南两地，成为清朝经营西藏的主要后方基地"①，同时，正是塘汛和粮台的设置使得藏彝走廊地带的城镇具备了发展的空间基础。

但城镇的空间形态特别是城墙的建设，在塘汛与粮台阶段并没有很大的发展。事实上，粮台与塘汛往往设置于土司官寨之中，并没有设专门的场所。真正促使藏彝走廊地带城镇得到发展并体系化的，是这些塘汛与粮台设置中所带来的人群聚居与经济互动。清朝在经营康区时，"建立了众多军事政治城堡，从而具有'城'之形式，但这些为控制与防御而建立的'城'要成为市镇"②，则需要贸易支持，这意味着人群的聚居与交流。在战争结束之后，为了继续保障由康入藏道路的通畅，以汉人为主的士兵就此定居下来。"清代设粮台于南路各镇，置戍守之。粮台戍卒，皆非行化之官，而沿途番民，则多已汉化"；"承平之世，藏境宁谧，官弁员丁，静居无事，多娶番妇；营生业，或设商店，或垦荒土；渐次兴家立业，繁衍子孙。三年瓜代，乐此不归者甚多。大凡康藏大道沿线汉民，十分之九，皆军台丁吏之遗裔也"③。"随着汉人官兵驻防带来安全保障，内地的汉商、官员及其随从、夫役、船工、流民、矿工、土司雇募的汉人文书、通事等各类身份的汉人也纷纭而至，汉人开始呈点线状分布于川藏线沿途，其中尤以汉商居多。"④ 在这样的汉藏民族互动中，更多人在藏彝走廊区域原来的塘汛和粮台之地聚居，也就沿着清朝所开拓的道路展开贸易，而此前的塘汛和粮台也成为汉藏贸易的重要节点。有学者就指出，"四川藏区的第一批集镇，绝大多数是依附商道而兴起，依靠商道而发展。川藏线开拓前，今甘孜地区，没有集镇可言。随茶马贸易的开展，川藏线的产生，历代中央政府驿站、兵站、粮站设置的增多，集镇也开始出现"⑤。

到了清末民国时期，更多的内地汉人与回族进入藏彝走廊，而藏族等人

---

① 参见赵心愚：《清康熙雍正时期川藏道汛塘与粮台的设置及其特点》，《民族研究》，2019年第2期。
② 胡铁球：《明清歇家研究》，上海古籍出版社，2015年，第148页。
③ 任乃强：《西康图经》，西藏古籍出版社，2000年，第435页。
④ 石硕：《藏彝走廊历史上的民族流动》，《民族研究》，2014年第1期。
⑤ 欧泽高、冉光荣：《四川藏区的开发之路》，四川人民出版社，2000年，第181—182页。

群外出到内地也逐渐增多，民族间的互动与交融更加深入。赵尔丰在川边实行改土归流后，于打箭炉设置"兵垦""民垦"，又招来商人、匠人、金夫，于是又一批军政人员及各职业的人群进入康定各地居住①。而在西康建省时期，前往藏彝走廊地带的汉族、回族更多。在巴塘，到民国十七年（1928年），汉族移民就达 180 多户、900 多人，民国二十九年（1940 年），巴塘驻军就达 1700 多人②。而回族，到光绪末年，在巴塘已达 20 多家③。整体来看，在清末以后特别是民国时期，藏彝走廊地带的汉人更多，据统计至民国三十年（1941 年），"汉人侨居西康者，有行商垦夫，以及军人于此安家者，竟有四万五千户有奇"④。汉人向藏彝走廊的迁入，实际上是更大历史进程的一部分，伴随着清朝治藏、西康建省等政治与军事活动，这些活动在推动人群流动的同时，也在空间形态上对藏彝走廊进行重塑，突出的就是城镇修筑及行政网络的建立。

在军事重镇基础上形成城镇主要是在清朝时期，这是由于清朝进军西藏与经营康区中汉人的进入与耕地的开辟。这并不是说藏彝走廊原来的军事重镇没有形成人群聚集，而是因军事局势变化而功能消失，但更多是因为藏彝走廊在清朝之前很大程度上受到地方游牧政权的支配，难以形成稳定的人群聚居，也难以发展出支撑城镇发展的经济基础。而清朝在对西藏用兵的过程中，沿途驻守的主要是汉人士兵，并且围绕军镇而展开的粮食补给与商业贸易也主要在汉族与回族群体中进行，此后的屯兵与垦殖也是以汉人为主。这样，才使得城镇在具备军事功能的同时也有了维持发展的经济基础。其后的历史进程，则不同程度地强化着城镇的地位，使得城镇在政治上成为治理的依托，并吸引着多民族人群的汇聚与交融，不仅如此，汉藏通婚开始出现，"特别是在汉人相对集中的城镇如康定、巴塘、昌都、炉霍、道孚等地与康区南北两路沿线"⑤，城镇成为多民族互动的空间，并因此获得了丰富的多元文化特征。

---

① 参见康定民族师专编写组：《甘孜藏族自治州民族志》，当代中国出版社，1994 年，第 194 页。
② 黄德权：《巴塘汉族的由来与发展》，《巴塘志苑》，巴塘县地方志办公室，2001 年，第 64 页。
③ 四川省巴塘县志编纂委员会编纂：《巴塘县志》，四川民族出版社，1993 年，第 107 页。
④ 吴丰培：《赵尔丰川边奏牍》，四川民族出版社，1984 年，第 145 页。
⑤ 邹立波：《清代至民国时期康区的汉藏通婚研究》，《藏学学刊》，2009 年第 5 辑。

三、贸易推动的多民族互动与藏彝走廊城镇发展

清代之前，藏彝走廊的聚落几乎没有具备城镇形态，诸如后来发展成为藏彝走廊城镇体系中心的康定，在明代时期仅有住民十余户。但这并不意味着这个地带没有外来人群的进入，实际上藏彝走廊在历史上是民族流动十分频繁的地带，只是以游牧生计为主，并不易于发展成为具有一定规模的城镇。虽然唐宋茶马互市时期也有汉人的进入，但是"汉商不甚发达，类多为小商贩式，其活动范围亦殊有限"①，贸易基本集中在边贸的榷场和茶马司所在地，无法向高山和草原深处推进。在宋代茶马贸易发展的情形下，一些互市口岸性质的集镇兴起与发展起来，但主要是集中在藏彝走廊东缘的大渡河以东和岷江流域，如今泸定县境内的岚安乡、今松潘县的进安镇等。这些集镇具有一定的季节性，随着茶马贸易的起伏而兴衰。只有内地与康藏地区展开大规模的贸易互动，城镇才会获得较大的发展。藏彝走廊城镇真正兴起并发展是在清朝时期，这与清朝对西藏及康区、安多地区的军事活动与治理经营密切相关，特别是川藏道路的开通及其沿线塘汛与粮台的设置，使藏彝走廊城镇的发展既有了节点上的聚集又有了外部道路的联通。这样，藏彝走廊的城镇就有了空间与建制基础。明末清初，打箭炉开始出现汉藏贸易总会，川藏茶道上的炉霍、甘孜、理塘、巴塘等城镇商贾日益增加，这也推动着大规模的人群互动，为城镇的发展增加了经济活力与社会内涵。

以打箭炉为例，康熙三十九年（1700年），"西炉之役"之后，清朝即开始直接统治打箭炉一带，康熙四十一年（1702）正月，清朝"命喇嘛达木巴色尔济、郎中舒图、员外郎铁图等往打箭炉地方，监督贸易"②，在打箭炉区域设置榷关，征收商税，以保障对打箭炉贸易的控制③。此后，"炉地旧无城垣，国朝既定藏番，设立文武衙署、仓库税关，雍正八年始建东、南、北三

---

① 刘君：《康区近代商业初析》，《中国藏学》，1990年第3期。
② 《清实录·圣祖实录》卷二○七，康熙四十一年正月丙午条。
③ 田茂旺：《清代打箭炉榷关的设置与管理制度的变化》，《中央民族大学学报（哲学社会科学版）》，2019年第2期。

门。各筑城垣数十丈，以资闭"①。城防建设与机构设置不但自身形成了经济需求，而且带动了其他行业的兴起，人口不断聚集，四川、陕西、云南及西藏等地的商人云集于此，打箭炉很快成为"汉夷杂处，入藏必经之地，百货完备，商务称盛"②，并且发展出"锅庄"这一具有鲜明特色的贸易形式，城镇规模也不断扩大。到光绪时，打箭炉"人烟辐辏，市亦繁华，凡珠宝等物，为中国本部所无者，每于此地见之"③。据记载，1929年左右，居住在康定从事商业的汉藏商人达4200余人，到了1939年西康建省，康定成为省会所在地，"城里老陕街、蜂窝街之间，商业最盛，共有1860户，1.57万人，其中商业人口占十分之六"④。清朝末期，在藏彝走廊的回族已达2000余人，并逐步在炉城镇银盘街形成聚居⑤。清末民国时期，康定的贸易虽然受到波折，但总体上依然发挥着汉藏贸易中心的地位。事实上，"康定的城镇发展是集合了多重因素，商贸口岸、土司驻地、军事要地与寺庙所在地"⑥，军事、政治、经济、宗教的集合发展带来了不同的人群，使其成为一个多方联系的重要节点，城镇发展在整个藏彝走廊也成规模。

再如松潘。松潘处在游牧与农耕的过渡地带，交汇着唐蕃古道与南北丝绸之路，由于其贯通南北、联结东西的地理位置，成为重要的商贸物资的集散地。"番人嗜乳酪，不得茶，则困亦病"⑦，茶叶自唐代时传入松潘及周边的川甘青地区，就成为藏族的生活必需品，松潘的茶马互市也自此开始。宋朝时期专门设立茶马司，松潘为茶马市场，到了明朝松潘茶马互市空前兴盛，"行茶之地五千余里，西番诸部落无不以马售者"⑧。松潘是"西路边茶"的重要节点，从四川都江堰，沿岷江而上，经过阿坝，到达松潘，"以松潘为集散市场"，行销区域包括四川北部之草地区域，青海东南部同德以南、玉树以东

---

① 乾隆《打箭炉厅志略》"城垣"条，抄本。
② 徐珂：《打箭炉商务》，《清稗类钞》第17册，中华书局，1984年，第2336页。
③ 徐珂：《打箭炉商务》，《清稗类钞》第17册，中华书局，1984年，第2336页。
④ 康定民族师专编写组编纂：《甘孜藏族自治州民族志》，当代中国出版社，1994年，第261页。
⑤ 康定民族师专编写组编纂：《甘孜藏族自治州民族志》，当代中国出版社，1994年，第261页。
⑥ 蒋彬、白珍：《四川藏区城镇化进程初探》，《西南民族大学学报（人文社会科学版）》，2004年第12期。
⑦ 张廷玉等：《明史》卷八十《志》第五十六，食货四，茶法，中华书局，1974年，第1947页。
⑧ 转引自马勇：《松州商贸的历史考察》，《西北民族研究》，2004年第2期。

及甘肃西南部的岷县、临潭、夏河一带①。明朝时期茶马互市达到了空前兴盛，松潘城内就有"填不满，搬不空"之说。"梯商航客，结队往来，与黄河青海一带吐蕃交易，俨然一大商埠。"② 清乾隆年间，边茶贸易取代茶马互市成为沟通内地与边疆经济的重要形式。边茶贸易由官营变为商营，而且除了茶叶与马匹，其他多种生产生活资料如边疆民众需要的丝绸、布料、铁器以及所产出的皮革、黄金以及虫草、贝母等珍贵药材也进入市场，商品种类大幅增加，从而催生了空前广泛的民间自由贸易。松潘城镇的功能也在不断变化。因朝廷经营西北，驻防屯兵，明清以前，松潘是重要的军事筹边重镇。随着茶马贸易的盛行，至明清时期，松潘城除了是重要的军事重镇，还是重要的贸易场所。随着茶马贸易的不断深入，松潘的商品经营范围不断扩大，成为商家云集之地，极大促进了松潘城镇的发展。在民国时期，"松潘城内有大、小坐商100余户，流动行商及商贩1200余家，资金最多的丰盛合茶号约有银40万两，其余的30万，20万不等"③。在松潘，北街设有专供陕西商人住宿的陕西馆；中街是饮食、屠宰业，冬季每天要宰杀牦牛、羊各数十只；南街是中小商店、旅店的集中地，经营烟酒糖、日用百货、杂货、烟馆、赌场、轿，另外，背、挑、抬力的劳动者也都集中于此，形成喧嚣不息的"闹市"④。这些来自各地的商贩集聚发展出来的商业及延伸出来的服务行业，使得松潘呈现繁荣的局面，城镇建设也呈现出新的面貌，"在松潘城的北街专门修建有几十间四合大院的陕西馆，主要用于接待陕西商人；在中街主要是饭食和屠宰等服务行业；南街是中小商店、旅店的集市地区，是为背、挑运输的劳动者提供食宿之处"⑤。

与康定和松潘类似，藏彝走廊的其他城镇也是在清朝前期塘汛设置的基

---

① 陶德臣：《清代民国时期中国西南地区茶叶集散市场》，载四川省社会科学院民族与宗教研究所、中共松潘县委员会、松潘县人民政府编：《松潘历史文化研究文集》，四川人民出版社，2014年，第228页。
② 《民国松潘县志》，载《中国地方志集成·四川府县志辑》(66)，巴蜀书社，1992年，序。
③ 陈泛舟：《民国时期甘、青、川三省边境的汉藏贸易》，《西南民族大学学报（人文社会科学版）》，1990年第6期。
④ 陈泛舟：《民国时期甘、青、川三省边境的汉藏贸易》，《西南民族大学学报（人文社会科学版）》，1990年第6期。
⑤ 陈泛舟：《民国时期甘、青、川三省边境的汉藏贸易》，《西南民族大学学报（人文社会科学版）》，1990年第6期。

础上形成雏形，随着不同民族人群在这些节点上聚集并展开贸易而不断发展起来，最终形成了在藏彝走廊中具有中心节点地位的城镇。由于军事政治的安排与贸易的联系，这些城镇形成了一定的城镇体系。诸如巴塘，"地处汉藏文明的交汇地带，其城镇史一方面源自文明交互下的政治、军事逻辑，另一方面也具体地由民间社会的贸易、通婚等文化事项形塑"①。

总体来看，与军事政治活动所推动的人群聚居与城镇形态变化不同，贸易作为一种连续不断的活动，更是推动着多民族各种身份的人群在藏彝走廊的城镇停留、定居、交往与融合，不仅为藏彝走廊城镇的发展提供了源源不断的动力，而且塑造了城镇社会的多元文化，使城镇呈现出一种文化多元交融的景观。

四、行政建制推动的多民族流动与藏彝走廊城镇发展

受地理、人口与经济发展的制约，藏彝走廊城镇的兴起往往由行政力量推动，并且随着行政建制的变化而有着较大的起伏变动。成规模的城镇基本都是州、县治地。就人口来说，行政建制不仅意味着机构及运行需要有众多的工作人员，而且吸引着多民族人群向城镇集聚。"城市的行政等级高低和行政管辖区域的大小在很大程度上决定着城市的发展速度、规模和潜力"②，行政力量推动或吸引各种经济社会要素向城镇的集聚，以及人口向城镇的集中。行政建制推动的多民族流动促进城镇的发展，这一规律在历史上发挥了重要作用。城镇的发展是一个逐渐孕育的过程，在行政建制还不够完善的时候，藏彝走廊的城镇发展呈现为从聚落到堡寨的形态，随着土司制度的形成，土司驻地就成为城镇空间的雏形。在土司制度下，土司所在地就成为政治、经济的中心，有一部分城镇就是从土司驻地发展起来的，如德格县的更庆镇、巴塘县的夏邛镇、理塘县的高城镇等。从城镇发展史的角度来看，藏彝走廊

---

① 翟淑平：《漂泊到融合——从巴塘关帝庙看汉藏互动下的身份认同》，《西南边疆民族研究》，2018年第2期。
② 何一民、刘杨、何永之：《从边缘到中心：晚清民国西康行政地位变化对城市发展的影响》，《西南民族大学学报（人文社会科学版）》，2016年第8期。

的城镇与行政建制有着密切的关系，其中关键的节点有三个历史时期。

第一，清朝时期改土归流并设置县治，奠定了城镇的空间与行政基础。清朝前期在经营西藏的过程中，就对藏彝走廊地区加强了管理，除了设置塘汛粮台、发展贸易，还建立了行政建制。总体来看，经历了一个从设置土司到改土归流再到建立县治的过程。清前期藏彝走廊基本为土司领地，土司施行着实际的统治，同时，清朝也采取措施加强统治。康熙三十九年（1700年），"西炉之役"后，清朝为稳定打箭炉周围的局势，在大渡河流域及雅砻江以东共设置大小土司55员，其中包括正、副安抚司六员，土千户一员以及土百户四十八员，由明正土司管辖。雍正七年（1729年），在康北地区设立大小土司65员[①]，并置打箭炉厅，明正土司也进驻炉城，在此背景下，大量汉人进入城镇，打箭炉初具城镇规模，成为汉藏商贸物资集散中心。在清末内外危机的情形下，清朝开始改土归流以加强对康区的直接统治。赵尔丰主政川边时期，提出要"力主改康地为行省，改土归流，设置郡县，以丹达为界，扩充疆宇，以保西陲"[②]，经过川边新政，"所收边地，东西三千余里，南北四千余里，设治者三十余区，而西康建省之规模粗具"[③]，基本上完成了对藏彝走廊的建制变革。行政建制的变革，伴随着政府机构的设置，极大促进了藏彝走廊城镇的发展，这是因为"西康的市镇往往是在承载了政治功能后，才带动其商业、文化、居住等功能的全面发展"[④]。川边改土归流后，"打箭炉安置'兵垦'、'民垦'，又招来商人、匠人、金夫，于是又有一批军政人员及垦民、商人、匠人、金夫进入康定各地居住"[⑤]。康定行政机构的建立，形成了巨大的吸引力，学校、教堂、医院、商业等纷纷建立起来，并且吸引着各行各业多民族人群的集聚。这些人群的互动共同塑造着康定城镇的景观与文化风貌。在巴塘，雍正七年（1729年），清政府置巴塘宣抚司，光绪三十四年（1908年），赵尔丰"改土归流"，设巴安县，为巴塘县治之始。赵尔丰积极开展经营，招民领垦、发展经济、整治交通、兴办教育等，大批汉族军政人员、

[①] 乾隆《雅州府志》卷十一《土司》，台北成文出版社，1960年，第285页。
[②] 冯有志：《西康史拾遗》，巴蜀书社，2013年，第9页。
[③] 吴丰培：《赵尔丰川边奏牍》，四川民族出版社，1984年，第8页。
[④] 辛宇玲：《西康建省研究》，中央民族大学硕士学位论文，2006年。
[⑤] 康定民族师专编写组编纂：《甘孜藏族自治州民族志》，当代中国出版社，1994年，第194页。

文人、工匠、商人、垦夫、士兵云集巴塘①，巴塘人口迅速由数百户增至一千余户，几乎成为西康第一都会，各民族间互动交往频繁，形成了汉藏混杂的景观与"多元融合"的文化格局。而在松潘，雍正七年（1729年），裁卫设松潘抚民直隶厅。雍正九年（1731年），改置松潘厅，乾隆二十五年（1760年）升为松潘直隶厅②，这实际是建立了营汛驻防体制，这种驻防体系实际上成为民族地区行政管理体制建立及完善的基础与保障。这种建制使得松潘城镇成为城内驻守汉人士兵、回汉商人与城外藏羌等民族互动得以展开的空间，而这种人群聚居、贸易互动等也塑造着松潘的城镇面貌。

第二，民国时期的藏彝走廊地带城镇建设主要是由西康建省推动的。西康建省推动了整个藏彝走廊成为独立的省级行政区，使其在大后方诸省中占有重要地位，从而使得藏彝走廊区域的政治、经济、文化地理位置都发生了根本性的变化。西康建省延续了赵尔丰改土归流、川边特别区域的脉络，旨在以设省治县加强对藏彝走廊区域的管理。作为较大区域的行政建制，西康建省更是以系统性的机构设置及其延伸性影响促进了藏彝走廊城镇的发展。1913年，中央政府改西康为川边，设置县治，共20县。各县设知事一人，其他公务人员若干，一批汉族官员、公务人员进入各县。以康定为例，西康建省过程中，康定被设为省署，省一级的党、政、军等各类机关汇集于此，如"四川省财政厅分厅、西康屯垦署、民政总务处、川康边防指挥部、西康政务委员会、西康督察专员公署、建省委员会等"③。在空间布局上，"旧军粮户衙门，在市西，西康政务委员会与财务统筹处衙门……故明正土司衙门，在府署东，为一小城，现设团务图书馆与西康农事实验场于此……故南关内，民初为川边镇守使署，现为驻防旅部"④。康定成为西康省省会后，城镇得到快速发展。首先，人口出现快速增长，多民族人群在康定聚集。党政机关的设立带动大批内地人口迁居康定，与此同时吸引着更多民众前往，人口的构成结构发生重要变化，汉人的数量增加，外来党、政、军人员及家属成为康定

---

① 康定民族师专编写组编纂：《甘孜藏族自治州民族志》，当代中国出版社，1994年，第199页。
② 四川省阿坝藏族羌族自治州松潘县志编纂委员会编：《松潘县志》，民族出版社，1999年，第13—14页。
③ 何一民、刘杨、何永之：《从边缘到中心：晚清民国西康行政地位变化对城市发展的影响》，《西南民族大学学报（人文社会科学版）》，2016年第8期。
④ 任乃强：《西康图经》，西藏古籍出版社，2002年，第72页。

人口的重要组成部分①。民国时期，时人对巴塘的汉人之多形象地描述道："巴安治城汉籍之民，约十之六强，故康人呼巴安曰'汉人城'，示人特多之谓。"② 其次，城镇建设快速推进，空间与风貌变化明显。西康建省后，就开始对康定城区展开改造，修筑道路桥梁、扩建城区、修建房屋等，城镇面貌变化巨大。此外，城镇的发展也带来了工业、商业的繁荣与文化的发展，先后创办了洗毛、毛织、制革、酒精、机械、造纸、化工材料等七家工厂，银行业也发展起来③。可见，西康建省这一重大的行政变革，对康定的城镇发展起到了重要推动作用，其中最重要的是多民族人群进入并展开互动，使得城镇的发展有了源源不断的动力。巴塘城镇在民国时期也得到发展。民国元年（1912年），为了抵御藏军，联结民房、筑以墙壁、构以垛堞，四角连碉楼，以构建巴塘（巴安）城墙，并设城门六座④。而在人群上，"官员、商户、士兵、机关与'土民'共处一城，汉民、回民、藏民甚至西方传教士所建的社区，都处在相互关联之中"⑤，多个族群与职业的人群在巴塘展开密切的互动，"'巴塘城'的文化复合性和'巴塘人'的身份认同也在'内外、上下、前后关系'中逐渐形成"⑥。在西康建省的推动下，藏彝走廊的城镇得到发展，并形成了具有一定行政层级关系的城镇体系。

第三，新中国成立后的行政建制与城镇发展。新中国成立后，中央政府积极开展藏彝走廊等民族地区的解放与政权建设工作，一方面派遣汉族干部前往藏彝走廊开展革命与政权建设工作，另一方面吸收当地的民族与宗教上层人士积极支持并参与到政权建设中，这样就使得汉族、藏族及其他少数民族在城镇中集中起来。在政权建设中，汉族干部发挥了重要作用。其中在党委系统，1950年成立的中共康定地委，7名委员中6人为汉族干部；1957年1月1日，中共康定地委改称中共甘孜藏族自治州委员会，17名成员中13人为

---

① 四川省康定县志编纂委员会：《康定县志》，四川辞书出版社，1995年，第73页。
② 毅公：《汉籍巴人与政府改进康省之责任关系》，《戍声周报》，1938年第65期。
③ 张践：《抗战时期西康经济建设述论》，《贵州社会科学》，2009年第3期。
④ 四川省巴塘县志编纂委员会：《巴塘志》，四川民族出版社，1993年，第61页。
⑤ 翟淑平：《漂泊到融合——从巴塘关帝庙看汉藏互动下的身份认同》，《西南边疆民族研究》，2018年第2期。
⑥ 翟淑平：《漂泊到融合——从巴塘关帝庙看汉藏互动下的身份认同》，《西南边疆民族研究》，2018年第2期。

汉族。一直到1966年，地（州）委所属工作部门中，汉族干部占了较大比例①。在自治州政府系统中，汉族干部占相当比例，各县人民政府中也有一定数量的汉族干部担任职务。1951年，全区干部总数为1655人，其中汉族干部1208人；1956年，全州干部总数为8665人，其中汉族干部5726人；到1964年，全州干部总数为14879人，其中汉族干部10355人②。除了在党政系统，在经济建设、科技、文化、教育领域，汉族也占据着较大的比例。在康定，汉族主要聚居于炉城镇，1989年全县40495人，居于炉城镇者有20311人③。一批又一批的机关干部、技术人员、建筑工人和解放军指战员受党和政府的派遣来到巴塘，支援边疆建设。不少汉族干部、工人、退伍军人都在巴塘安家定居，长期和藏族人民和睦相处。1990年，全县共有汉族2345人④。

新中国成立后，藏彝走廊地区的政权建设持续展开，除了汉族，少数民族干部也参与其中，成为民族区域自治政权的重要成员。除了政权建设中汉族与少数民族干部集中在城镇，促进城镇发展的还有持续的城镇基础设施建设与各项产业的发展。例如康定，1975年年底，正式成立县规划建设局（城建局），开始加快改造旧城，建设市政工作，注重能源、交通、邮电的基础设施和公共事业的建设，增建了河西路、下桥街、太平路，城镇街道铺设柏油路面等⑤，藏彝走廊的城镇空间由此得以扩展，功能也不断分化，多项产业发展，进一步吸引多民族人群进入，使得城镇繁荣发展。

综合来看，藏彝走廊受地形、人口等制约，城镇的发展受到政治的深刻影响，行政建制、政权建设等对城镇的发展有着举足轻重的作用。在行政建制的推动下，多民族人群在城镇内聚集，工业、商业等产业得到发展，市政建设也得到推进，使得城镇的空间景观呈现出鲜明的行政性特征。

藏彝走廊城镇发展的另一重要特征是受到宗教的深刻影响，很多城镇实际是围绕寺庙建设起来的。任新建发现，甘孜、炉霍、道孚、泰宁、巴塘、

---

① 康定民族师专编写组编纂：《甘孜藏族自治州民族志》，当代中国出版社，1994年，第209页。
② 康定民族师专编写组编纂：《甘孜藏族自治州民族志》，当代中国出版社，1994年，第210页。
③ 四川省康定县志编纂委员会编纂：《康定县志》，四川辞书出版社，1995年，第76页。
④ 四川省巴塘县志编纂委员会编纂：《巴塘县志》，四川民族出版社，1993年，第106页。
⑤ 四川省康定县志编纂委员会编纂：《康定县志》，四川辞书出版社，1995年，第287页。

理塘等城镇，基本上就是以当地的寺院为中心形成的①。蒋彬区分了四川藏族聚居区城镇形成的类型，指出主要可以分为茶马贸易沿途的商品集散地、军事要塞、宗教中心、土司驻地与交通要道等基础上发展起来的城镇，其中特别指出因宗教而形成城镇的类型，诸如甘孜县的甘孜镇、若尔盖县的达扎寺镇、马尔康市的马尔康镇、乡城县的桑披镇、石渠县的呢呷镇、白玉县的麻通镇等②。事实上，在藏彝走廊，由于藏传佛教对政治经济社会文化等方面全方位的影响，寺院往往成为区域中心，汇集了众多人口与大量资源，推动着城镇的发展。

总体来看，在藏彝走廊，这些城镇之所以呈现为当前的空间形质与社会文化特征，是空间扩展与历史层级累造的结果。城镇所体现的多元文化，更是一个多重文化时空叠合过程。因此，理解藏彝走廊城镇的多民族格局与文化多样性，应具备历史视野，而且应从藏彝走廊多民族族际互动的视角展开。因为就藏彝走廊区域而言，城镇的形成与发展本身就是族际互动的产物。在藏彝走廊历史上，军事活动、商业贸易、宗教传播等引起多民族人群的流动，这些人群以城镇为空间载体展开互动，并在此过程推动着城镇的空间扩展、功能分化、景观塑造、文化融合，从而使得藏彝走廊城镇呈现出颇具特色的景观与丰富多彩的文化。藏彝走廊城镇的形成与发展史启示我们，当前民族地区的新型城镇化建设需要注重多民族的交往互动与多元文化的呈现，吸引与汇集多民族的人群集聚到城镇之中，使城镇发展特别是新型城镇化具有源源不断的动力，从而塑造城镇的多元文化景观，使城镇的发展形成特色。

第二节
跨越城墙内外：松潘的城镇发展与族际互动

作为汉藏交流重要节点的松潘，其城镇的形成与发展是一个人地关系相

---

① 任新建：《康巴历史与文化》，巴蜀书社，2014年，第293页。
② 蒋彬：《四川藏区城镇化与文化变迁——以德格县更庆镇为案》，巴蜀书社，2005年，第91页。

互作用的综合过程。多民族人群在松潘的集聚并展开互动不仅构成了城镇发展的重要动力，而且增添了城镇社会文化的多样性及丰富意涵，而城镇发展则为多民族的互动提供了空间，这两者之间形成一种相辅相成、相互促进的关系，贯穿于松潘历史发展全过程。松潘的城镇发展与民族关系呈现为一种协同演进的过程，其中多民族人群的互动在不同历史阶段呈现出竞争、合作、交融的特征，但总体是一个交流日益密切、交融日益深入的过程，表现为对多民族城镇共同体的形构。本部分系统梳理松潘的城镇建设及民族互动的历史过程，以期在政治、贸易与旅游等不同情境下考察松潘的民族关系与城镇共同体的形构。其中，城墙内外是一个恰当视角。城墙有着物质性与象征性的双重意义，既意味着内外关系的隔离，也蕴含着内外的沟通与互动，从而使松潘在不同历史阶段与情境下的族际互动与民族关系呈现出丰富面向。

一、驻防之地：松潘的建城、屯兵及与周边族群的互动

关于中国的传统城镇，费孝通先生认为主要有两种类型：一为城镇，即"驻防镇"，一为集镇。前者筑有城墙，内有衙门与驻军，是区域内的一个行政中心；后者没有城墙，内有商店和作坊，是区域内的一个经济中心。[①] 这指出了城镇形成与发展的两种类型。施坚雅进一步指出，城镇作为"人为"的行政中心，所组织的社会空间体系是由一套行政等级体系所决定的，集镇作为"自然"的经济中心，其组织的社会空间体系是由一套市场等级体系所决定的[②]。松潘无疑是两种类型的结合，但它首先是"驻防镇"。

松潘建制较早，公元前316年秦灭蜀后建置湔氐县。唐武德元年（618年）在此地置松州，贞观二年（628年）建松州都督府，置松戍军，文宗太和三年（829年）剑南道西川节度使李德裕于此筑柔远城"以扼西北吐蕃"，虽系土城，应为松潘建城之始。唐朝之所以在松潘地区实行行政建制并筑建城池，主要是为了应对与防御吐蕃。唐朝时期，吐蕃东扩，松潘地区成为双方

[①] 费孝通：《中国士绅：城乡关系论集》，生活·读书·新知三联书店，2021年，第72—82页。
[②] 〔美〕施坚雅：《中国农村的市场和社会结构》，史建云等译，中国社会科学出版社，1998年，第7—11页。

展开拉锯战的重要节点。为加强军事防务，唐朝在此地除设置羁縻州外，还设置了守捉、城（兵城）、镇、戍等，构建起严密的军事防御体系。松潘就是这些防御体系中举足轻重的重要一环。唐末吐蕃势力瓦解后，一直到宋朝时期，藏族及所同化的诸羌成为松潘地区的主要集聚人群。元朝在这一地区实行土司制度，设置军民安抚司加以治理。虽然中央王朝不断加强对这一区域的统治与治理，但松潘地区一直存在着来自周边"杂蛮"的扰乱，形成地区性的动荡局面。明洪武十年（1377年），威茂土酋董贴里发动叛乱，平羌将军御史大夫丁玉平定叛乱后极力主张设卫建城驻兵，先后设"松州卫""潘州卫"并"松潘卫"，并调宁州卫指挥高显负责筑城事宜。松潘建城历时达五年之久，其后不断扩建，到明嘉靖五年（1526年），松潘城制得以大体完成。松潘的城镇建设实际上是松潘地区整体防御体系的重要组成部分，这一防御体系在政治上体现了以土司制度"以夷制夷"，在军事上则是在交通干道、险梁隘口大量修筑城、堡、关、屯、墩、烽燧等，建立起体系化的防御工事。

松潘的行政建制与城镇建设主要是为了治理周边少数民族与军事防御，这与松潘不断凸显的重要战略地位密切相关。松潘在历史上具有特殊的战略地位，"松潘乃西蜀之重镇，诸番之要区。东连龙安，南接威茂，北抵胡虏，西尽吐蕃。西北又与洮岷连壤，镇城、衙门、关堡之外，四面皆番，故经略者谓：蜀之各镇，惟松潘纯乎边者也"[1]。"蜀西关键，松潘为最要，扼江源，左邻河陇，有达康藏，汉番杂处，不易抚绥，而屏翰成都，实有建筑之势，安危所系，非独一隅。"[2] "扼岷岭，控江源，左邻河陇，右达康藏"，"屏蔽天府，锁钥边陲"。[3] 松潘的地理位置及其军事地位，使其成为一个具有战略意义的军事重镇。自唐代以来，历代中央王朝就在松潘驻兵展开防御，这深刻地塑造了松潘地区的民族人口格局，呈现出多民族的混杂分布。松潘建城后，驻城人员主要是屯军，之后随军的难民、商人等陆续进入。明末清初经历三次大的移民，大量汉族人民定居松潘。与此同时，陕西、甘肃一带迁徙而来的回族也进入松潘从事商业活动。松潘回族是西部地区更大范围内回族等人

---

[1]《天下郡国利病书》第2793册，《四部丛刊》本。
[2] 黄新初：《阿坝文化史》，四川民族出版社，2006年，第392页。
[3] 张典主修，王昊、刘树成点校：《松潘县志》，松潘县地方志编纂委员会，2007年，第29页。

群流动迁徙历史进程的重要组成部分，而且在不同历史时期回族进入的渠道有所不同，其中主要有驻兵戍边、经商、逃难等途径。有学者认为，唐宋时期，回族的先民"蕃客"就已经进入松州①。南宋宝祐元年（1253年），忽必烈从临洮进军云南大理，途经川西北，并曾以松潘为大本营，其中回族人赛典赤·赡思丁（又名乌马尔）负责后勤，战争结束后随军征战的一些色目人、回鹘人散居于松潘屯垦成为"土生蕃客"②；1273年，"探马赤军随处入社与编民等"③，回族军士也由此定居下来。清乾隆时期两次征剿大小金川，陕西渭南、三原等地的回族士兵和商人纷纷进入松潘等地，并在改土归流后留居下来。由此可见，自元朝开始，回族就参与到西北地区的军事与政治活动中，留居下来成为常住人群。与驻兵戍边相伴随的是经商。战争需要筹集物资作为后勤保障，这一任务往往是由回族完成的。但更为重要的是，汉藏之间的生态差异蕴含着重要商机，最为典型的表现是茶马贸易。明朝以来，由四川松潘入洮州、河州、西宁州等处的"西蕃大叶茶"贩运规模日益扩大，大量西北回民进入松潘及周边地区从事经商贸易④。随着贸易的发展与繁荣，陕西、青海、陇东、云南、四川等地区的回族进入松潘地区，成为举足轻重的商业力量。

而在城外，则是藏羌等部落居民，当时被称为"番民"。其中，松潘的藏族是在唐朝时期吐蕃东扩的进程中形成的。贞观十二年（638年）松州之役，吐蕃"进兵攻破党项及白兰诸羌，率其众二十余万"⑤。670年，唐、蕃大非川战役"尽收羊峒、党项及诸羌之地，东与凉、松、茂、嶲等州相接"⑥，意味着吐蕃势力已经到达岷江上游的松潘地区。在唐朝与吐蕃军队的长期拉锯战中，藏族逐步进入岷江上游走廊并成为主要的人群。吐蕃王朝灭亡后，驻守松潘地区的吐蕃军队、民众等难以返回西藏，就此留居下来，被后人称为"吐蕃遗种"。事实上，这些"吐蕃遗种"并不全是藏族。在吐蕃进军唐朝时

---

① 马勇：《松潘回族源流考》，《西南民族大学学报》，2005年第6期。
② 马勇：《松潘回族源流考》，《西南民族大学学报》，2005年第6期。
③ 〔民国〕张典主修，刘澍成、王昊点校：《松潘县志》，松潘县地方志编纂委员会，2007年，第550页。
④ 杨晓纯：《西部民族乡农民收入状况考察——以四川省进安回族乡为例》，《青海民族研究》，2006年第4期。
⑤ 《旧唐书》卷一九六《吐蕃传》。
⑥ 《旧唐书》卷一九六《吐蕃传》。

候,就攻破诸羌并将之征服,所以历史上的"吐蕃遗种",实际上是当时吐蕃军队与诸羌部落的结合。

松潘城在唐朝时建立并在明代再次修建,实际是在一个"番族"分布的区域嵌入一个代表中央王朝势力的军事与政治节点,因此,在城镇内主要聚集着汉人以及留居于此的回族,而在城外则主要是藏羌,这一族群分布的空间结构决定了族群互动展开的空间形式及主要特征。

从城镇空间来看,松潘的民族关系体现为城内"编民"和城外"番民"的互动。前者代表华夏正统的中央王朝,后者则被视为"蛮夷",这也就构成了松潘城镇民族关系在政治与文化上的表现。历史上,城内"编民"和城外"番民"并不完全和平共处,而是频繁发生着结构性的纠葛与争执。其中,城内以土司等制度管理藏羌民众,但又不得不面临城外藏羌族群的生计性劫掠或索取[1]。"周期性的战争构成了松潘城内外互动的一种常规形式,'编民'与'番民'在其中相互塑造着对方,共同确定着自己的时空位置"[2],并且进一步塑造着松潘城的空间面貌与文化格局。这一城内"编民"和城外"番民"的矛盾性互动自明朝之后表现得极为突出。诸如,明宣德二年"番蛮五万余人,攻围松潘卫城,焚上下四关及诸屯堡,恣肆杀掠,威茂叠溪诸卫所相继被围,贼势益盛"[3]。在清朝、民国时期也存在着城内官兵与城外民众的冲突,如"庚申番变"[4]"辛亥番变"等[5]。值得注意的是,这些事件在很多时候是因城内驻守官兵对城外"番民"的欺压而引起的。如松潘卫指挥吴玮"大肆贪虐,激变番人"[6],都指挥赵得、赵谅兄弟"纵私营利,枉害良善,致变外夷"[7],这实际反映了中央王朝势力在松潘的加强,以及"汉人势力向该地区的强有

---

[1] 王海兵:《汉番之间:明代川西北边地的卫所关堡》,《西南民族大学学报(人文社会科学版)》,2017年第10期。
[2] 王铭铭、翟淑平:《松潘、巴塘、中甸——记三个西部城镇的研究》,《西北民族研究》,2017年第2期。
[3] 《明宣宗实录》卷二八,宣德二年五月(戊戌)条。
[4] 四川省社会科学院民族与宗教研究所、中共松潘县委员会、松潘县人民政府编:《松潘历史文化研究文集》,四川人民出版社,2014年,第35页。
[5] 四川省社会科学院民族与宗教研究所、中共松潘县委员会、松潘县人民政府编:《松潘历史文化研究文集》,四川人民出版社,2014年,第36页。
[6] 《明宣宗实录》卷六八,宣德五年七月(辛酉)条。
[7] 《明英宗实录》卷九一,正统七年四月(甲午)条。

力渗透"①。

总体来看，松潘的城镇建设在历史上有着鲜明的政治色彩。"松潘以孤城介绝域，寄一线饷运路于龙州，制守为难。洪武时欲弃者数，以形胜扼险，不可罢，乃内修屯务、外辑羌戎，因俗拊循，择人为理，番众相安者垂四十余年……筹边者之所以亟图也。"②历史上，松潘的主要功能是作为军事堡垒并延伸成为中央王朝治边的据点，这一特征决定了其以城墙为区隔的族群关系形态与历史发展进程。

二、贸易中心：茶马贸易与松潘多民族经济共同体

松潘的重要地位实际上有着多方面的整体呈现，除军事战略位置外，更为重要的是它在生态上联结着农耕与游牧区域，从而联系起更广阔的区域与更多样的人群。这是因为游牧与农耕的生产方式都有着互通有无的需要，特别是"茶之为物，西戎、吐蕃古今皆仰之。以其腥肉之食，非茶不消；其青稞之热，非茶不解，故不能不赖于此"③，从而催生了以茶马为主的贸易形式。以茶马贸易为代表，松潘联系着内地与边疆的广大区域，吸引着多个民族集聚于此，促进了其城镇空间的发展与贸易的展开。同时，多民族汇集在松潘城镇内外，相互展开了频繁互动，发展出共生互补的民族关系，推动了多民族经济共同体的形构。

（一）茶马贸易与松潘贸易中心的形成与发展

由于松潘的重要战略地位，历代王朝在此有着持续的驻兵。这种在边缘地带以城堡为据点的驻兵，虽然执行的是镇守安抚等军事任务，且其供给主要来自内地，但整体上处在"番族"的群体范围内，这就决定了其不可能完全外在于当地社会。"'番人'为当地主体编户，对'松潘卫'的社会生活起

---

① 石硕：《青藏高原东缘的古代文明》，四川人民出版社，2011年，第537页。
② 张廷玉等：《明史》卷三百一十一《列传》第一百九十九，松潘卫条。
③ 顾炎武：《天下郡国利病书》卷六五《王廷相严茶议》。

着决定性的影响。"① 这意味着松潘城内的驻兵不可避免地与城外的"番民"发生联系。例如在明朝，卫所制度下的松潘城镇虽然主要为军事防御，以城池为界与外面的藏羌"番民"隔绝起来，并以土司等制度加以统御，但是驻守军队及家眷的日常需要以及解决卫所粮饷等生计性需求，使得城内守军与城外的藏羌民众发展出贸易、借贷、租种土地等多种经济联系与社会互动，这样城镇便"不仅是军事防御设施，也是当地集市贸易的重要节点"②，推动着松潘城以汉族为主的守军与藏羌民族之间的族际互动。这种跨越城墙的互动，以及城内"编民"和城外"番民"之间的纠葛争执，成为历史上松潘城墙内外民族互动的两个基本面向。但这种互动在范围上较为有限，而真正将松潘与更广大区域联系起来的是茶马贸易。

相对于在军事战略上的重要性，松潘在经济贸易上的重要地位更为突出。从地缘上说，松潘是农耕文化与游牧文化的分界点，也是产茶之区与用茶之区的交接地。游牧民族的生计类型与生活方式，决定了其对茶叶的必然性需求，但同时内地中央王朝有着对战马的战略性需要，故而展开了延续千年的茶马贸易。茶叶自唐代时传入松潘及周边的川甘青地区，成为藏族的生活必需品，松潘的茶马互市也自此开始。宋朝专门设立茶马司，松潘为茶马市场，到了明代松潘的茶马互市空前兴盛，"行茶之地五千余里，西番诸部落无不以马售者"③。由于茶马贸易的战略重要性，中央王朝设置机构、制订制度加强管理，从唐代的"茶马互市"到宋代的"榷茶制"，到"金牌信符制"和"引岸制"，再到明代的"贡马赐茶制"④，以规范互市行为、避免争端，特别是限制互市商品的类型与数量，防止私茶贩卖。中央王朝"以茶驭番"，将茶马互市作为管理边疆少数民族的重要手段。

茶马互市是历史上多民族国家管理与建设的产物，随着大一统的进一步发展，逐渐退出历史舞台。在清朝乾隆年间，边茶贸易取代茶马互市成为沟通内地与边疆经济的重要形式。边茶贸易不再由政府控制，而是由官营变为

---

① 任树民：《明代松潘卫"番人"略考》，《西藏研究》，2001年第1期。
② 王海兵：《汉番之间：明代川西北边地的卫所关堡》，《西南民族大学学报（人文社会科学版）》，2017年第10期。
③ 张廷玉等：《明史》卷八十《志》第五十六，食货四，茶法。
④ 蒲文成、王心岳：《汉藏民族关系史》，甘肃人民出版社，2008年，第142—145页。

商营，而且除了茶叶与马匹，其他多种生产生活资料如丝绸、布料、铁器、皮革、黄金以及虫草、贝母等珍贵药材也进入市场，商品种类大幅增加，从而催生了空前广泛的民间自由贸易。任新建指出："自松潘输出的货物，来自成都、温、崇、彭、灌、江、安、绵各县者，以大小茶包为大宗。绸缎、绫、洋、毛绸、花线、土布次之，铁、铜、瓷器各杂货，各食品，又次之，运往关外南北番部售销。"输入品"易自关外住番部者，以羔羊皮、野牲皮及羊毛为大宗。香、贝、贝母，大黄、甘松、虫草，各药材次之。牛羊牲畜又次之。运入本省及直隶、河南及沿江、沿海各部售销"①，从而使得松潘成为川、甘、青三省交界地区最大的贸易集散地。

松潘城镇的功能随着贸易发展也发生了重要变化。"在明清以前，主要为屯兵、筹边重镇。明清时期，主要职能为宗教集会、商品交易和军事防备等"②。从茶马互市到边茶贸易的演变过程中，松潘作为重要的贸易节点也不断地发展繁荣起来。从茶叶、马匹为主再到多品类商品的贸易，松潘成为商家云集之地。在民国时期，"松潘城内有大、小坐商100余户，流动行商及商贩1200余家，资金最多的丰盛合茶号约有银40万两，其余的30万，20万不等"③。这些来自各地的商贩集聚发展出来的商业及延伸出来的服务行业，使得松潘呈现繁荣的局面，城镇建设也呈现为新的面貌，"在松潘城的北街专门修建有几十间四合大院的陕西馆，主要用于接待陕西商人；在中街主要是饭食和屠宰等服务行业；南街是中小商店、旅店的集市地区，是为背、挑运输的劳动者提供食宿之处"④，所以民间有顺口溜说道"北街的银子，中街的狗，南街的肩挑背抬只听吼"，这也是对松潘县城布局的形象比喻。这一城镇空间的扩展与功能的分化，使得松潘发展成为川甘青交界地区一个繁华的贸易中心，吸引着来自各地多个民族的人群，松潘成为一个多民族汇集与交流互动之地。

---

① 陈泛舟：《民国时期甘、青、川三省边境的汉藏贸易》，《西南民族大学学报（人文社会科学版）》，1990年第6期。
② 陆叶：《四川藏区城镇空间形态演变探析——以四川松潘为例》，《住宅与房地产》，2018年第19期。
③ 陈泛舟：《民国时期甘、青、川三省边境的汉藏贸易》，《西南民族大学学报（人文社会科学版）》，1990年第6期。
④ 陈泛舟：《民国时期甘、青、川三省边境的汉藏贸易》，《西南民族大学学报（人文社会科学版）》，1990年第6期。

（二）茶马贸易与松潘多民族的交往与互动

农牧之间的共生互补使得松潘成为多民族互动的集中之地，这诚然与茶马贸易的发展有着密切关系，但也是历史上民族格局变动的结果。汉、藏、回、羌等民族逐渐聚居在松潘，既是一个人群流动迁徙的过程，也是松潘城镇吸纳与凝聚的空间过程。其中，藏族进入松潘地区，携带其独特的文化特别是藏传佛教信仰，同化了本地的世居民族和部分羌族部落，使得松潘成为以藏族居住为主且藏文化鲜明的区域①。松潘的回族是西部地区更大范围内信仰伊斯兰教人群流动迁徙历史进程的重要组成部分。由于经商的传统，回族在分布格局上呈现为大分散、小集中的特点，"大部分居住在松潘城内，或者就在县城近郊，其余则是沿岷江河谷道路沿线的村屯居住"②。而羌族的形成更是一个多民族融合的过程，南迁氐羌人在岷江河谷定居与当地的戈基人交流融合，之后又经历战争而南迁，一部分与汉族融合，另一部分则形成如今的羌族主体。总体来看，羌族处在汉藏之间，受到双方互动的深刻影响。历史上，"藏族向东向南伸展，汉族循松潘—茂县、灌县—茂县、北川—茂县大道继续向西发展，并开发河谷形成了颇具规模的集镇"③，这样的经济社会格局同时影响着羌族的发展与迁徙。特别是由茶马互市引起的其他交易日渐繁荣，城镇的经济功能成为主要功能，城镇就成为羌族与各民族交流融合的中心。汉族在松潘也有一个迁徙定居的过程。因唐蕃之战与茶马互市，汉人士兵和商人留居松潘，之后明末清初三次大的移民，大量汉民定居于松潘。《民国松潘县志》载："汉人，清雍正六年，龙安府新收松潘上彰胡县共四县一卫，实户7750；嘉庆元年以后，松潘直隶厅报部户口全数，于原额增添10554户，男27230丁，女24772口，共男女52002丁口。"④ 可见在清朝时期，松潘汉族人口得到快速增长，这与清朝对涉藏地区的经营有着密切关系。新中

---

① 松潘的藏族是在唐朝时期吐蕃东扩的进程中形成的，而唐朝之后的藏族实际上是当时吐蕃军队与诸羌部落的结合，并由于生计方式的相通及藏传佛教的影响，松潘及周边主要是藏族及藏文化区域。
② 马勇：《松潘回族源流考》，《西南民族大学学报（人文社会科学版）》，2005年第6期。
③ 徐铭：《羌族人口的数量变化及其地理分布（1397—1952年）》，《西南民族学院学报（哲学社会科学版）》，1998年第5期。
④ 《民国松潘县志》卷二《户口》。

国成立之后，为了支援涉藏地区建设，一些汉族人进入松潘，使汉族人在松潘逐渐占有一定比例，并且主要分布在城镇之内[1]。

正是因为松潘占据着如此重要的地理位置并联结着内地与边疆的广大区域，才使得多个方向的人群在不同历史时期进入此地，而也正是松潘城镇的发展使得多个民族具备了交往与互动的空间。在历史上，汉、藏、回、羌等多个民族在松潘展开了济交往与文化互动，特别是在当时的生产条件下，形成了兼具民族身份与文化传统特色的社会分工。藏族从事畜牧业，回族经商，汉族务农，回族在其中发挥中间人的角色，通过商业贸易活动沟通联结起不同的人群，与之建立共生互补的关系。汉藏间、农区牧区间及农业牧业间的官方与民间的商贸活动，造就其城镇经济的特殊繁荣[2]。同时，在松潘的人群也呈现出鲜明的地域性，松潘的"坐商都按各自不同的地区及经营某一商品组成了商业帮口，有专门经营茶叶的陕西帮，经营麝香的河南帮，经营皮革的成都帮，经营羊毛的重庆帮，经营药材的灌县帮"[3]。与此同时，多民族人群也带来了多元的文化，多种宗教相互借鉴，和谐共处，使得松潘成为民族间共生互补与文化交融的典范。不同的民族宗教建筑在松潘城中随处可见，"如西侧的城隍庙、观音寺与城北的清真寺、拱北遥遥相望，城南的藏传佛教寺庙与羌碉毗邻而建"[4]。松潘城镇的这一建筑景观及空间格局，正是民族交往交流的物质呈现。

军事活动与互市贸易成为松潘历史上两条交替出现的主线，共同推动着作为城镇形态的松潘的发展。从松潘建城史可以发现，战争防御是松潘城镇规模不断扩大的重要动力，唐蕃松州、明朝松潘卫莫不是因战争而不断扩建，又经过毁坏及其后重建而屹立至今。如果说军事活动勾勒奠定了松潘城镇的框架，那么商品贸易则充实了松潘城镇的内涵。无论是军事活动还是商品贸易，都推动着不同民族的人群在松潘展开着或战或和的频繁互动，使得松潘

---

[1] 应金华、樊丙庚：《四川历史文化名城》，四川人民出版社，2000年，第470页。
[2] 《边陲军事重镇——松潘历史与开发》，载四川省社会科学院民族与宗教研究所、中共松潘县委员会、松潘县人民政府编：《松潘历史文化研究文集》，四川人民出版社，2014年，第19页。
[3] 陈泛舟：《民国时期甘、青、川三省边境的汉藏贸易》，《西南民族大学学报（人文社会科学版）》，1990年第6期。
[4] 赵亚辉：《松潘千年古城》，《传承》，2008年第13期。

发展成一个多民族聚居且共生共处的城镇，多民族群众在此也结成了一个共生共荣的城镇共同体。

综合来看，松潘的城镇发展与民族关系实际是松潘历史进程的一体两面。松潘城镇的形成与发展始于内地与边疆之间的进攻与防御，军事活动推动着松潘城镇的建设及人群的聚居与区分，茶马贸易联系起不同的人群并将之纳入一个经济网络之中。随着政治上的统一，松潘城镇的军事功能淡化，商贸价值凸显，成为多个民族展开贸易的重要场所。城镇建设与发展为多民族的互动提供了空间，多民族进入此地并展开互动，使得松潘成为一个多元文化交流共存的空间。

三、旅游胜地：松潘旅游开发与多民族互惠共同体

历史上的军事驻守与茶马贸易使松潘逐渐发展成为具有重要地位的城镇，多民族的互动也在松潘城镇发展过程中展开并形成了和谐共生的民族关系。这一民族格局及民族关系的状况，奠定了松潘民族关系发展的底色与基础。在历史条件发生变化、新的经济社会活动出现的情况下，民族关系会适应、延续并形成新的形态，但总体上依然以共生互补与交流交融为主要特征。其中，当前对松潘城镇民族关系发展影响最为显著的是近年来旅游业的发展。

中国古代的城镇发展与当前工业化时代的城镇化，虽然都表现为城镇建设与人口向城镇的集聚，但在内在逻辑与发展路径上存在明显差异。传统中国的城镇是政治军事或区域性经济发展的结果。工业化时代的城镇化，则与经济发展、产业升级集聚、人口流动以及社会分工的扩大化与专业化相伴随，是一个从乡村走向城镇的过程，意味着生产方式的非农业化、社会关系的非农村化，城镇建设会吸引与集聚各民族人群，而各民族人群的聚集又会提升城镇经济发展及文化的多样性与丰富性。如果说，在历史上将松潘城镇发展与多民族密切联系起来的是以茶马贸易为中心的商业贸易，那么在今天则是以旅游业为中心的多种产业。

对城镇民族关系的考察，除了要考虑城镇空间内的民族分布、交往与互动，更为重要的是要考虑城镇内外的城乡人群关系，这是由城镇的规模决定

的，也与城镇在乡村中的嵌入结构密切相关。松潘建城后，驻城人员主要是屯军，之后随军的汉族难民、商人等陆续进入，而回族则从陕西、甘肃一带迁徙而来，这样，居住在松潘城镇的主要是汉族与回族人群。而在城外，主要是藏羌等部落居民，当时被称为"番民"，为土司所管理。就城镇范围来看，当时松潘的民族关系主要呈现为城内"编民"和城外"番民"的互动。军事驻守及城墙修筑并没有完全隔绝城墙内外的联系，除了军事活动，还发展出跨越城墙的经济社会联系，并且通过茶马贸易与更大区域的多个民族联系起来。

正如军事驻守、茶马贸易深刻改变与塑造了历史上松潘的民族格局一样，旅游业也在深刻影响着当前民族关系的发展。这是因为旅游业作为一个具有关联度大、综合性强等特征的产业，广泛且密切地联系着城乡区域、农工商各产业以及各民族人群，促成了跨区域、跨人群的有机联系，从而促进了不同民族人群间的互动交往，推动了民族关系的和谐发展。

松潘旅游资源相对比较丰富，有黄龙世界自然遗产、松州古城、牟尼沟等，而且交通便利，但松州古城在知名度上不及周边的九寨沟，很难吸引大量游客前来旅游。于是，地方政府积极规划、宣传，强调松潘古城自身资源的特色，突出体现在松潘的城镇规划上。1986 年，将松潘县城定位为"历史悠久的高原古城，是黄龙九寨风景区的重要组成部分和旅游服务基地"[①]。2004 年初，松潘县确立了以千年古城文化为依托，以大唐文化为底蕴，发掘藏羌回等民族特色文化，着力将松州古城建设成为九寨沟环线上与九寨、黄龙齐名的中国高原第一古城——"大唐松州"古城的旅游发展战略[②]。在这一发展战略下，松潘实施"松州古城恢复工程，旨在保护'一环两片九街两村多点'的古城格局"[③]，具体包含："恢复'松州八景''茶马互市'等景观，挖掘古城文化内涵，疏解老城功能，整治恢复古城风貌，有选择地恢复反映

---

① 应金华、樊丙庚主编：《四川历代文化名城》，四川人民出版社，2000 年，第 481 页。
② 参见白春花《以科学发展观为指导加快城镇建设步伐促进县域经济发展》，作者时任四川省松潘县人民政府县长。此材料为笔者 2018 年 7 月到松潘调研时松潘县旅游局提供。
③ "一环"为现松潘古城墙；"两片"为两片历史文化街区，包括中江历史文化街区和岷山历史文化街区；"九街"为历史城区内保存较好的九条街巷；"两村"为两处历史村落，即顺江村、东裕村；"多点"为历史城区内主要的景点、历史建筑以及旧址。

多元文化交融的建筑物、构筑物，包含明代古城垣、街巷街景、民居村寨、风土人情、寺院与信仰、自然与物产、风景名胜区等，建设藏、羌、回民族风情园和古城遗址博物馆，结合民居重建，整治古城风貌，开发富有多元民族文化特色和厚重历史文化特色的旅游项目。"① 而在品牌塑造上，以"大唐松州"古城为宣传推介品牌，深入挖掘松潘的历史、民族及文化资源，提出"九黄看景、松潘看城"的口号，推出夜游大唐松州与古城花灯会等大型文旅项目。在松潘政府的努力下，"大唐松州"古城已初具雏形，也有了一定的知名度，前来观光游览的中外游客日益增多。

从松潘对古城旅游发展的定位与规划来看，主要是对历史遗迹与民族文化的挖掘。其中，在文化上强调多民族文化的呈现与融合，诸如在对松州古城的描述上，将之视为汉藏交流与文化融合的空间。多民族地区的旅游发展，对民族多元文化的强调是合理的选择，因为对文化的强调，一方面意味着要对民族文化资源进行开发，另一方面意味着多民族群体在旅游发展中的共同参与，而后者具有超越经济发展的社会文化意义。这是因为多民族在旅游中的参与，使得旅游不再仅仅是发展经济与增加收入的手段，而且构成了一个多民族互动的场域与平台。在参与旅游业过程中，多个民族以其各自的经济专长与文化特色而展开互动，形成一种合作共赢的关系，民族文化的保护与传承也正是在这一过程中得以有效展开的。

松潘的旅游发展，可以说是突出呈现了多民族共同参与。其中，松潘闻名国内外的"快乐的小路"旅游马队，在旅游网站上得到游客的热捧。此外，在松潘县城北的高屯子村还有一家宏途马队。这些马队实际上类似于一个平台，马队的向导都是当地的农牧民，马匹也归向导所有。除了马队，松潘的各族民众还以其他多种方式参与到旅游业中，有些人建立起较为大型的企业，其中的典型如回族人马继云。他很早就意识到旅游业蕴藏的巨大商机，不仅开建了高标准的酒店"天马大酒店"，而且发展了乡村体验旅游，整合了山巴乡上磨村20户当地藏家民宅，高标准打造乡村民宿，积极吸引当地群众

---

① 《全力打造"全域、全时、多元"旅游目的地——松潘县开发旅游资源、拓展旅游景区的做法与启示》，此材料为笔者2018年7月到松潘调研时松潘县旅游局提供。

参与。

　　松潘县各级政府也积极推动旅游发展，在这一过程中十分注重多民族的共同参与。进安镇作为松州古城的主要载体，在发展旅游上可以说是全民动员，先后组建成立了快板队、秧歌队、龙灯队、狮灯队、牛灯队、琵琶弹唱队、花杠队、回族女子腰鼓队等特色文化表演队伍①。这些表演队的主要成员就是当地的各族民众。根据古城村庄"一村一品、一村一景"和功能互补的产业布局，进安镇打造了"以餐饮和民族服饰为特色的中江一村、以民居和小吃文化为特色的中江二村、以茶马文化为特色的岷山一二村、以休闲和娱乐为特色的南街村等五个精品旅游村"②。此外，特色民族服饰、特色餐饮、特色娱乐等都有多个民族参与其中，深受游客的欢迎。

　　旅游业的发展深刻重塑了松潘的产业形态。在参与旅游业这一关联广泛的行业过程中，不同民族因其自身的优势与文化传统，形成了具有特色且有机联系的分工，即使是在同一行业之中，也有着不同民族的参与者，大家在共同的旅游活动中形成密切的合作关系。特别是，在发展过程中，旅游业不断被整合，"回族大多从商，藏族大多务牧"的格局进一步被打破，这意味着旅游发展重新塑造了基于生态的民族间经济互动关系。历史上在茶马贸易等过程中形成的多民族和谐关系为当前的旅游业发展奠定了良好的社会文化环境。多民族和谐共处的生活经历以及在此过程中形成的互惠互补的经验与智慧，使得松潘旅游业的发展广泛接纳各民族的参与。"从节日来看，藏族有自己的藏历年；羌族过自己的羌历年；回族则过自己的开斋节、古尔邦等节；汉族有端午节、中秋节、重阳节和冬至等节日。"③ 各民族的特色文化，丰富了松潘的旅游资源。

　　松潘旅游业的发展，还对城镇空间产生了重要影响，突出表现为古城的保护与新城的修建。松潘新城最终修建完成，其契机是地震后的安徽援建。"5·12"汶川特大地震后，安徽对口援建松潘，将松潘新城建设作为援建的重

---

① 《松潘县进安镇创建特色文化之乡情况汇报材料》，此材料为笔者2018年7月到松潘调研时松潘县进安镇政府提供。
② 《松潘县特色魅力进安镇情况简介》，此材料为笔者2018年7月到松潘调研时松潘县进安镇政府提供。
③ 李正元：《现代情景中民族节日的延续与创造——松潘羌族春节中的文化、群体、政治和经济》，载高永久主编：《中国民族学》（第13辑），甘肃民族出版社，2014年，第177页。

要任务之一。经过三年的建设，投入7亿元，建成市政道路、管网、桥梁、景观等设施，并新建社会事业用房和保障性住房，学校、医院、福利院、文化中心、政务中心等也顺利完工，一座布局合理、功能完善、环境优美的高原新城以崭新的面貌展现在世人面前。虽然松潘新城的建设有着安徽援建的契机，但在古城之外寻求一个空间，疏解古城功能以保护恢复古城风貌是松潘民众长期以来的愿望。新中国成立后，古城北区形成了松潘的行政办公中心，随着旅游业的发展特别是出于对未来旅游开发、城市规划和发展的总体考虑，松潘着眼于恢复古城风貌、恢复古城文脉，打造松州古城旅游景点，这就需要在空间上有所调整与拓展。松潘新城的建设，产生了多重的经济社会影响，其中对于旅游业发展而言不仅意味着景观的重塑与服务设施的便利，也意味着城镇空间格局的变化与功能的分化，以及人群分布的空间变化。这种空间分化并不意味着新城与古城之间联系的减弱，而是以功能的分化促进着旅游业的专门化发展。

总体来看，旅游业的发展形成了一个影响广泛的场域，不仅吸引与集聚着当地各族民众参与，还对城镇发展的空间有着重要形塑作用。值得注意的是，当地各族民众在旅游业中的广泛参与，使其与丽江古城等商业化程度较高的旅游地多为外地经营者不同，在松潘古城内从事经营的更多是本地人。当地各族民众不同程度地参与到旅游业之中，这样不仅彼此有深入互动，而且与游客也有着广泛交往，从而以旅游为承载，巩固着多民族互动交流的局面。

从长时段的历史来看，松潘城镇的形成与发展是一个多重动力作用的结果，中央王朝边疆治理中的军事防御使其城镇初具规模，汉藏间茶马贸易等经济互动丰富了松潘城镇的功能，而现代大众旅游则推动着对松潘古城的更新、改造与开发，最终形塑了松潘当前的面貌与景观。在松潘城镇发展的每一个历史时期，都有多民族人群的集聚与参与，多民族人群以城镇为空间载体展开互动，跨越城墙内外的区隔，推动着松潘城镇的空间扩展、功能分化、景观塑造、文化融合，使得松潘成为一个多民族共生之地，并呈现出多元交融的文化景观。松潘城镇的历史发展及其族际互动，展现了多民族人群在这一城镇空间内竞争、合作、交融并不断形构为一个城镇共同体的过程，蕴含了丰富的宝贵经验，可以视为中华民族共同体在松潘这一空间与场域内塑造的典范。这一进程同时启示我们，在当前民族地区的新型城镇化建设中，要注重多民族人群的集聚与互动，促进多民族人群在城镇生活中形成互嵌交融的关系格局，这样城镇才能有丰富多彩的多元文化呈现，才有源源不断的发展动力。

第三节 小 结

城镇作为人类聚落的一种重要形态，不仅是人类活动展开的空间，也反映了多方力量共同作用的历史过程，城镇发展实质上是一种集经济、社会、生态等要素为一体的地理空间过程。西部次边疆带的城镇呈现出特殊性，不仅由于其特殊的地理状况，更多因为多民族的文化交汇。历史上西部次边疆带的城镇发展有多重动力，军事、贸易、行政等，但其中多民族人群的集聚与互动是更为持久的力量。本章着眼于族际互动与城镇发展这一社会过程和空间形式之间的相互作用，对西部次边疆带城镇空间与情境内的民族关系展开了探讨。

以藏彝走廊为例，西部次边疆带城镇的形成与发展所遵循的历史过程及逻辑是：城镇形成初期具有一定的基础，主要以宗教与政治相结合的方式形成一定的地域空间，但真正奠定城镇空间格局则是在清朝治藏过程中入藏道路的开通及塘汛粮台的设置，多民族人群在这些节点聚居并发展出一定规模的贸易，城镇的发展有了重要的经济社会基础，城镇的社会文化逐步丰富而多元。国家政权建设与行政机构的设置，更是集聚起多样的人群，带来丰富的资金支持，这样使得城镇的发展有更为持久的动力。总体来看，西部次边疆带城镇的发展受到政治局势乃至更大外部环境的影响，其中清朝时期是一个关键阶段，直至今天依然基本保持了当时的格局。而就其动力形式而言，城镇的发展不仅需要国家自上而下的推进与民众自下而上的互动，还需要外部力量的推动与内部力量的整合。

松潘的案例更是集中体现了西部次边疆带城镇发展的特征。在松潘城镇发展中，城镇的形态与功能发生了重要变化，同时伴随着多民族的互动。如果说历史上"军事色彩笼罩下的'战争之城'，逐渐发展出繁荣的商业贸易，并不断增加着其他的功能，人和物的不断流动也改变着松潘的人文区位格局"[1]，那么今天旅游业的发展也是一种强大且细致入微的力量，在对松潘进行重塑的同时，也在延续与塑造着多民族关系的发展。而且，在空间上，松潘也在形成新的新城与旧城关系，这一空间的变化，虽然有着非典型的城乡关系的脉络，但本质上体现了城镇空间的拓展。"城市性质由军事逐渐转化为文化旅游，城市内部的社会经济功能更新重组而产生新的结构，与外部新城形成了组团的内外联动发展模式。"[2] 也就是说，旅游业形成了一个新的场域，而新城与旧城的区分与联结正是这一场域逻辑的自然展开。

多民族在城镇空间内的集聚与互动，不仅形成了松潘城镇发展的重要动力，而且丰富了松潘城镇的社会与文化内涵。城镇发展与多民族互动呈现为一种互构关系，是松潘历史进程的一体两面。其中，城墙内外是一个合适的观察视角，历史上不同民族以城墙为界的分布与或战或和的互动，以及所联系起来更大范围的多民族交往，使得松潘的城镇在空间布局与文化形态上呈现出一个汉藏交界地带城镇的特色。松潘城镇城墙内外空间内展开的民族关系，有着深刻的历史延续性。在军事驻守情境下难以禁止的族际互动，茶马贸易中的共生互补与互惠互利，都使得松潘的多民族间形成了互动交融的历史经验与共处智慧。这一经验与智慧经过历史的长河依然保持着韧性，使当前旅游业情境下的多民族互动依然互惠共赢。

总体来看，在西部次边疆带区域，多民族人群的集聚推动着城镇的形成与发展，同时，城镇的发展也为多民族互动提供了空间与场域，从而推动着多民族的融合。"只有在城市中——在一种有效的规模及充分的连续性的基础

---

[1] 王铭铭、翟淑平：《松潘、巴塘、中甸——记三个西部城镇的研究》，《西北民族研究》，2017年第2期。
[2] 魏哲、于洋：《历史事件视角下的边关城镇空间形态演变浅析——以松潘古城为例》，《城市建筑》，2016年第26期。

之上——才能产生这些相互影响和交易"①，从而使得城镇的社会文化呈现为丰富多元的风貌。"在城镇内的'人—空间'关系中，群体不仅仅将空间视作可以争夺的经济资源，更视之为文化表达的载体，它们是仪式发生的场所，是社会关系展示的舞台，是情感交流的场景"②，西部次边疆带城镇空间与情境下的民族关系呈现出一种丰富多彩、和谐发展的图景。

---

① 刘易斯·芒福德：《城市发展史——起源、演变和前景》，宋俊岭、倪文彦译，中国建筑工业出版社，2005年，第103页。
② 王铭铭、翟淑平：《松潘、巴塘、中甸——记三个西部城镇的研究》，《西北民族研究》，2017年第2期。

| 第六章 |
西部次边疆带道路空间与情境下的民族关系

在西部次边疆带的空间结构中，阻隔性要素似乎发挥着主导性作用，山高谷深、荒漠遍地、地形复杂，对人类的活动形成种种阻隔。但在这些阻隔之中，还存在着很多通道，其中典型是联结绿洲、贯通河谷而形成的通道，这些通道承载着人群、商品、文化的流动，形成了贯穿南北、联结西北与西南的河西走廊与藏彝走廊，使得多民族间跨区域的流动得以实现。但是，东西方向的通道并不多，特别是横断山脉的阻隔使得东西向的人群流动与交往相对较少。随着人类改造自然能力的提升，开始了道路的开拓与修筑。道路的修筑，不仅是一项技术性工程，也是政府的政治经济行动，政府的权力往往是沿着道路而延伸与渗透，民众的国家意识也往往随之而确立与发展。

本章主要对西部次边疆带道路空间与情境内的民族关系进行研究，主要有两个方面：其一，以川藏公路为例，从历史的角度梳理西部次边疆带的道路修筑如何推动多民族人群的流动，从而形塑民族分布格局而促进多民族间交往交流交融；其二，以川藏公路上的民宿为例，将之与历史上茶马贸易中的"锅庄"相比，考察游客与当地民众在民宿及社区内的互动与交往，以此讨论道路空间与旅游情境下的族际互动与民族关系发展。这就既呈现了西部次边疆带道路空间与族群格局的一般情形，也提供了关于道路设施空间内多民族互动与交往的微观案例。

第一节
道路与族群：理论视野与分析框架

　　道路作为一种"人化"的自然空间，体现了自然环境对人类活动的规制，也体现了人类意志及在此指引下的实践。道路指向的不仅是人类走出去的探索，也反映着人类对社会交往的需求。"道路的延伸打破自然、地理、政治上的阻隔，不断扩大社会交往空间。"[①] 仅仅将道路视为承载人们交通的基础设施，难以理解道路所蕴含的丰富意涵，其实道路是"复杂动态的社会空间"[②]，已超越了"作为简单的通行载体的静态形式而附加了越来越多的社会特质"[③]，因此需要在一种综合意义特别是社会文化甚至政治经济的层面加以讨论。周永明提出的"路学"（roadology）研究，其着眼点也是道路对社会、环境及文化的形构问题："将汉藏公路视为复杂动态的社会空间，从公路的生产、使用、建构和消费四个角度对现有的分析框架加以扩展，从而建构一个全新的、跨学科的'路学'框架。'路学'框架不仅关注道路的修筑过程及其相关社会历史因素，同时注重其象征性层面上的文化符号建构；不仅强调道路的实际使用功能，而且注重其更加广泛的消费价值，以彰显道路的现代性意涵"[④]。对道路的社会科学研究，有着政治、经济、文化等多种角度，但人类学的讨论更具综合性意义，更能解释道路与人类活动之间的关联。"人类学的道路研究，其要旨在于看到道路与人类文化乃至社会之间的相互关系，旨在透视人类的道路抉择规律与背后的社会动力，更主要的是道路对人类社会与文化的

---

① 周永明：《汉藏公路的"路学"研究：道路空间的生产、使用、建构与消费》，《二十一世纪》，2015年第4期。
② 周永明：《汉藏公路的"路学"研究：道路空间的生产、使用、建构与消费》，《二十一世纪》，2015年第4期。
③ 周恩宇：《道路研究的人类学框架》，《北方民族大学学报（哲学社会科学版）》，2016年第3期。
④ 周永明：《汉藏公路的"路学"研究：道路空间的生产、使用、建构与消费》，《二十一世纪》，2015年第4期。

连接与规制。"[1] 在人类学关于道路研究的诸多议题中,道路与族群具有丰富的研究意义,因为道路不仅以其自身的延伸在很大程度上塑造着族群的分布格局,而且蕴含着族群间关系及其背后的政治经济与社会进程。

道路与族群的研究,需要观照相互联系的两个方面:一方面是道路的开拓与修筑如何对族群的分布、互动与认同产生影响,另一方面则是不同族群民众对道路的使用、改造及其背后所呈现的社会关系。从长时段的角度来看,前者有着更为基础性的主导地位,因为道路的修筑往往体现了国家的意志,而在道路修通后,也推动着人群流动迁徙与停留定居。这一过程,在多民族地区意味着多个民族以道路为空间载体展开互动,甚至产生新族群。有学者指出,"交通与聚落、道路与族群是相辅相成的。由道路形成民族走廊,而民族走廊经过长期的民族互动便形成了许许多多新的族群"[2]。

因此,道路与族群的理论视野所观照的是道路开通修筑对民族分布的影响,以及在道路空间内多民族所展开的互动。道路既可视为一种基础设施与"物",也可视为一种特殊的空间与区域[3]。但是,在道路与族群的研究中,更重要的是将之视为一种社会活动展开的空间。有学者指出,"道路的变迁伴随和助推社会的发展,社会发展本身也在迫使道路建设必须适应,而且这二者无疑一直在形塑着我国的民族关系,尤其边地区域的族群关系格局,在不同的历史与时空背景下呈现不同的发展和关系类型"[4]。通过对黔滇驿道的历史研究,赵旭乐等指出,"其开通之后,对于沿线区域的空间格局、人口流动、社会经济及民族关系产生深远影响。在空间格局上,随军迁入的军人和汉族移民占领了黔中腹地,并逐渐向四周扩展王权势力,将原本生活在黔中生活环境较好区域少数民族强制驱赶到社会条件艰苦的丛林与高山地带;产生了较大规模的人口流动,引起了该区域经济社会的较大动荡和变化,并借助道路系统的修筑实现对这一格局的维持,也在一定程度上形成了目前贵州多样

---

[1] 关丙胜:《道路上的藏边、蒙边与汉边:河湟西部哈拉库图的变迁》,载骆桂花、徐杰舜主编:《人类学高级论坛2017年卷道路与族群》,民族出版社,2018年,第287页。
[2] 周大鸣:《民族走廊与族群互动》,《中山大学学报(社会科学版)》,2018年第6期。
[3] 周大鸣:《道路研究的意义与途经》,《吉林师范大学学报(人文社会科学版)》,2019年第4期。
[4] 赵旭东、周恩宇:《道路、发展与族群关系的"一体多元"——黔滇驿道的社会、文化与族群关系的型塑》,《北方民族大学学报(哲学社会科学版)》,2013年第6期。

化的主体文化特征"①。他们的研究,为我们展示了一条在历史上具有重要地位的道路的开通过程、引起的变化以及产生的深远影响,可以视为对道路与族群的典型研究案例。

学者们观察道路与族群的理论视野,隐含着道路与族群的分析框架。从民族间交往互动与民族关系发展的视野来看,具体呈现为以下方面。其一,道路影响并重塑了族群的空间分布。人群沿着道路而迁徙,使民族的分布格局发生重要变化,也使沿道路而来的族群与原来的地方族群发生混杂。其二,道路的开通促进了多民族间的互动与交往。道路的开通,扩大了人群互动范围,促进着商品、观念与文化的传播,从而使多民族间的互动交往更加深入。其三,道路的开通促进着边疆民族国家意识的生成与强化。道路作为一种社会空间,本身就体现着一定的权力关系。边疆民族地区的道路修建体现了国家的意志,道路修建本身旨在推动对边疆社会的统一治理。

第二节
道路修筑与川藏地区的人群流动与民族格局

西部次边疆带地区南北通道较为通畅,东西方向从内地到西藏的道路的开通则较晚。地处青藏高原东缘的横断山脉地形,使得道路的开拓及其传统有着超越道路空间本身的意义。这一通道的开通,不仅是一个军事政治的过程,也是多民族接触与互动的过程,并且在此过程中,奠定了川藏地区民族分布的基本格局。多民族间和谐互动的关系也由此展开,这深刻影响了今天该区域民族关系的基本特征与底色。

理解川藏道路的修筑对西部次边疆带民族关系格局的影响,不仅要考虑空间上的开拓,还应有历史的贯通视野,这是因为川藏地区民族格局的形成

---

① 赵旭东、周恩宇:《道路、发展与族群关系的"一体多元"——黔滇驿道的社会、文化与族群关系的型塑》,《北方民族大学学报(哲学社会科学版)》,2013年第6期。

与变化在一定程度上与道路开拓、交通便利有密切关联。清朝前期在"驱准保藏"过程中开通了由川入藏的通道，这是川藏通道开拓之始；而20世纪50年代修筑的川藏公路，则是古代川藏线的现代升级。这些道路的修筑都推动着多民族人群的流动，形塑着民族分布格局。因此，本部分主要从清朝时期、新中国成立初期及改革开放后三个阶段，讨论川藏道路的修筑如何推动着多民族人群的流动，形塑民族分布格局。这一研究是对东西方向跨越西部次边疆带的民族关系基于道路空间所展开的讨论，对于理解这一区域的民族关系有重要意义。

一、清朝时期川藏通道的开拓与族群格局变化

川藏地区由于横断山脉的存在，形成"'两山夹一川'、'两川夹一山'的典型的高山峡谷地形"[1]，在地理上呈现为南北沿河谷沟通、东西被山川阻隔的特征，这深刻地影响着其社会形态及政治进程。主要表现在：破碎的地形及稀少的人口分布，使得这一区域难以形成大的政权以形成社会整合；南北纵向的人群流动与政治活动对东西横向的互动交往有着深刻影响；政治进程受到外来力量的支配性影响，同时当地社会也表现出鲜明的韧性，出现过大小不等、久暂不同的地方政权。这些特征为历史上反复发生的事实所不断验证与强化。

横断山脉地区由于山脉与河流的走向，南北方向的民族流动是人与自然相适应的表现，因此藏彝走廊就成为历史上民族群体南来北往流动的通道。而东西方向受地形影响，跨越该区域的沟通只能靠军事政治等方式才能实现。在历史上，这样的沟通有两次：一是吐蕃的东扩与唐朝之间战和；二是清朝时期对西藏的用兵与管理。这两次沟通对这一区域产生了深远影响，前者表现为该区域的吐蕃化过程，后者则以内地化为主要目标。

在唐代之前，"'氐'、'羌'、'夷'、'越'这四大人群系统的活动与分布

---

[1] 石硕：《青藏高原东缘的古代文明》，四川人民出版社，2011年，第38页。

构成了唐代吐蕃扩张以前藏彝走廊地区总体的民族面貌"①,成为唐以前藏彝走廊地区的人群及文化之"底层"面貌。随着吐蕃的东扩,该区域开启了一个吐蕃化的过程,"藏传佛教作为一种强有力的文化力量向该地区的大规模传播与渗透,最终导致藏彝走廊北部即川西高原地区原'夷'、'羌'两类人群大多被融合到了藏族之中"②。这种融合不仅意味着在政治、宗教、族群与文化上的整合,也是在空间上的整合。唐代之后,吐蕃王朝崩溃,藏传佛教各教派兴起,这深刻地影响到康区,使其处于各部族割据分散状态③。延续唐朝的羁縻政策,宋朝时期展开对康区的治理。元代和明末清初,蒙古族两次大规模南下藏彝走廊地区,使得藏彝走廊很长时间处在蒙藏联盟的统治下,促进了蒙古族与藏彝走廊藏族等民族的融合④。蒙古族的南下及对康区的统治,促进了藏彝走廊南北纵向的族群流动,这种强有力的管理却是对东西交通的阻断。

综上来看,在清朝开通川藏通道之前,康区已经在不同的历史时期受到东西南北各个方面的影响,其民族分布格局也在民族的迁徙流动中呈现混杂局面。从历史进程来看,这也是康区不断加强与内地的联系而逐渐内地化的过程。

清朝初期,准噶尔蒙古成为中央政权在西北的心腹大患,为抵御准噶尔蒙古,清朝在河西走廊西部嘉峪关至敦煌一带实施屯田政策,很多屯民相继进入这一区域,至雍正年间,沙洲的汉人移民达12万有余⑤。雍正三年,罗卜藏丹津事件后,清朝开始在青海设置"钦差办理青海蒙古番子事务大臣"即后来的西宁办事大臣,直接管辖青海地区,大量汉人移入青海一带。除中央推动的移民外,还有很多人因经商前往这一区域。丹噶尔(今青海湟源)境内的人群多"因工商到丹,立室家,传子孙,遂成土著"⑥。随着汉人数量

---

① 石硕:《藏彝走廊文明起源与民族源流》,四川人民出版社,2009年,第408页。
② 石硕:《藏彝走廊文明起源与民族源流》,四川人民出版社,2009年,第414页。
③ 曾现江:《胡系民族与藏彝走廊——以蒙古族为中心的历史学考察》,四川人民出版社,2007年,第29页。
④ 参见石硕:《藏彝走廊历史上的民族流动》,《民族研究》,2014年第1期;曾现江:《胡系民族与藏彝走廊——以蒙古族为中心的历史学考察》,四川人民出版社,2007年。
⑤ 参见葛建雄、曹树基、吴松弟:《简明中国移民史》,福建人民出版社,1993年,第444页。
⑥ 《丹噶尔厅志》卷六《人类》。

的增加，在不断地交往、交融之中，世居人群及吐蕃时期发展的藏族人逐渐融入汉人之中。河陇地区逐渐由藏族聚居区变成汉族聚居区①。

伴随着清朝对涉藏地区的经营，清朝多次出兵西藏，更多汉人逐渐西移至藏彝走廊一带，并在这一区域定居。石硕教授指出："清代以绿营驻军入住川藏沿线为先导，开启了汉人向藏彝走廊地区大规模移民的浪潮。"②驻军成为藏彝走廊汉人移民最重要的力量。"西炉之役"后，清朝在大渡河上修筑了泸定桥，这为汉人进入藏彝走廊提供了良好的条件，任乃强先生指出："康熙四十五年桥（泸定桥）成，拨化林营兵戍守，设把总一员。桥头始有汉户，经营小贸。"③泸定桥建成后，清朝的军事力量开始跨越大渡河，由化林营西移至打箭炉一带，而汉人也随之西进。"西炉之役"使得清朝的统治推进到雅砻江以东广大区域，始有汉人到九龙、丹巴等地从事商贸④。康熙五十七年，准噶尔部策妄阿拉布坦进入西藏，清朝开始着手"驱准保藏"行动。清朝最终分南、北两路大军共同进军西藏，而此中发挥重要作用的南路大军则经过打箭炉—理塘—巴塘一线入藏。此路线也被辟为川藏官道，成为其后清朝官员及士兵往来西藏的重要通道。随着清军的进入及川藏官道的开辟，汉人的踪迹开始西进至理塘，而巴塘一带"内地汉人亦寓此贸易"⑤。雍正五年，"卫藏战争"爆发，清朝又一次出兵西藏，根据周瑛的奏请，清朝此次"拟带兵由霍耳一路前进，留理塘、巴塘一路办理粮务"⑥，由此清朝官兵经打箭炉—理塘—巴塘路与炉霍—道孚—甘孜路共同入藏，康北一带汉人也逐渐增多。《西康图经·境域篇》载："雍正七年，置打箭炉厅，汉人来此经商领垦者渐众，市场勃兴，由三四十户，增至百余户。乾隆时，增至数百户。"⑦"卫藏战争"后，清朝着手将七世达赖喇嘛移驻康区。七世达赖喇嘛在康区居住长达

---

① 参见刘夏蓓：《安多藏区族际关系与区域文化研究》，民族出版社，2003年，第89页。
② 石硕：《试论康区的人文特点》，《青海民族研究》，2015年第3期。
③ 任乃强：《泸定考察记》，载拉巴平措等编：《任乃强藏学文集》（中册），中国藏学出版社，2009年，第203页。
④ 参见王丽娜：《内地边疆的形成：清朝在康区的权力推进与治藏重心南移》，四川大学博士学位论文，2018年，第185页。
⑤ 《西藏志 卫藏通志》，西藏人民出版社，1982年，第65页。
⑥ 中国第一历史档案馆等：《元以来西藏地方与中央政府关系档案史料汇编》（2），中国藏学出版社，1994年，第403页。
⑦ 任乃强：《西康图经·境域篇》，西藏古籍出版社，2000年，第71页。

六年余，在此过程中，清朝为保卫其安全，在噶达，打箭炉，华林坪，雅江上、中、下渡口，灵雀寺等地驻兵多达 2100 名，这也是有清以来清朝在康区驻兵人数最多的一个时期①。这些驻兵很多成为当地的首批汉人移民。乾隆时期，大小金川之役成为大批汉人进入康区的又一个重要节点。金川之战中，"且其馈运之艰，或数石而致一石；禁旅所至，以数夫而供一夫"②。除士兵外，很多汉人劳工役夫进入康区。清朝在平定大小金川之乱后，在这一地区施行土屯制，很多汉人借此进入。由于藏彝走廊地形情况较为复杂，在清朝初期，汉人在藏彝走廊沿主要入藏道路线性分布。清朝末年，内忧外患下，朝廷着手开发边疆。清朝在康区施行以移民为先导的边疆内地一体化政策，大量汉人移民进入藏彝走廊地域，汉人开始由点的集中转为面的扩散。随着汉人的进入，西部次边疆带多元民族、宗教、文化并存的格局得以加强，各民族的互相交流、交融最终成为西部次边疆带多元包容民族关系的基石。

二、新中国成立初期川藏公路的修筑、人口迁徙与族群格局

川藏通道在清朝前期开通后，成为联结西藏与内地、贯通藏彝走廊地带的重要通道。晚清时期，赵尔丰修筑了从雅安至康定、由康定至巴塘的官道，但限于技术条件与修筑标准，这一通道仅限于马车通行。在赵尔丰修筑的基础上，刘文辉着眼整修川康公路的成都至雅安段。之后，在抗战时期，国民政府集中力量整修康藏交通，但限于当时局势与资金技术的制约，川藏（川康）公路只能说是粗通，其经济价值与社会意义没有得到很好的体现。但是，此道路的修筑与交通的初畅，还是扩大了内地与边疆民众的交往。除了在修筑过程中征调了多个民族参与交通建设③，还组建了"川康公路线社会教育工

---

① 参见王丽娜、朱金春：《七世达赖喇嘛移动驻惠远寺与清朝对清朝控制的强化》，《西北民族论丛》，2020 年第 20 辑。
② 魏源：《圣武记》卷七《乾隆再定金川土司记下》，中华书局，1984 年，第 308 页。
③ 喜饶尼玛、李双：《抗日战争时期的康藏交通建设评述》，《贵州民族大学学报（哲学社会科学版）》，2017 年第 6 期。

作队"加强抗日宣传①，多批学者或学术团体前往康藏地区进行考察②。总体上，在新中国成立之前，川藏交通已经有了初步开拓，催生了道路沿线城镇的兴起，加强了川藏之间的联系。

当代的川藏公路修建是1950年人民解放军进军西藏时开始的，这标志着川藏现代交通建设的开端③。川藏公路的建设是在特定的政治情形下展开的，是为了解放西藏，但其影响远超军事行动本身。从川藏公路整体的修建历程来看，经历了四个阶段④。其一，1950年以前主要是为了剿匪和固边而进行修筑，规模很小；其二，20世纪50年代至60年代，主要是为了解放军进军西藏、平叛和应对中印边境冲突，道路修筑呈现鲜明的政治军事目的；其三，20世纪70年代至90年代中期，主要是为了调配与优化资源、发展经济，现代道路网络由此初步形成；其四，20世纪90年代以来，"通过促进旅游发展地方经济，成了地方政府积极参与修路的直接动力"⑤，川藏交通有了长足的进步。

如果说清朝时期所开通的川藏通道体现了传统国家治理的意志，那么新中国成立后川藏公路的建设则具有十分鲜明的现代性意涵。川藏公路的修建具有十分重要的意义。"1954年底，川藏和青藏两条公路通车拉萨结束了西藏交通闭塞的落后状态，促进了内地和西藏的政治、文化、经济交流，巩固了各兄弟民族尤其是汉藏民族的团结，粉碎了外部势力企图分裂祖国的阴谋。"⑥川藏公路及其延伸出来的州县公路，构成了一个具有骨架脉络的道路体系，使得商品、观念、文化与国家的制度政策都延伸到川藏地区，从而使得内地与边疆之间联系变得密切，推进了新中国国家空间的一体化进程。因政权建设、城镇发展与资源开发等而汇集的内地人员与当地少数民族民众之间展开

---

① 中国抗日战争史学会、中国人民抗日战争纪念馆：《少数民族与抗日战争》，北京出版社，1997年，第263页。
② 曹春梅：《民国时期国人对西康的社会考察及其影响》，四川师范大学硕士学位论文，2006年，第124—130页。
③ 欧泽高、冉光荣：《四川藏区的开发之路》，四川人民出版社，2000年，第183页。
④ 徐文礼：《康藏公路的修建过程》，《四川文物》，2002年第1期。
⑤ 周永明：《汉藏公路的"路学"研究：道路空间的生产、使用、建构与消费》，《二十一世纪》，2015年第4期。
⑥ 路同：《关于西藏公路运输与社会经济发展关系的探索》，《西藏研究》，1995年第1期。

了频繁互动，重塑了民族分布格局，使民族关系的发展进入一个新阶段。

伴随着川藏公路的修建，是川藏地区基层政权建设的发展与完善。在西藏解放之前，虽然川藏地区的政权建设已经有了基本框架，但机构建设并不完善，除了军事、政治、交通等一些基础性机构外，其他方面的行政设置缺失严重，这就面临着政权建设的基本任务，而这需要一定数量的在政治与能力上足以胜任的人员。基层政权建设初期的政府人员有相当部分是从内地调动而来的。除了政府工作人员，技术人员、建筑工人、军人等也在国家的派遣之下来到各个州县，成为当地汉族人群的主要组成部分。随着政权建设与各项事业的展开，汉族干部数量得以快速增长。汉族干部往往都是从内地派遣而来，经过在川藏地区的长期工作与生活，与当地的群众形成了密切互动与交往。

川藏公路的建设，推动了川藏地区城镇的发展。城镇的发展一方面推动内地人群沿川藏公路进入，另一方面吸引了农牧区少数民族在城镇集聚与互动，道路沿线的城镇成为多民族互动交往的空间。在川藏公路开通之后，"公路沿线的荒凉山谷已出现了新的集镇，供应人民日用需要的贸易公司和合作社，为人民服务的邮电局和银行，都逐渐开办起来了"[1]。从川藏地区的人口迁出与迁入的时间线来看，1956—1961 年，甘孜州累计迁入 97258 人，累计迁出 36142 人，总体上是迁入大于迁出[2]。这说明川藏公路推动了内地人群的迁入，加强了川藏地区的多民族格局。

此外，随着川藏公路的建成，川藏地区的资源开发也进入一个新的阶段。内地人群因此被吸引前来，并形成了更多的人群聚居点，使得当地的民族分布进一步形成多民族混杂的格局。

总体来看，川藏公路的修筑使多民族的流动迁徙更加通畅，民族空间分布的混杂格局得到加强，汉藏之间的交往范围得以扩展、频度增加、程度深入，并且逐渐向边缘区域延伸，相互交往、交流、交融的关系格局进一步加强。

---

[1] 贺龙：《帮助藏族人民长期建设西藏》，载康藏公路修建司令部修路史料编辑委员会：《康藏公路修建史料汇编》，人民交通出版社，1955 年，第 36 页。
[2] 甘孜州志编纂委员会：《甘孜州志》（上），四川人民出版社，1997 年，第 244 页。

三、改革开放后川藏公路沿线的人群流动与民族格局

改革开放后，户籍所具有的约束意义变淡，人群之间的流动更为频繁，且流动的方式也更为多样。除了经商、工作、援助，还发展出旅游这种短时间的跨区域流动。

旅游的发展，对道路沿线的经济社会与文化都有深刻的影响，其中一个重要方面就是促进内地与当地人群沿川藏公路而分布。越来越多人沿着道路沿线而流动、定居，改变着道路沿线的族群结构。在一定意义上，旅游自身推动的人群流动及其由此延伸出来的人口变动，是改革开放后川藏线人口变动最为重要的变化，加强了川藏地区的多民族格局。改革开放后，沿着川藏公路流动的另一群体是商人及其他经营者。首先，涉藏地区特有的虫草、松茸、药材等成为主要贸易物品，在贸易过程中，除了当地的藏族，汉族、回族商人参与这些贸易的整体环节，这些特产销售到内地在很大程度上要借助这些从事贸易的汉、回"中间人"[①]。其次，在城镇及旅游景点的各行各业中，活动着内地及其他区域的人群，诸如在餐饮行业，四川餐馆及甘肃、青海的清真餐厅等占据了川藏线城镇与景点餐饮的相当部分，特别是四川餐馆随处可见。再次，内地前往川藏线沿线的旅游从业者大量集聚。旅游业的一个重要特点是其能连接起多个行业，从宏观层面的旅游规划，基础设施上的道路施工、景点建设、配套设施的建设，到旅游过程中的餐饮、交通、导游、文创等，再到与当地联系密切的特产生产与销售等，这些产业的发展都会集聚起有着不同经济与社会分工的人群，这些人群会在较长时间内与当地民众有着互动，从而具备了社会交往意义。

此外，在国家对口援藏建设安排下，内地各省区的人力、物力、财力都纷纷集中到涉藏地区。在这一过程中，就有大量的内地干部群众沿着川藏线到各州县展开对口支援活动，与当地民众进行密切互动。对口援藏本身也蕴含着一定商机，诸如其中需要展开建设的基础设施、新项目的实施以及由此

---

① 敏俊卿：《中间人：流动与交换——临潭回商群体研究》，中央民族大学出版社，2011年。

带动的新产业的发展，都吸引着内地人群前往。在对口援藏的政府部门等牵线与对接下，援助方的企业积极参与受援地的各项事业与活动。

总体来看，改革开放后，川藏地区的人群流动在群体类型、流动频率、流动速率等方面都有着多样化表现，这说明川藏公路真正在发挥着承载人群流动与经济互动的作用，也说明川藏地区的多民族格局在不断加强，多民族间的交往、交流、交融进入更加深入的阶段。

第三节
作为当代"锅庄"的民宿：
旅游时代川藏线的民宿空间与族际交往

川藏公路的开通为涉藏地区旅游业的发展创造了必要条件，催生出各种旅游设施，其中之一便是颇具特色的民宿。相对于酒店与旅馆，民宿可以提供更多灵活的服务，更多营造出一种家的氛围并呈现当地的民族文化，成为游客了解与体验当地民族文化与本真性日常生活的重要场域。历史地看，这种民宿的特征与功能在一定程度上可以与历史上茶马贸易中的"锅庄"相比拟，民宿可以视为当代"锅庄"。本部分在川藏线旅游与民族关系发展的视野下对民宿展开研究，讨论民宿作为一个独特的社会空间，如何联系着游客与本地民众并成为多民族交往互动的一个场域，以及在促进多民族间交往、交流、交融方面的意义。

一、川藏线上的民宿：功能及意义

民宿作为一种区别于旅馆与酒店的旅游设施，因其独特的设计、浓郁的文化色彩、本真的当地体验、惬意轻松的氛围等特征，受到旅游者的广泛欢迎。藏彝走廊的民宿依托其周边密集分布的旅游景点与其颇具民族风格的建筑，如雨后春笋般广泛兴起。在国内主流旅游网站或民宿平台搜索发现，藏彝走廊大部分的城镇、村寨与旅游景点分布着各种民宿。

"民宿不单单是提供民居住宿的物理空间，而是具有旅游体验性质的服务产品。"[1] 民宿天然地与旅游业密切相关，越来越多的游客对具有民族建筑特色的民宿表现出强烈兴趣，希望将民宿作为旅游过程中重要的体验内容。在发展全域旅游特别是乡村旅游的背景下，地方政府也积极推动将特色民居改为民宿，以优惠政策、专业指导、资金筹集等措施支持发展"民宿经济"[2]。民众对此积极回应，筹措资金、完善设施、提升服务，各具特色的民宿蓬勃发展起来。一些商家与企业也认识到藏彝走廊民宿旅游蕴含着的巨大商机，依靠其雄厚的资金、前卫的设计、充裕的人才与丰富的经营管理经验，展开对民宿的投资、改造与整合，形成了具有一定品牌的民宿企业[3]。

按照运营主体、经营方式与空间分布的不同，藏彝走廊的民宿可分为三种类型。其一，个人或家庭自由运营的民宿，主要是当地居民以自有房屋改造成民宿进行对外经营，从业人员多为家庭成员及其亲属，提供的服务较为灵活多样，易于展示日常生活场景，较多保留了当地文化的本真性，但在层次上集中在中低端，高端民宿较少。其二，多方共建联营的民宿，这种类型的民宿一般集中在旅游景点及其附近的乡村，由政府、公司、村委会与村民共同合作，其中地方政府提供政策及平台支持，公司提供资金与规划设计以及管理培训，村委会与村民提供土地和劳动力，具体的日常经营主要是由村民进行，但是在管理上受到公司的指导与政府的监督。这类民宿多是乡村民宿，往往是政府主导推动，旨在推进脱贫攻坚与乡村振兴。其三，外来企业租赁经营的民宿，此类民宿经营中由企业发挥主导作用，从投资建设、经营管理，到住宿餐饮游览等服务的提供，都是由企业来完成，从事具体经营服务的人员也是由企业聘用。与前两种民宿不同，这种由企业经营的民宿，所提供的一般是较为标准化的服务，更加注重居住环境的舒适，因此中高端特别是高端民宿较为集中。

---

[1] 赖斌、杨丽娟、李凌峰：《精准扶贫视野下的少数民族民宿特色旅游村镇建设研究——基于稻城县香格里拉镇的调研》，《西南民族大学学报（人文社会科学版）》，2016年第12期。
[2] 《四川省甘孜州海螺沟景区对民宿企业发布六条补贴措施》，《经济日报》，2019年11月21日。
[3] 在自家院子里建房，专门为游客提供藏族家庭参观、藏式表演、藏式餐饮服务与体验等类似于农家乐的旅游项目。同时，围绕涉藏地区民宿建立"体验式家庭旅馆"，这让游客既能观赏到涉藏地区自然风景，又能感受藏族生活方式；既能充分领略旅游产品的内在价值，又能体验民族风情；既能实现文化传承，又能实现旅游资源的可持续发展。

学界关于民宿特别是民族地区民宿的研究，一般将其置于旅游发展、当地民众参与、文化本真性等视野内讨论。主要呈现为两种取向：其一，民宿发展的经济与社会取向，将民宿视为发展旅游的重要基础设施，强调当地少数民族以民宿经营对旅游业的参与，探索民族文化旅游中民宿发展的路径及方式[1]；其二，民宿的本真性体验及其民族文化取向，在这一取向下民宿被赋予民族文化载体的功能与意义，具有带给游客"本真性生活空间"[2] 体验的优势及特征，但是研究者们又担心民宿所展现的"舞台真实"以及带来的民族传统文化的失真与异化[3]。除了以上两种取向，学者们还关注到民宿事实上也是一个不同人群的社会交往空间，认为相对于酒店、旅馆等提供的服务，民宿空间内的主客互动更为密切与深入，更加易于发展成"游客－朋友关系"[4]。而在藏彝走廊这样的多民族地区，民宿内展开的主客互动实际上具备了多民族间族际互动的性质，民宿成为多民族交往、交流、交融的空间。在现实中我们也看到，以民宿为承载空间与交往媒介，旅游情境下的多民族间的认知与了解不断深入。

　　要深刻理解当代旅游情境下藏彝走廊民宿的特点及在多民族互动交往中的重要意义，则要在一个长时段的历史视野内加以考察。历史上，藏彝走廊的多民族互动交往呈现为多种多样的形式，包括政治驱动、宗教传播、贸易往来等，其中贸易往来是贯穿了藏彝走廊多民族互动交往整体过程的重要形式。在贸易往来中，有一种颇具特色的茶马贸易，它沟通着汉地与藏地之间的物品交换，并在康定地区发展出"锅庄"这一颇具民族与地域特色的形式。"锅庄"集货栈、旅店和商业贸易中介为一体，提供着食宿、囤货、翻译、中

---

[1] 丁飞洋、郭庆海：《游客感知视角下的民族地区民宿旅游开发研究》，《社会科学战线》，2019 年第 3 期；李俊杰、李云超：《关于民族地区民宿产业高质量发展的思考》，《云南民族大学学报（哲学社会科学版）》，2019 年第 3 期。
[2] 李文勇、张广宇、谭通慧：《基于品牌认知的游客本真性体验对民宿选择意向的影响研究——以甘堡藏寨为例》，《旅游论坛》，2019 年第 5 期。
[3] 曹妍雪、宋竹芳、李树民：《民族旅游的真实性研究》，《广西民族研究》，2017 年第 6 期；魏雷、钱俊希、朱竑：《谁的真实性？——泸沽湖的旅游凝视与本土认同》，《旅游学刊》，2015 年第 8 期；陈刚：《多民族地区旅游发展对当地族群关系的影响——以川滇泸沽湖地区为例》，《旅游学刊》，2012 年第 5 期。
[4] 陈莹盈、林德荣：《旅游活动中的主客互动研究——自我与他者关系类型及其行为方式》，《旅游科学》，2015 年第 2 期；孙九霞：《旅游中的主客交往与文化传播》，《旅游学刊》，2012 年第 12 期；张机、徐红罡：《民族旅游中的主客互动研究：基于符号互动论视角》，《思想战线》，2012 年第 3 期。

介等多项服务，这就与当代旅游情境下的民宿在形式、功能等方面有着很多相似之处，不仅都能提供住宿餐饮等基础性服务，而且以自身为中介成为沟通多民族人群的互动空间。

"锅庄"在明清时期汉藏贸易的情境下发展起来，成为沟通汉藏商人群体并展开社会文化交流的重要载体。明正土司"分封头人，执掌诸地，并令诸子及小头人，建立庄廓于康市，为诸头人竟鄞见驻节地，亦得为各地商旅来康招待所，名为'独吉'，凡十三家，是为当时所称'十三独吉'。康人计户，恒以烟锅。每独吉内设大锅一鼎，供煮茗等用。锅成桶形，闻采自甘肃，庄内商旅得各设同式小锅，不另计数，汉人名为十锅庄。后贸易日繁，锅庄建立益众，凡增为四十有八，是为世称四十八锅庄"[1]。由此可见，"锅庄"是客栈又是货栈，除食宿、存储等基本功能外，还发挥着提供交易中介、翻译等多项服务。"锅庄"主人一般都精通藏汉两种语言，熟悉产销情况，了解商品行情，周旋于购销之间，是交易完成的主导性因素。在组织形态上，"锅庄"起源于家庭并以家庭为单位，其中女性发挥着主导性作用，"即以锅庄而论，女主人为操持家政，招待宾客，及经营商业之主要人物"[2]，从而灵活且细致地为汉藏商人提供服务，承担着汉藏交流"中间人"的角色。一个个"锅庄"形成了一个联系不同民族人群且交织着社会文化交流功能的网络，汉藏贸易与文化交流也以这样一种独特方式展开。

正如川藏通道的开通及茶马贸易的繁荣，使历史上的"锅庄"得以产生与发展[3]，藏彝走廊的民宿发展也得益于川藏等公路的修筑与民族旅游事业的快速发展；正如"锅庄"成为汉藏多民族经济交往与文化交流的空间，民宿也发挥着推动多民族交往、交流、交融与发展民族关系的功能。可以认为，"锅庄"就是历史上的民宿。但与历史上的"锅庄"主要接待汉藏商人群体不同，今天的民宿所面对的是广大的内地游客。

在多民族人群族际交往的意义上，民宿已经超越了仅提供食宿等作为旅游基础设施的功能，而成为一个有着不同民族身份的主客群体之间互动交往

---

[1] 任汉光：《康市锅庄调查报告书》（民国二十五年十二月），《西康建省委员会公报》，1937年第3期。
[2] 王业鸿：《康定概况》，《新西康》第一卷，1938年第1—3期。
[3] 林俊华：《康定锅庄的历史与特征》，《康定民族师范高等专科学校学报》，2005年第5期。

的社会空间。藏彝走廊的民宿，基于自身的区域环境、资源依托及经营模式等，发展出不同的类型，每一种类型民宿的主客互动方式与程度都存在着差异。例如有些城镇内的自助性民宿，民宿主人并不与游客共住而展开互动，甚至在整个过程中主客之间根本互不相见，这实际上意味着没有展开任何实质意义上的主客交往。而一些外来企业所整合运营的民宿，虽然有着较为高档的设施、标准化的服务，但是与游客展开互动的主要是企业的员工，所进行的是与酒店无异的互动，游客也难以由此来认识与了解当地的社会及文化。这两种类型的民宿都有着鲜明的商业色彩。在不同类型的民宿中，能够提供主客之间多民族互动空间的，主要是由当地民众运营且与游客共居的个人民宿或者藏寨民宿。对于一些内地游客而言，前往藏彝走廊地带旅游，除了欣赏自然人文景观，还希望能够深入感受当地民众的日常生活与民族文化，以获得异于自身日常社会与文化经历的体验。而当地人亲自经营的民宿，则能展现一种与游客日常生活截然不同的生活理念和生活方式，而且在这种民宿空间内，主客之间还能展开一种具有较强情感体验的互动。

　　基于以上情形，笔者选取具有典型性的民宿，对其所展开的主客互动进行实地调查特别是深度访谈，并采取自我民族志[①]的方式，呈现民宿作为一个社会空间是如何促进基于主客互动的族际交往并增进民族间认知与了解的。在具体操作上，选取地处甘孜州丹巴县墨尔多山镇中路乡的藏寨，原因有二：其一，这里保留着相对完整的藏寨，并且基于藏寨建筑当地民众开设了一些民宿且形成一定规模；其二，中路乡有着藏彝走廊地区较为典型的碉楼的分布，吸引着不少游客在此游览且住宿。笔者没有选择在国内外更为出名的甲居藏寨，是因为甲居藏寨开发较为成熟，甚至出现了商业化过度的情形，存在着更多缺失"文化本真性"的文化展演。中路乡则相对默默无闻，但同样拥有历史悠久且壮观的古碉楼，民宿也得到了初步的发展，是供考察旅游情境下民宿空间内展开多民族交往交流交融的恰当场所。

---

① 徐新建：《自我民族志：整体人类学的路径反思》，《民族研究》，2018年第5期。

二、民宿空间内的主客互动与族际交往

在旅游情境中,主客之间的互动交往是多面向、多层次、多方式的,其中较为典型的表现有两种:其一,广泛存在虚拟而隔膜的商业性主客关系;其二,局部存在真实而亲密的现实性主客关系[1]。这两种主客关系的形成受到多种因素的影响,诸如旅游的组织形式、目的地产品的定位、游客的规模等,但不可忽视的是旅游活动所展开的空间承载形式。以旅游经营或文化展演为主要目标的乐园、舞台等旅游场所,所展现的是舞台化的情境,往往是在匿名状态下达成一次性的交易,这种情境下的主客互动也就浮于表面而不可能深入。而在村寨、冷僻小众景点等有限空间内展开的旅游活动,由于人数相对较少而可以在互动相对密切的条件下展开较为深入的交往,并在这一过程中可能会建立起比较密切的关系且在旅游结束后依然延续。在一定意义上,民宿就是这样一个相对有限的空间,虽然民宿内的主客之间本质上依然是一种基于旅游服务的经济交易关系,但在互动过程中有着持续甚至密切的交往,从而便于增进彼此认知并且可能会建立起具有延续性的关系[2]。

同时,民宿虽然是一个相对有限的旅游空间,但是发生在民宿内的主客间的个人互动,还在一定意义上汇集与勾连起不同区域的多元人群,因此是观察在旅游情境中主客互动与社会交往的一个极佳的窗口。如果以民宿为中心观察,在旅游活动中随着空间的位移,所展开的不仅是民宿主人与游客之间的交往,而且还有着游客与当地居民之间的互动,以及游客之间所形成的联结等。旅游活动实际上是创造了一个场域,随着不同人群互动的展开,一种交织性的关系逐步建立起来。在民族地区,这一场域实际上就是一个多民族交往互动的空间。对于游客而言,入住民宿不仅是享用旅游设施,而且也是进入当地的一个生活空间;不仅是与民宿主人之间展开密切的社会交往与

---

[1] 孙九霞:《旅游中的主客交往与文化传播》,《旅游学刊》,2012年第12期。
[2] 就经营活动本身而言,主人与游客之间形成最为基本的一对关系,通过提供服务与享受食宿,两者之间建立起一种利益关系。在旅游情境下,这种利益关系会有所延伸与扩展,最为常见的则是附带着提供一些旅游信息或者门票优惠等服务,这种服务的提供可以视为商业关系的延伸。但是,在民宿空间内,游客与主人之间也会展开一些旅游服务之外的交流,这实际上就涉及社会交往的范围。

文化互动，而且还借由民宿进入村寨等社区空间，从而更加深入地体验当地社会的日常生活与文化传统。而对于民宿主人与当地居民而言，游客的凝视与游览以及与之展开的互动，也便于使其在旅游情境下的社会交往中反观自身的文化传统。

这样，民宿在多民族互动与民族关系发展中的意义就凸显出来：民宿及其所在的村寨社区，既是一个旅游场域，也成为一个族际交往空间。与民宿的服务性功能不同，其社交性意义主要体现在不同的空间转换过程中，而要呈现其社交过程则需要细致的空间性分析。

以民宿为中心展开的互动，实际上隐含着三个不同的空间，分别是接待空间、公共空间与社区空间。在这三个空间内，游客与民宿主人及社区民众展开着程度不一的互动，从而形成了贯穿于整个民宿旅游过程的社会交往。这里以这三个空间为视角，描述与呈现以民宿为中心的主客互动与族际交往。

（一）接待空间中的接触与展示

从民宿内的空间来看，接待空间是最初、最为基本的互动场所，包含庭院、前台、客厅、餐厅等，所展开的基本是商业性交往，与酒店意义上的服务相差不大。不同之处在于，民宿并没有酒店那样明确的分工，承担接待、餐饮、清洁等功能的往往是民宿主人的家庭成员，因此在这一空间内的互动也会有着较为随意且频繁的谈话与交流。事实上，有些民宿还对服务进行了扩展与延伸，诸如借用交通工具进行接送等，这也是接待空间的一种形式。在接待空间内，所展开的互动主要是一些基本食宿，在此过程中，主人一般会介绍民宿的基本状况，并完成登记等工作。同时，游客会进行一些有关当地社会及旅游景点的信息咨询，如"打听最地道的美食""询问购物场所""询问交通"和"咨询旅游线路"等[①]。此时，东道主既是目的地特殊的、重要的旅游资源，还是旅游者获取旅游地信息的重要来源。在接待游客的同时，民宿主人也往往会推介一些旅游产品。

接待空间是主客互动展开的第一空间，其中的互动呈现出文化接触的意

[①] 李海娥：《基于游客视角的旅游地主客交往行为研究》，《学习与实践》，2015年第4期。

义。对于民宿主人而言，前台、房间、餐厅等都是展现民宿风格、特色的空间，因此会进行精心装饰，特别是呈现其民族文化特色。而对于游客而言，进入接待空间，首先面临着文化上的新奇甚至震惊。在贡布家中，我们看到建筑上的柱头、横梁、门框都具有鲜明的藏族风格，唐卡、雕刻、彩绘等装饰更是体现了藏文化特色，民族文化等在这一空间内有着明显的呈现。在这一空间内，民宿主人与游客有了初步的交往。主人会向游客介绍民宿的食宿服务、装饰特色、民族文化，游客在这一过程中了解当地状况，特别是对当地的民族及文化形成初步印象。笔者在调研中，在到过的几家民宿中都得到民宿主人的热情接待，主人向我们介绍房子的构造、空间功能、主要特色、文化宗教等，在交谈中都有着民族文化的呈现，而且往往自称"我们藏族……"，可见其对民族身份的重视。

与酒店等相对标准化的服务及较少的人员互动不同，民宿特别是以自家房屋改建且亲自经营的民宿，实际上是具有一定私密性的空间。接待游客实际上意味着民宿主人在一定程度上允许游客进入其日常的生活空间，这为游客与当地居民的交往提供了契机。民宿主人都表现出热情与细心，使游客感受也很好，如"我对这家民宿印象特别好，一开始就能感受到贡布大叔的热情。他家的房子很有特色，是经过精心布置的……我们住宿、吃饭、游玩，他都给了我们很好的建议。而且，家里还备了常用的药品。"[1]（游客A）。游客选择民宿，一般是有着对当地居民真实情感、淳朴民风的想象，希望在一种彼此信任的氛围中展开主客互动，以获得本真性的体验。"人与人之间的相遇是需要缘分的，我一来到这家民宿，就感觉很亲切，像是在哪里见过，但肯定又没有见过。在城市里面很难有这样的感觉，可能淳朴真诚的人都会让人感觉这样吧。"[2]（游客B）这种似曾相识的感觉，可能是想象大于现实，因为在游客来到民宿之前，就已经对这里的居民有着一种自然的想象，这种想象形成了一种彼此的吸引力。

在旅游活动结束后，民宿主人与游客之间的互动又回到了接待空间，但

---

[1] 笔者2019年8月在四川省丹巴县中路乡的访谈。
[2] 笔者2019年8月在四川省丹巴县中路乡的访谈。

是双方彼此的感觉已经发生了重要变化。如果双方通过交往形成了一种"游客－朋友关系"，那么在这一空间内的结束就像是朋友间的告别，有着依依不舍的眷恋。"在这里住宿是一段美好的时光，离开时有些舍不得，与老板有缘，很聊得来，也喜欢这里的人们，这里的风景。"①（游客 C）

（二）公共空间的交谈与交往

如果说接待空间主要的功能是提供食宿服务，那么民宿内的公共空间则是主客互动与交往展开的主要场所。预留出一定的公共空间，诸如大厅、茶室、庭院等已经成为民宿行业的基本共识。因为旅游情境下的民宿内，主客之间及游客之间有着展开交往交流的愿望与需要，这样就需要一个使不同人群共处的公共区域。在调查过程中，笔者发现基本上所有民宿都有一定的公共空间，诸如餐厅、茶室或咖啡馆等。其中，大厅最为常见。民宿的大厅往往充当一个多功能厅的角色，它要在满足各种功能需求（接待、餐饮、休息等）的同时，营造出一种具有文化色彩与温情的氛围，使得主客之间与游客之间可以坐下来展开一定的交往。民宿老板贡布大叔说："做民宿近十年了，也总结出一定经验，其中最为重要的就是营造一种氛围，并且与客人聊天互动。这几年下来，交到天南海北的不少朋友，有些真的是特别有眼缘，有些人一见如故，会聊得特别多。"② 而在政府层面，为了提升村寨整体的民宿接待与服务水平，政府专门组织了培训，其中着重提到要留有一定的公共空间，也就是"要大家有一个都能够坐下来说说话的地方"。

在广义的旅游定义中，民宿也是旅游的重要组成部分与旅游活动得以展开的空间，而且相对于景点而言，民宿可能还是游客更加深入与直接了解当地风俗与文化的空间。"民宿不单单是提供民居住宿的物理空间，而是具有旅游体验性质的服务产品"③，"旅游者期望通过与东道主近距离地接触或者试图以'其中一员'的身份融入当地人的生活，亲身体验当地居民的生活方式，

---

① 笔者 2019 年 8 月在四川省丹巴县中路乡的访谈。
② 笔者 2019 年 8 月在四川省丹巴县中路乡的访谈。
③ 赖斌、杨丽娟、李凌峰：《精准扶贫视野下的少数民族民宿特色旅游村镇建设研究——基于稻城县香格里拉镇的调研》，《西南民族大学学报（人文社会科学版）》，2016 年第 12 期。

深度体验旅游地原真的文化，以形成对旅游地的认知"①，民宿则恰好提供了这一场域。"家一样的氛围""物有所值""本土性""主客关系"是影响旅游者选择民宿的主要因素。"在旅游中，我喜欢选择住在民宿，主要是它不像酒店那样是冷冰冰的，而是温馨的、有家的感觉。与老板聊聊天，打听下当地的习俗，听听当地有趣的故事，说说各自的经历，感觉非常好。如果能够遇见一个有趣的老板，那是最好不过了。可能大家选择民宿都觉得老板是个有故事的人，但是真的不一定，有趣的总是稀缺，但是遇见就很幸运，聊得投缘就成为一生的朋友。"②（游客 D）。"在民宿旅游中，游客对于访问这种'后台地区（back regions）'的渴望，源自这些区域与当地社会关系的亲密度以及体验的真实性。"③ 而这种本真性的体验，主要是在民宿内的公共空间中与当地人的交谈与交往过程中形成与获得的。有的民宿内有一个游客留言本。笔者翻阅这些留言发现，这些游客在不吝词汇赞美中路碉楼藏寨之外，还对民宿、民宿主人与当地民众表达着强烈的好感，常用"美丽""善良""淳朴""热情"等词语来描述当地民众的特征与品质。如果说民宿是一个交往空间，那么这一留言本则营造了一个表达空间。

在民宿内的交流，民族、宗教与文化是绕不过的话题，而且这种互动已经进入跨文化交流的层面，呈现的是民族间的交往。"对于老板是什么民族，当然是在意的，来这里旅游就是想找一个当地人，这样能比较多地了解当地的风土民情。老板是藏族，才能给我们介绍藏族的文化，特别是藏传佛教。"（游客 E）"往往是在聊天初期，客人们对宗教与文化比较感兴趣。但是聊到比较深入的时候，也就主要讲个人的故事、经历，人生感悟之类的，彼此了解就比较深入，聊着聊着就成为朋友了。"④（老板冲麦）事实上，一些民宿主人在接待游客的过程中也逐渐了解到游客希望看到的内容，因此会有意安排与展现。这就说明游客的到来与凝视在一定程度上也改变了当地民众的认知，而当地民众在与游客的交往中也更加意识到自身的民族身份与文化特性。

---

① 李海娥：《基于游客视角的旅游地主客交往行为研究》，《学习与实践》，2015 年第 4 期。
② 笔者 2017 年 8 月在四川省丹巴县中路乡的访谈。
③ Maccannell Dean. "Staged Authenticity: Arrangemen of Social Space in Toueist Settings", *Journal of Sociology*, 1973, 79 (3), pp. 589—603.
④ 笔者 2019 年 8 月在四川省丹巴县中路乡的访谈。

整体来看，在民宿内的交往会使得当地居民与游客建立一种"朋友"关系，这种朋友关系虽然在深入程度上只能说是一种"弱关系"，但这一"弱关系"对于当地居民有着重要意义。它能够扩展民宿主人的社会网络，而这一网络为其带来的不仅是外界信息，而且推动着其观念的改变。在对民宿主人的访谈中，他们都表达了与游客互动交往的感受与收获。"虽然有些客人在这里只住了三天，但是我们特别投缘，人特别有趣，有着聊不完的话题，要离开的时候真有些舍不得，毕竟像这样有趣的人并不是能经常遇见。有时候感觉开民宿最大的收获就是这些朋友，而不是赚钱。"（贡布）这意味着，当地民众经营民宿，实际上会有着多重的收获，不仅是在经济上的获益，而且社会关系网络也会得到扩展，而后者正意味着多民族间交往交流的深入。

（三）社区空间内的游览与互动

正如汉藏商人进入"锅庄"且以此为据点展开贸易，但其活动空间不会仅限于"锅庄"，而是会进入康定城内与更多的人群展开互动与交往，而这种在空间与活动范围上的扩展，无疑使得汉藏人群之间的交往进入一个更广泛的层面。在当代旅游情境下的民宿，也是如此。无论是民族村寨中的民宿还是个人在景区运营的民宿，都不是孤立的，而是紧密依托旅游景点与村寨社区的，特别是村寨中的民宿更是在空间与社会关系上镶嵌于村寨社区。这种空间与社会背景，使得民宿内的旅游互动与当地社区存在着密切关联。民宿空间内展开的主客互动与社会关系也会延伸到村寨社区之内，"客人们喜欢到寨子里面看看，有时候我也陪着他们去，给他们介绍一下，就像介绍我的家一样"。游客在村寨社区内的游览，也是旅游情境下民族互动交往的一种表现。在游客来看，无论是建筑、文化还是当地的居民，都有着浓郁的民族色彩，因此充满新奇与探索的愿望。而当地居民看待这些游客，实际上也经历了跨文化的互动与体验，他们从这些游客身上想象外面的世界。旅游对民族地区的社会文化影响得到了学者们的广泛讨论，其中集中关注两个方面：其一，旅游对当地民族文化的影响可能造成文化传统的消解与淡化，一些当地民众对民族文化传统的未来感到担心而强化其民族意识；其二，旅游过程中对民族文化的强调与展演，塑造与强化了其民族身份认同，即旅游促进了当地民族的身份认同与民族意识的强化。在中路乡的藏寨调查中,笔者并没有感受到当地民众的有关焦虑,但在甲居藏寨,则不仅是当地民众有如此担心,就连前往旅游的游客也是这样的感受。事实上,这也说明介入程度深浅形成了认识上的差异。笔者认为,对这一问题应该有着辩证的认识。总体来看,在藏寨社区空间内,外来与本地、汉族与藏族不同的人群展开着或深或浅的互动,从而实现了跨族群的多民族间互动与交往。民宿的运营参与,使得藏寨社区的"自我封闭"格局被打破,使得当地民众在很大程度上扩展了其交往的范围,藏寨社区也成为多民族互动交往的空间。

总体来看,以民宿为中心及其延伸出来的空间,成为当地居民与游客展开互动与交往的主要场域。虽然在不同层次空间内展开互动与社会交往的深入程度有着一定的差异,但它们都呈现了汉藏多民族在旅游情境下的互动与交往,具有跨族际交往交流的性质,并潜移默化地塑造着双方的认知,从而促进着更大范围内的民族交往与民族关系的发展。

三、现代"锅庄":民宿内的主客互动与民族关系发展

川藏线上接待广大内地游客的民宿,就像历史上茶马古道上热情招待汉藏客商的"锅庄",接纳着不同的人群在此汇集,成为族际交往的一个独特空间。民宿内所展开的主客关系,虽然主要发生在民宿这一有限空间,但有着重要社会意义,这是因为在这一空间内形成与发展出来的个人关系所勾连起的是内地与边疆人群的社会关系,并且彰显着族际间交往的意涵。也就是说,在旅游情境下的民宿空间内展开的主客交往,实际上是更为广泛范围内民族互动与关系发展的一种表现形式。随着持续不断的游客前往涉藏地区,与民宿主人及当地居民展开交往,在一定程度上促进了族际互动关系。而且,随着旅游情境下当地居民与游客在各自社会网络及社交媒体中的传播,更是间接扩大了内地与边疆不同民族民众彼此之间的认知与了解。

(一)民宿中的主客互动与"游客-朋友"族际关系的建立

"观察并与当地居民互动"被认为是体验旅游地"日常原真性"文化的重

要途径，这也是很多游客选择民宿的重要原因。民宿旅游是一种"低强度、深接触下的旅游"[①]。在旅游情境下，民宿的空间形态与意义发生了重要变化，从一个私人空间变为一个商业空间，但更被塑造成一个社会交往空间。以民宿空间为中心，具有多民族背景的主客之间展开了一种相互理解、平等沟通的社会交往。在民宿的公共空间内，游客与主人围案而坐，听主人介绍当地的风土人情，营造出一种友好、和谐的温馨感觉，这一过程在一定程度上满足了游客对当地社会生活及文化的想象，成为不少游客极为惬意且值得回味的事情。在民宿空间内，主人与游客之间超越了基础意义上的商业关系，融入了责任与义务（duties and obligations），而非仅仅金钱互惠（non-monetary reciprocities）[②]。主客之间商业与服务性关系隐去，呈现的是一种朋友似的关系。游客"在与东道主的交往中，其角色逐渐从'旅游者'演变为'顾客'再到'宾客'再到'朋友'，从正式的接触逐渐演变为非正式的社会接触，旅游者就慢慢融入东道主社会的生活，成为当地居民的朋友，从而使主客交往上升到最高境界"[③]。

这种"游客-朋友"关系[④]的建立，对于民宿主人来说，是扩大了社会交往，建立了超越地域与族群的社会关系；对于游客而言，则是见识到不同的文化传统、生活方式与人生态度，并以此为参照来反观自己的日常生活和价值观。民宿空间内展开的"低强度、深接触下的旅游"[⑤]，吃住都在居民家里，关系亲密、自然，使得游客在短时间内成为民宿家庭与村寨社区的一部分。有研究者指出，"主客之间的社会交往强度越高，游客对东道主的情感就越正面，游客对其旅游体验的满意度也就越高"[⑥]。在这一过程中，当地居民与游

[①] 孙九霞：《旅游对目的地社区族群认同的影响：基于不同旅游作用的案例分析》，《中山大学学报（社会科学版）》，2010年第1期。
[②] D. Heuman. "Hospitality and Reciprocity: Working Tourists in Dominica", *Annals of Tourism Research*, 2005, 32 (2), pp. 407—418.
[③] 转引自谢彦君：《旅游交往问题初探》，《旅游学刊》，1999年第4期。
[④] C. Ryan. "Recreational Tourism: A Social Science Perspective", *Romedge Press*, 1991, pp. 36—37.
[⑤] 孙九霞：《旅游对目的地社区族群认同的影响：基于不同旅游作用的案例分析》，《中山大学学报（社会科学版）》，2010年第1期。
[⑥] A. Pizam, N. Uriely, A. Reichel. "The Intensity of Tourist Host Social Relationship and its Effects on Satisfaction and Change of Attitudes: The Case of Working Tourists in Israel", *Tourism Management*, 2000, 21 (4), pp. 395—406.

客之间形成了一种融洽的"游客-朋友"关系，并借助微信等社交工具，在旅游活动结束后依然延续，甚至有些游客还会选择重游。"有不少在我们家住过的游客都会带着朋友回来，他们觉得我们这里住着很舒服，风景好。我也很欢迎他们。"（冲麦）

这种"游客-朋友"关系是在不同民族身份的人群中建立的，对于族际交往与民族关系发展的意义在于：特定时空内面对面的互动、基于自身生活背景的交谈，以及蕴含及培养出来的感情，使得主客之间形成了良好的个人关系，并由于主客之间不同的族群背景而有着族际交往的意涵。

（二）旅游情境下主客互动与当地居民民族意识的强化

旅游作为一种游客前往目的地进行消费、游览、休闲等活动的行为，不仅对游客自身有着体验、感受与情感上的影响，而且会对旅游地产生重要的经济、社会与文化作用。学者们普遍关注到旅游中的民众参与及利益获得、旅游业对当地社会与文化的影响等议题，而民族地区的旅游还引发了对民族传统文化和民族意识及认同的影响等讨论。有学者指出，"由于在旅游过程中，相对于以个人身份参与的旅游者，目的地社区是作为一个整体而出现的，并且受到旅游接触的持续性影响，因此，旅游对目的地社区的族群认同和传统文化的影响也更为显著"[①]。民族地区的民宿旅游也是如此，主客之间的频繁互动与深入交往，以及由此延伸出的与当地社区民众的互动，也在潜移默化推动着社区的变化，使得当地居民的民族意识凸显与民族认同得到强化。

这在中路基卡依村经营民宿的当地居民及普通民众中便有着切实的呈现。笔者在对民宿主人的访谈中得知，在中路的旅游发展起来之前，基卡依村与外界之间的交往并不多，基本上是在一个相对封闭的村落内周而复始地生活。而随着碉楼的闻名，一些游客就来到中路，当时还没有专门的民宿，游客就在村民家里借宿，当地村民也就开始接触到外来的游客。随着甲居藏寨的闻名，以及政府对发展旅游的重视与推动，村里就逐渐有人开始用自己家的房

---

① 孙九霞：《旅游对目的地社区族群认同的影响：基于不同旅游作用的案例分析》，《中山大学学报（社会科学版）》，2010年第1期。

子招待游客，发展为民宿。游客的增多，对村寨产生了多个方面的影响，旅游设施逐渐发展起来，人们对自己的民族与文化也有了不同的认识。在与游客的交往中，游客对藏族及其文化的强调，使得当地村民意识到这是游客所感兴趣的，是游客所喜欢的，同时也促成了对自身的民族与文化形成新的认识，进一步重视其民族身份与文化传统。

从基本意义上来讲，"旅游行为是一种生产与消费关系，作为消费者的旅游者将自身的消费需求、态度、期望和行为递给当地的民众，从而在一定意义上支配着当地民众的旅游生产与服务行为，同时也在这一过程中影响着当地民众的观念"①。川藏线沿线的民宿旅游，特别是以民宿空间为中心的主客互动及所延伸到村寨社区的族际交往，更是以一种细致入微的方式影响着当地民众。旅游者对文化本真性的追求，以及在旅游过程中的凝视、问询、探讨，使得民宿主人及当地社区的民众重新审视本民族的文化，并且将之置于日常生活及与游客的互动过程中。正如有学者所指出的那样，"族群意识借助于民族身份的再认同被强化，甚至比以往更强烈，并在与民族旅游发展的互动中不断传承、延续、发展。在这一过程中，民族旅游推动着各少数民族传统文化的复兴和民族身份、民族精神的再建构的不断展现，而且为族群文化的复制、再造和再生产提供了前所未有的场景和舞台"②。

（三）旅游互动与跨区域多民族间认知的增进

旅游事实上是一个双方互动的过程，不仅游客在深入当地民众的日常生活中对其文化会有切身的观感与感受，而且当地民众也在这一过程中对游客所携带的外界文化形成认识。也就是说，正如民宿主人是游客认识当地文化的窗口一样，游客也是民宿主人及社区民众认识内地社会与人群的媒介。"由于游客与目的地居民具有不同的文化背景，因此主客交往就带有了不同程度上的跨文化接触和交流的意味。当旅游者到达目的地开始心中的追梦之旅时，

---

① 李文勇、王苏、韩琳：《民族村寨介入旅游的时空形态及对文化的影响——基于三个民族村寨的调查》，《旅游研究》，2016年第2期。
② 杨慧：《民族旅游与族群认同、传统文化复兴及重建——云南民族旅游开发中的"族群"及其应用泛化的检讨》，《思想战线》，2003年第1期。

目的地地区的居民也在经历着一场跨文化交流过程。"① 因此，在民宿旅游主客互动中所形成的个人关系，实际上具有深刻的社会交往意义，因为这一互动不仅会在个人间持续，而且会扩展到各自的社会关系网络中，并形成跨区域的影响。

这种跨区域的影响，很大程度上是由基于旅游体验的传播来推动的。"旅游者的文化传播作用源自两个方向：归向传播和来向传播。归向传播即旅游者的文化借取，把东道主社区的文化带回到客源地。来向传播，即旅游者将自身的文化撒播到东道主社区。"② 在旅游过程中，游客不仅是消费者，也是自身文化的传播者。当地居民与游客展开的互动交往，实际上是一个不同文化背景的个体或群体展开跨文化交流的过程，而且在旅游情境下，游客及其文化对当地产生着潜移默化的影响，使得当地居民了解到与自身社区所不同的文化。游客在旅游结束后回到原来的社区与生活方式中，会根据对旅游目的地的社会、人群与文化的认知、体验而向他人转述，甚至会形成文字发表在网站、博客等。在某种意义上，"旅游是客源地和目的地不同文化之间的跨文化交流活动，其中旅游者就是这种跨文化交流的中介，是两种文化之间的使者"③。这样，长期的、范围不断扩大的互动及传播，就使得跨区域的人群彼此的了解与认知不断增多。

而这种旅游情境下的人群互动与文化传播，对于多民族交往与民族关系的发展有着重要意义。源源不断的游客前往涉藏地区，就会成为促进汉藏之间交往交流的长久性力量。而这一情形，就像是历史上康定"锅庄"内的汉藏商人，不断地来往于汉藏区域之间，在"锅庄"与康定城内展开贸易与交往，把对彼此社会与文化的认知与了解传播到各自的区域与社会之中，使得距离遥远的不同区域与社会有着跨越空间的相互了解，从而潜移默化地推进着汉藏的交流与融合。

---

① 孙九霞：《传承与变迁——旅游中的族群与文化》，商务印书馆，2012年，第216页。
② 郝长海、曹振华：《旅游文化学》，吉林大学出版社，1996年，第38—39页。
③ 李祥福：《文化人类学视野中的旅游》，《中央民族大学学报（哲学社会科学版）》，2003年第2期。

第四节
小　结

在西部次边疆带区域，道路具有特殊意义，是多民族人群流动迁徙与互动交往展开的空间。在西部次边疆带，最具重要意义的道路是诸条入藏通道（川藏、青藏、滇藏），本章在历史的视野下考察了在川藏通道的开通与修筑中，多民族人群沿道路的流动迁徙与互动交往。随着道路系统的完善，多民族人群的流动更加频繁，互动范围得以扩大，族际交往也逐渐深入，民族间发生了更为密切的融合。在对道路与族群的研究中，本章特别讨论了川藏线沿线民宿在多民族交往中的意义。通过对作为川藏线道路设施的民宿的田野调查，发现游客与民宿主人及当地居民之间在民宿空间内展开了密切的互动，并发展出"游客－朋友"关系，指出民宿的这一功能与历史上汉藏贸易中的"锅庄"类似，其中所展开的互动具有族际交往的性质，并且影响到更大范围的人群，从而促进着多民族人群在旅游情境下的相互了解，推动着民族关系的和谐发展。

从族际交往与民族关系发展的角度来看，道路的意义在于提供了人群之间接触与交往的网络承载，但其作用机制及影响远超于此。川藏公路从开拓到开通，再到畅通，跨越了不同时代，经历了不同历史情境，联通起不同的地域，承载了不同的人群，勾连起不同的社会与文化，使得多样的人群行走、迁徙、流动，塑造着人群的空间分布，也形塑着多民族的分布格局，从而推进着多民族间的交往交流交融，实现着民族关系的和谐建构。

与铁路不同，公路不是一个封闭的从起点到终点的系统，而是开放的，不仅外来的车辆与人群可以使用，也是当地民众日常生产生活的一部分。因此，公路所产生的社会文化影响是全面且深刻的。伴随着川藏道路的修筑与通畅的，是多样人群对道路的日常使用、价值形塑与意义赋予。其中，最为突出的是沿着道路而延伸与深入的旅游，使得川藏公路不仅成为一个功能性通道，而且被视为一种生活方式，而在这一过程中则是多民族人群的互动与交融。

在文化本真性体验的追求下，民宿兴起并成为一种旅游产品。在民宿空间及其所在的社区之内，游客与主人及当地人有着更加深入的交往，形成一种"游客－朋友"关系。但这与传统的熟人社会内的人际关系不同，也不同于同一社区内多民族互动而形成的对彼此的认知。在民宿空间中短时间形成的"游客－朋友"的关系，很大程度上成为对彼此民族的认识起点，并以此影响着更大范围的民族间认知与印象。

本章对川藏线民宿内主客互动的考察，着眼于在此过程中的族际交往与民族关系发展。从民族关系的角度来看，民宿实际上成为族际互动与文化交流的空间。历史地看，这种民宿的特征与功能在一定程度上与历史上茶马贸易中的"锅庄"相似，民宿可以视为当代"锅庄"。虽然所服务的对象不尽相同，但两者在功能上是类似的，不仅提供食宿等基本服务，而且成为一个多民族互动的空间，使得游客与民宿主人及社区内的民众形成了密切交往，勾连起更为广阔区域内的多民族群体。川藏线上的民宿随着川藏公路的通畅与现代旅游的发展而出现并兴起，也在一定程度上促进着内地游客与川藏沿线各族民众之间的互动与交往。

当然，笔者对于民宿作为族际互动空间的描述有着理想化的倾向，旨在讨论民宿在促进民族交往与民族关系发展上的可能性及意义，本书的田野点状况也基本支持这一旨趣。事实上，在一些民宿旅游中，存在着商业化过度、文化失真展演等问题，但是，这一问题可以看作一种例外情形，是可以改进的。民族旅游中的民宿相对于酒店更能提供内地游客与当地少数民族之间互动交往的空间与机会，有助于他们在这一过程中增进了解，从而促进更大范围内的民族和谐关系发展。

道路在西部次边疆带地区的地位与意义亦十分重要。无论是历史上丝绸之路、藏彝走廊、川藏通道，还是当代的公路、铁路及其他交通，都将相对多元的区域联系起来，形成一个具有内在联系的网络，推动了多民族人群的流动、迁徙、互动与交往，从而使得多民族间发展出多种形式的联系。共生和谐的民族关系也就此形成，并不断发展完善。

| 第七章 |
西部次边疆带省际交界空间与情境下的民族关系

省际交界地区作为两省或多省相邻区域，要素流动受到屏蔽与阻隔，往往成为交通"断点"、生态弱点、经济冷点[1]，也是群体性事件的多发之地[2]。与此同时，省际交界地区也往往是多民族杂居区域，各民族间既有经济上的共生互补，也有文化上的交流借鉴，展开了丰富多样的族际交往实践。但是，省际交界地区特殊的地理区位与行政管辖关系，以及"边界效应"的经济社会影响，使得交界地区族际交往的范围、形式、频度、深度等都受到制约，影响着交界地区甚至更大区域的社会稳定与民族关系。

在西部次边疆带，川甘青交界地区是重要的、具有研究意义的省际交界区域。学界对这一区域的关注集中于经济社会发展，而对其民族关系特别是跨越省界的民族互动的调研与讨论相对不足。事实上，族际交往与民族关系的和谐发展是川甘青交界地区统筹协调发展的坚实保障。本章是对西部次边疆带省际交界空间与情境下族际互动与民族关系的研究。主要分为两个方面：其一，是对西部次边疆带最为典型的省际交界地区——甘川青交界地区的族际互动与民族关系的区域层面的调查与讨论；其二，是对位于川甘交界地的郎木寺这一典型案例进行深入的调查，并描述这一空间内回藏民族跨越多重

---

[1] 李俊杰：《浅谈省际边界民族地区经济协同发展》，《光明日报》，2008年8月15日。
[2] 张成、许宪隆、郭福亮：《省际结合部民族因素群体性事件调查报告》，《西南民族大学学报（人文社会科学版）》，2012年第4期。

边界的互动与交融。

第一节
川甘青交界地区的族际交往与和谐民族关系建构

川甘青交界地区作为一个特殊的地理单元，其民族分布格局与民族关系的发展有着突出的特征。由于省际边界的影响，川甘青交界地区跨越省际的多民族族际交往在交往形式、空间范围、性质特点等方面都表现出一定的特殊性。边界的屏蔽阻隔效应直接或间接地在不同程度上影响着川甘青交界地区多民族族际交往的范围、频度与深度，制约着民族关系的深入发展。推进川甘青交界地区的族际交往与和谐民族关系的建构，应限制或减少屏蔽阻隔效应的作用，促进边界中介效应的转化，推动川甘青交界地区多民族间跨越边界的互动与融合。

一、川甘青交界地区的区域特征与民族分布格局

（一）川甘青交界地区的区域范围及特征

1. 川甘青交界地区的区域范围

省际交界地区是指被省际边界分割但又在地理上密切相连的区域，对交界双方确切的空间范围甚至还存在不同的理解与界定。与省际交界地区相类似的概念是省际结合部，它强调省域之间在空间上的交叉与结合，往往以行政区域为单位来划定其范围。以川甘青为例，一般认为的川甘青结合部指的是 3 省 5 州 48 县[1]。省界交界地区虽然与省际结合部在区域范围上重合，但

---

[1] 参见曹黎:《川甘青结合部藏区经济发展特征》,《开发研究》, 2017 年第 4 期; 王林梅、段龙飞:《川甘青结合部藏区经济发展空间特征及俱乐部趋同效应研究》,《云南民族大学学报（哲学社会科学版）》, 2018 年第 5 期。

指向存在明显差异。省际交界地区所凸显的是边界在其中的分割作用及延伸性影响，也就是说，省际交界地区更多是考察边界的存在及影响。从这一角度来考察省际交界地区民族间的互动交往，就需要对川甘青交界地区的区域范围进行界定：其一，不仅着眼于三省交界，也要将两省交界的部分区域纳入其中；其二，在县域层次上，主要考察处于省际边界的县，而不考虑远离省界的县。这样，川甘青交界地区在具体范围上就是指处于川甘青三省或者两省边界线的州县，包含3省7州24县，3省7州24县主要由处在省界边界线上的县构成。

基于以上讨论，川甘青交界地区的区域范围如表7-1所示。

表7-1 川甘青交界地区的区域范围

交界省份	交界州	交界县
四川省	阿坝藏族羌族自治州	若尔盖县、阿坝县、壤塘县
	甘孜藏族自治州	石渠县、色达县
甘肃省	甘南藏族自治州	碌曲县、迭部县、玛曲县、夏河县、卓尼县、舟曲县
	临夏回族自治州	临夏县、永靖县、积石山保安族东乡族撒拉族自治县
青海省	黄南藏族自治州	同仁县、泽库县、河南蒙古族自治县
	海东市	循化撒拉族自治县、民和回族土族自治县、互助土族自治县
	果洛藏族自治州	班玛县、久治县、甘德县、玛沁县

2. 川甘青交界地区的区域特征

川甘青交界地区的界定着眼于省际边界的影响，同时需要考察地形地貌、生态类型、经济社会发展、民族分布、宗教文化等方面的特征。具体表现为以下几点：第一，从整体地理形态来看，川甘青交界地区处于青藏高原、黄土高原、蒙古高原、西域盆地四大版块的接合部，地貌复杂多样，交错分布；第二，在经济文化类型上，川甘青交界地区植被类型多样，农牧结合，形成了多样的产业形态与密切的共生关系；第三，区域发展与经济格局上，川甘青交界地区经济密度较低、产业水平不高，经济发展相对滞后，处在各自行政区域内的边缘地位，更是西宁、兰州、成都等大型城市辐射较弱的区域；

第四，在民族分布上，川甘青交界地区是多民族聚居的区域，汉、藏、回、土、撒拉等多民族混居于此区域；第五，在宗教上，川甘青交界地区地处藏传佛教、伊斯兰教的边缘交界区域，呈现出鲜明的文化复合性特征。总体来看，川甘青交界地区处在诸多不同地理、经济与人文区域的过渡地带，经济社会发展相对滞后，在人群分布与文化上具有鲜明的混杂性与复合性的特征，这些都深刻地影响着该区域的民族分布、族际交往与民族关系。

（二）川甘青交界地区民族分布的格局与特征

从市州级的行政区域来看（见表7-2），川甘青交界地区的7市州总人口为552.3万人，其中藏族占全市州总人口50%以上的有5个，其中甘孜州、果洛州藏族人口超80%，由此可见川甘青交界地区主要分布民族为藏族。其中比较特殊的是临夏，藏族仅百余人，汉族近半，回族、东乡族等信仰伊斯兰教的民族超过50%，由此可见伊斯兰教在这一区域的影响。

表7-2　川甘青交界地区市州总人口及藏族所占比例

交界省份	交界州	总人口（万人）	藏族人口（万人）	占全州总人口比重（%）	其他民族
四川	阿坝藏族羌族自治州	92.2	53.1	57.6	羌族、汉族、回族等
	甘孜藏族自治州	110.7	87.4	79.0	汉族、彝族等
甘肃	甘南藏族自治州	74.6	43.2	58.0	汉族等
	临夏回族自治州	216.7	0.01	—	汉族、回族、东乡族等
青海	黄南藏族自治州	26.9	18.5	68.8	蒙古族、回族等
	海东市	173	15.2	8.8	汉族、回族、撒拉族等
	果洛藏族自治州	20.0	18.3	91.5	回族、土族、撒拉族等

数据来源：根据各州社会新闻报道及地区统计公报计算而得，数据统计时间截至2000年。

而具体到临近省际边界的县，民族分布及人口比重也基本上呈现为类似特征。据表7-3，24个边界县中17个县藏族人口在总人口中的比重最高，其中 7 个县藏族人口比重超 90%，而汉族、蒙古族、撒拉族等在临夏市、积石山县、永靖县、民和县、河南县、循化县的集中分布则呈现了这一区域民族分布的多元性与交叉性。

表 7-3 川甘青交界地区县域民族人口

市州	边界县	总人口（万人）	人口最多民族及人数（万人）	占全县总人口比重（%）	其他民族
黄南	同仁县	10.1	7.5（藏族）	74.3	汉族、土族、回族、撒拉族、保安族等
	泽库县	8.1	7.9（藏族）	97.5	汉族、藏族、回族、土族、蒙古族、撒拉族、满族、东乡族、保安族等
	河南县	4.3	4.0（蒙古族）	93.0	藏族、汉族、回族、土族等
海东	循化县	12.7	7.6（撒拉族）	59.8	藏族、回族、汉族等
	民和县	41.9	15.7（汉族）	37.5	回族、土族、藏族等
	互助县	40.2	28.8（汉族）	71.6	土族、藏族、回族等
果洛	班玛县	3.0	2.8（藏族）	93.3	回族、土族等
	久治县	2.8	2.6（藏族）	92.9	汉族、回族、蒙古族、土族等
	甘德县	3.8	3.6（藏族）	94.7	汉族、回族、土族等
	玛沁县	5.7	4.7（藏族）	82.5	汉族、回族、撒拉族、土族、蒙古族等
阿坝	若尔盖	8.2	7.2（藏族）	87.8	汉族、回族、羌族、彝族等
	阿坝县	8.2	7.7（藏族）	94.0	羌族、回族、汉族等
	壤塘县	4.5	3.8（藏族）	84.4	彝族、羌族、苗族、回族等
甘孜	石渠县	8.68	5.81（藏族）	67.0	汉族、彝族、羌族、苗族、回族、蒙古族等
	色达	3.6	3.45（藏族）	95.8	汉族、回族、羌族、蒙古族等
甘南	碌曲县	3.73	3.31（藏族）	88.7	回族、东乡族、土族、保安族、满族、蒙古族、撒拉族等
	迭部县	5.22	3.62（藏族）	69.3	藏族、汉族、回族、蒙古族等
	玛曲县	5.85	4.39（藏族）	75.0	汉族、回族、东乡族、土族、保安族、满族、蒙古族、撒拉族等
	夏河县	8.78	6.24（藏族）	71.0	汉族、回族、撒拉族、保安族等
	卓尼县	10.39	7.43（藏族）	71.5	回族、土族、满族、藏族、东乡族、保安族、苗族等
	舟曲县	14.28	5.14（藏族）	36.0	汉族、回族、满族、撒拉族等

续表

市州	边界县	总人口（万人）	人口最多民族及人数（万人）	占全县总人口比重（%）	其他民族
临夏	临夏市	39.93	23.04（汉族）	57.7	回族、东乡族、保安族、撒拉族、土族、藏族等
	积石山	26.36	12.14（汉族）	46.1	回族、东乡族、保安族、撒拉族等
	永靖县	21.01	18.09（汉族）	86.1	回族、东乡族、土族等

数据来源：根据各州县社会新闻报道及地区统计公报计算而得，数据统计时间截至2000年。

综合以上川甘青交界地区州县行政区域的民族人口分布和主要民族比重的情况，结合川甘青地区整体的地理环境、区域文化、城乡结构等，可以发现川甘青交界地区的民族格局主要呈现为以下特征。第一，从人口的民族结构来看，川甘青交界地区是一个以藏族为主，汉族、回族、土族、撒拉族等多民族交错分布的混杂区域。第二，从城乡结构来看，汉族、回族等民族主要是分布在平原、谷地等区域的城镇，藏族主要分布在高原、山地的牧区。第三，从人口分布的空间差异来看，随着从青藏高原向东北、东南的延伸，藏族的人口比重在降低，汉族、回族等民族的比重有所上升。第四，从文化的角度来看，川甘青交界地区的多民族格局，呈现出以河曲为中心的藏文化区、以河西为中心的汉文化区与以河湟为中心的伊斯兰文化区的交叉影响[①]。

（三）川甘青交界地区民族分布格局的历史地理分析

多民族混杂而居以及甘青特有少数民族的集中分布，在一定程度上呈现了川甘青省际交界地区民族分布格局的特征。费孝通先生观察到这一现象并进行了讨论，"在青海和甘肃接壤的地区居住着一系列的小民族。这些民族不但人数少，而且只在这地方有。其中不满1万人的就有撒拉族、保安族和裕固族。较大的土族不到1.5万人，东乡族不到3万人"，并提出这样一个疑问：

---

① 刘夏蓓：《安多藏区族际关系与区域文化研究》，民族出版社，2003年，第125页。

"为什么有这么多小民族挤在这个陇西走廊的南端呢?"① 在《甘肃土人的婚姻》一书的序中,费先生又多次提到这些民族:"他们夹在汉族、藏族、蒙古族和回族等人数较多的大民族之间,他们的语言、宗教和生活方式都各自具有其特点,同时又和上述的较大民族有密切的联系。"② 关于费孝通先生所指出的这些族群的分布及特征,后来的学者往往从民族走廊的角度理解费先生对西北民族走廊的界定与描述③。但如果对民族分布的地理空间进行考察,就会发现费先生的论述隐含着对这一区域地理状况与人地关系的追寻。钟进文就指出,"在甘肃省和青海省交界的河湟地区和河西走廊居住着东乡、土、保安、撒拉和裕固五个小民族"④。这些少数民族分布的一个重要特征就是处在省际交界区域。这纯粹是历史的巧合,还是在某种程度上符合某种规律呢?又是在何种程度上昭示着这一区域民族分布格局的整体特征呢?

1. 川甘青交界地区的民族流动及分布格局的形成

历史地看,川甘青地区民族格局的形成是长时段历史进程的结果,突出表现为中原汉族王朝、西藏吐蕃王朝、蒙古的西征与南进以及伊斯兰教的东扩。从民族的迁徙与流动来看,其整体脉络是:汉朝在对抗匈奴时对河西走廊的经营过程中,设立河西四郡,大量汉民被迁徙至此屯田实边;明朝时期修长城,设"西番诸卫",大量汉民以屯戍军的身份进入河西;加之清朝时期以商贸、移民实边等方式进入的汉人,这些成为川甘青地区汉人的基本来源。藏族在川甘青地区的分布起源于唐代时期吐蕃王朝的东扩,吐蕃部落"遍布陇右";明清时期蒙藏之间的互动与冲突特别是蒙古族的北迁,使得藏族在川甘青广泛存在。伊斯兰教在10世纪向东传入中国,蒙古西征所东派的探马赤军与蒙古族、汉人的融合,使得回族在元明时期形成一个新的民族共同体,伴随这一过程的还有东乡族、保安族、撒拉族等民族的形成。

这些军事与政治行动推动的人群流动,也引发了深入的文化互动,形成了相互独立又彼此交融的文化体系,主要有以河曲为中心的藏文化区、以河

---

① 费孝通:《行行重行行》,群言出版社,2014年,第217页。
② 费孝通:《费孝通全集》(第16卷),内蒙古人民出版社,2009年,第34页。
③ 秦永章:《费孝通与西北民族走廊》,《青海民族研究》,2011年第3期。
④ 钟进文:《甘青地区特有民族语言文化的区域特征》,中央民族大学出版社,2007年,第1页。

西为中心的汉文化区与以河湟为中心的伊斯兰文化区[①]。川甘青交界地区是这些文化区的边缘交接区域，呈现出文化复合性的鲜明特征，并在具体空间内有着细致体现。在边界两侧区域的城镇与村庄，多民族、多宗教和谐共处。这种混杂居住且文化相互借鉴的情形，呈现出鲜明的跨体系社会的特征[②]。这既塑造着民族分布的空间格局，也是民族间互动的体现。

2. 省界划分与川甘青交界地区的民族分布格局

省际边界的划定也深刻影响着省际交界地区的民族分布格局。周振鹤先生总结，山川形便与犬牙交错是中国历史上行政区域划定的基本原则，这一原则在川甘青交界地区也有鲜明的体现。这使得这一区域的省际边界呈现为复杂情形，并产生了十分复杂的经济社会效应，对民族关系的发展造成多方面的影响。

甘青两省的行政区域与边界划分受到祁连山的深刻影响，这体现了山川形便的划界原则。这一原则下，某些密切联系的民族群体被分到两省。以山川形便为原则划定的省际边界，往往在生态脆弱区域，在此区域形成了多样的生计方式，这样就形成不同文化特质的人群。在历史进程中，民族迁徙也是多种势力互动的结果，较小族群在历史上受战争或者阶级压迫等因素的影响而迁徙，就只能在这些生存环境相对差的地方立足，例如撒拉族举族东迁就是迫于13世纪蒙古人西征之压力，举迁落户循化，使命是"屯垦戍边"，"上马则备战斗，下马屯聚牧养"，被编入"探马赤军"。保安族也是如此。在文化上，这些民族的先民在迁徙的过程中，最终目的地基本都是各大文化的边缘地区，即今日的甘肃、青海两省及其周边地区。

二、川甘青交界地区多民族族际交往的形式、范围与特点

由于行政边界的存在，川甘青交界地区人口数量、民族成分等统计往往以不同层次的行政区域为单位展开，这样就很难对交界地区的民族互动交往

---

① 刘夏蓓：《安多藏区族际关系与区域文化研究》，民族出版社，2003年，第125页。
② 汪晖：《东西之间的"西藏问题"》，生活·读书·新知三联书店，2011年，第148页。

进行统计意义上的分析。与此同时，川甘青交界区域涵盖范围较大，民族分布的空间差异性也比较明显，单一田野点的问卷统计难以呈现出区域的整体特征。因此，在研究方法上，笔者没有采用一般常用的问卷调查方式，而是主要采取与相关部门座谈及对交界地区民众访谈相结合的方式，从交界地区多民族交往的形式、范围、性质、特点等方面展开描述与分析。在调查区域的选择上，除了以边界为中心整体观照川甘青交界地区，还重点选择阿坝、玛曲、久治等川甘青三省交界的边界县进行座谈，并在具有典型研究意义的位于川甘交界地的郎木寺镇进行深入的实地调研与访谈[1]。这样，一方面可以在整体上描述与分析川甘青交界地区民族交往的特点，另一方面可以深入分析其中存在的问题症结并探索应对之策。

（一）交往形式：经济共生互补与文化互动交流

川甘青交界地区地处农耕区域与游牧地带的边缘交错性区域，这意味着生计方式的多样性，多民族间也发展出共生互补的经济关系。在历史上，川甘青交界地区多民族建立了以劳动地域分工为基础的跨越边界的联系，形成了茶马贸易为特色的商业贸易形式。诸如，汉族、土族等民族主要以农耕为生计，生产出粮食、蔬菜等产品，而藏族、蒙古族、裕固族等以游牧为生，肉类、皮毛、药材等是其主要产品，但游牧与农耕群体又有着互通有无的需要，这一需要则由善于经商的回族、撒拉族等来满足与完成。"多族群间的相互依赖取决于族群间的互补性，没有互补性的族群缺乏族际联系的基础。"[2] 川甘青交界地区的各民族在经济上形成了一种共生互补关系，推动着民族间的互动交往跨越边界而展开。

随着经济共生互补的发展，川甘青交界地区多民族间的文化互动与交流也深入展开，其中深受藏族文化的影响。在日常的经商与社会交往中，回族、汉族、蒙古族等一般都会讲一些藏语，在饮食、服饰、习俗上也深受藏族文化影响，诸如青海河南蒙古族使用藏语，信仰藏传佛教。很多回族人等除了

---

[1] 朱金春：《跨越多重边界的共生、互动与融合——川甘交界郎木寺的族际互动与民族关系》，《青海民族研究》，2019年第4期。

[2] ［挪威］弗雷德里克·巴斯：《族群与边界》，李丽琴译，商务印书馆，2014年，第10页。

宗教与饮食上的差异，与当地藏族日常生活差别不大，汉族和回族的民众一般都会参加藏族祭祀山神和转山等活动。

（二）交往范围：跨越边界的互嵌网络

省际边界的存在，不仅影响了多民族交往的形式及特点，而且影响着民族间交往的空间尺度与关系网络形态。以边界为中心，川甘青交界地区多民族互动交往在空间上主要呈现为临近边界区域的密切交往，以及向边界两侧区域延伸的社会经济网络。

1. 多民族围绕省际边界在相对狭小的城镇或村落空间内展开频繁密切的互动

在省际边界两侧且相邻的城镇或村落，双边人群有着多重的社会联系。由于行政管辖的空间界限，往往在省际边界出现这样的情形：同一城镇或者村落分别属于不同的行政区域管辖，不同区域在基础设施、公共服务、规划发展等方面都各自实施，但这并没有阻碍多民族跨越边界展开的经济互动、社会交往与文化交流。诸如，川甘交界之地的郎木寺，从景观上来看是一个藏民小镇，以白龙江为界在地理与行政上被划归川甘两省，但行政界线并没有隔绝双边各族民众的互动与交往，汉、藏、回等多个民族在此展开了频繁互动，发展出和谐共处的民族关系。

2. 以省际边界为中心延伸并形成一定范围的多民族经济社会交往网络

以边界为中心来观察就会发现，边界两侧的民众以承担行政与贸易功能为主的城镇为节点，以道路为骨架展开互动，由此形成了基本对称且向两侧延伸的社会关系网络。传统的唐蕃古道、松洮古道、洮岷古道等通道，以及临夏、拉卜楞、临潭、松潘、阿坝、果洛等城镇，都是历史上多民族交往互动展开的空间。其中，贯通唐蕃古道与河西走廊的扁都口，现在修建了公路与铁路，是甘肃与青海互联沟通的重要通道，也是青甘多民族互动交往的重要节点。这种跨越边界的网络，呈现了多民族跨越边界展开交往交流交融的范围。与省际边界线上的城镇与村落中民族间密切的互动不同，以边界为中心延伸出来的较大空间内的互动，往往以经济或宗教活动为主。

（三）川甘青交界地区多民族族际交往的特点

1. 交往性质：交界地区资源竞争与共享并存

省际边界的存在深刻影响着多民族交往的程度，并决定了交往的性质，突出表现为交界地区资源竞争与共享并存。具体而言，族际交往以经济上的共生互补与文化上的交流借鉴为主，但也出现了因边界分割资源而形成利益竞争的情形。省际边界划分了资源的行政归属，但是跨越边界的资源利用，以及对边界线划定本身的争议，都极易引发矛盾。过牧行为引发的草山纠纷、矿产资源开发与旅游发展中的利益竞争，都是省际交界地区常有的矛盾。这些由边界而引发的利益纠纷主要发生在省际边界等相对狭小的区域内，但如果将之置于一个大的区域与空间网络体系中，就会发现省际交界区域更多是一个多民族资源共享与文化交流借鉴的空间。作为游牧与农耕的交错区域，川甘青交界地区的多民族互动形成了一种密切的共生互补关系，并跨越边界而将多个民族编织到这一经济社会网络之中，形成了跨越边界的嵌入式社会结构。

2. 宗教在川甘青交界地区多民族族际交往中有着特殊重要的影响

藏传佛教、伊斯兰教等多种宗教在川甘青交界地区集中分布并相互影响与借鉴，深刻地影响着民族间互动交往的形式与程度。宗教作为族际交往的媒介，使得民族间的交往互动有了载体。藏族、土族、蒙古族等以藏传佛教为载体形成了密切的交往，回族、撒拉族、东乡族等遵循伊斯兰教的教义与仪轨而展开互动，藏传佛教与伊斯兰教各自的信众也分别以宗教为媒介展开交流。

3. 省际边界在多民族族际交往中发挥着阻隔与中介的辩证效应

省际边界及其所形成的边界效应在川甘青边界地区的民族交往中有着重要影响。一方面，边界的阻隔效应在行政管辖上规定着多民族交往的空间范围。行政管理的运作、经济社会发展规划的实施、公共事务的参与、地方认同的载体等主要是在所属行政区域内展开，这就决定了多民族交往的对象主要是同一行政区域内的各民族群体。另一方面，省际边界也形成了中介效应，为民族间跨越边界的互动交往创造出平台与机制。虽然川甘青交界州县的经济社会发展在整体上呈现为同质性的特征，但在产业结构等方面依然表现出一定的差异，这样就推动着边界两侧经济共生互补关系的建立，也使得民族间的交往互动跨越边界而展开。处于川甘青交界地的郎木寺，旅游业的蓬勃发展吸引了川甘青以及内地其他省份的汉族、藏族、回族等民族在此展开深入互动。

三、推进川甘青交界地区多民族族际互动与民族关系发展的对策建议

省际边界的存在深刻影响着川甘青交界地区民族关系的发展，特别是边界的屏蔽阻隔效应阻碍着跨越边界的族际交往，使得多民族的互动与融合在范围、频度与深度上处于较低水平。而要改变这一局面，推动川甘青交界地区多民族的族际互动与融合，依然要以边界为着眼点，通过各种举措消除边界屏蔽与阻隔效应的影响，积极推进边界中介效应的转化与实现。

（一）建立联防联调协作机制，促进川甘青交界地区的资源共享与社会稳定，为族际交往创造良好的社会环境

由资源竞争而引发的边界纠纷或群体性事件，或发生在交界地区的犯罪与治安事件，是影响边界稳定的重要因素，影响着民族关系的和谐发展。因此，需要探索川甘青交界地区的联防联调协作机制，为民族间交往互动创造良好的社会环境。首先，建立在明确各种资源产权与行政归属基础上的资源共享机制，特别是探索在资源所有权、资格权、使用权"三权分置"基础上共同利用与开发的路径，明确草场、矿产等资源"管、建、用"和"责、权、利"之间的关系，形成跨越边界的利益共享格局。其次，探索法治化的边界纠纷调解机制，限制寺院在纠纷调解中的过度介入，警惕不法势力的挑拨，在法治化的轨道内处理纠纷、保障社会稳定。最后，不断完善省际交界地区跨区域平安边界联防联调协作机制，在社会治安联防、矛盾纠纷联调、突发

事件联处、边界地区联巡、案件协查协办①等方面探索新的更为有效的工作方式，特别注意协作机制中不同民族的共同参与。

（二）统筹川甘青边界地区发展，促进边界屏蔽阻隔效应向中介效应转化，夯实族际交往的经济社会基础

边界的屏蔽与阻隔效应制约与迟滞着跨越边界的要素流动，造成边界两侧基础设施、市场、经济要素、产业链、生态保护等方面联系的"断裂"，使得交界地区的经济社会发展滞后、联系较弱，这是造成族际交往困难最为重要且基础性的原因。因此，推进川甘青交界地区的族际交往，应消除产生屏蔽效应的因素，提供有利于屏蔽效应向中介效应转化的制度安排，降低区域经济活动的交易成本，使得生产要素的流动和信息的交流集中于边界，使得民族间的互动交往在双边频繁的经济社会联系中展开。

首先，共同推动将"川甘青接合部藏区统筹发展示范区"建设上升为国家战略，在顶层设计、政府政策、空间布局等方面推进川甘青交界地区的经济社会一体化，为民族间的互动交往奠定区域性框架。其次，交界地区在功能定位、产业分工、物流交通上要统筹布局、错位发展，提供合理的制度安排，降低交易成本，建立以生产链为纽带的区域产业分工合作新格局，使得族际交往在跨区域的社会分工中形成有机联系。最后，建立川甘青交界地区省州县等层级的协同合作机制，逐步清理边界屏蔽阻隔的制度、政策，清除阻碍要素流动的做法，促进人群流动，推进族际交往。

（三）加强川甘青交界地区交通与城镇建设，构建族际交往的通道体系与空间载体

族际交往的展开需要一定的空间载体，其中道路与城镇是具有关联性、流动性与开放性的空间形式，历史上的茶马古道与贸易集镇就是多民族交往互动的重要载体。川甘青交界地区的道路畅通度不高，制约着民族间互动交往的范围与频度。加强交界地区的交通道路建设，从宏观层面上要形成跨越

---

① 《阿坝倡议》，载《阿坝新闻网》，http://www.aba—news.com.cn/content/201908/03/c85703.html。

边界并连接不同区域的交通体系，在微观层面上则要打通交界地区的"断头路"与毛细血管，从而形成畅通的道路体系，实现基础设施建设的互联互通，促进要素的便捷流动，扩大族际交往的范围。

道路联通形成网络体系，城镇则是体系上的重要节点，也是族际交往展开的重要空间。川甘青交界地区在历史上就形成了很多具有特色的贸易城镇，诸如松潘县、阿坝县、夏河县，都是汉、藏、回等民族经济互动与文化交流的重要节点。推进川甘青交界地区族际交往，就需要在继续发挥这些城镇商贸、宗教、文化等优势的基础上，探索新型特色城镇化道路，形成具有合理职能分工与空间布局的城镇体系，推进人的城镇化，使川甘青交界地区的城镇成为汉、藏、回等多民族互动交往的集中空间。特别是加强跨越边界线城镇的建设，形成互嵌式的城镇社区结构与交界地区多民族互嵌的社会结构，从而使川甘青交界地区发展成为族际交往的典范区域。

（四）推动川甘青交界地区党建与民族工作融合发展，通过主题教育、党建活动等构建民族间交流交往交融的平台与载体

在边界行政分别管辖长期存在且经济社会发展等条件尚需逐渐完善的情形下，充分发挥积极主动性，以党建为抓手，融合党建与边界、民族工作，在平台搭建、活动举办等方面为族际交往创造条件，这是川甘青交界地区已经展开积极探索并值得继续深入推进的重要举措。诸如甘肃玛曲县阿万仓镇、青海省久治县智青松多镇、四川省阿坝县求吉玛乡三地就建立起跨区域联合党组织，探索出跨边界的民族团结进步联动联创新模式[①]。继续以党建共建深入推进川甘青交界地区族际交往，需要机制与形式上的创新。首先，总结川甘青交界地区联合党建相互嵌入的宝贵经验，形成交界地区"共建、共管、共抓、共谋、共享"的局面，建成具有特色的省际边界党建长廊。其次，以党建为抓手与机制，开展"民族团结一家亲"等主题教育，举办体育比赛、文艺汇演、民族文化交流等民间交流活动，营造睦邻友好的氛围。最后，建立交界地区民族联谊机制，形成经常性的民族团结联席会议制度，定期开展

---

① 《甘青川三省跨区域联合党组织推动民族地区和谐发展》，《甘南日报》，2019年11月19日第2版。

民族联谊和经贸协作活动,探索互访、互学、互助等交流形式,扩大各民族普通群众的参与范围。

(五)以铸牢中华民族共同体意识为目标,加强正面典型的引导,营造川甘青交界地区民族互嵌的社会环境与良好氛围

川甘青交界地区的多民族分布与行政区划,使得民族间的交往互动面临复杂情形,因此,川甘青交界地区需要采取综合举措,遵循族际交往的规律,营造交界地区民族互嵌的社会环境与良好氛围。首先,在宏观层面上,以区域经济协作促进社会文化互动,形成川甘青交界地区民族间互嵌的社会结构,编织多民族互动的社会网络体系。其次,加强川甘青交界地区多民族城镇、村落嵌入式社区的建设,创造各族群众共居、共学、共事、共乐的社会条件,使得川甘青交界地区发展成为多民族互嵌社区的典范区域。最后,以正面典型加强教育,在川甘青交界地区不断铸牢中华民族共同体意识,加强相互接纳和包容的软环境建设。

川甘青交界地区作为一个特殊的地理单元,在地理、生态、经济、宗教、文化等方面都表现出复杂的特殊性,这也使其民族分布格局及民族关系的发展独具特征,突出表现为多民族交往受到省际边界的深刻影响。在省际边界及边界效应的影响下,川甘青交界地区的多民族族际交往在交往形式、空间范围、性质特点等方面都表现出一定的特殊性。边界屏蔽阻隔效应对跨越省界的多民族族际交往形成一定制约,影响着川甘青交界地区多民族族际交往的范围、频度与深度。但与此同时,边界屏蔽阻隔与中介效应的辩证关系则为推进民族关系发展提供了思路与可探索的路径,那就是限制或减少屏蔽阻隔效应的作用,促进边界中介效应的转化。因此,社会治安上联防联调协作机制、跨边界的区域统筹发展、以交通与城镇为中心的通道体系与空间载体建设、党建民族工作融合发展的平台建设、基于铸牢中华民族共同体意识的民族互嵌环境的营造,都是应该努力的方向。

但是,在采取各种举措推进跨界族际交往与民族关系发展的同时,也要认识到,省际边界及边界效应的存在并发挥影响是一个长期的过程,而且在特定的情境下边界屏蔽阻隔效应还会被强化并发挥作用,对族际交往产生制约并影响民族关系的发展。这就需要对川甘青交界地区的族际交往与民族关系发展持一种历史的眼光，在遵循族际交往与民族关系发展规律的基础上，在具体的社会历史情境下，结合自上而下的顶层设计与自下而上的积极探索，使其成为中国整体民族关系和谐发展的一个区域性典范。

第二节
郎木寺多民族人群跨越多重边界的共生、互动与融合

地处川甘交界区域的郎木寺跨越地理、行政、生态的多重边界，存在着社会文化上的族群与宗教边界，在这一多重边界的空间区域内，回藏民族展开着频繁密切的交往，并实现着跨越多重边界的共生、互动与共融。本节以多重边界的视野考察川甘郎木寺地区的回藏等民族互动，呈现其如何在多维的交往中展开跨越生态边界的生计互补与经济共生、跨越行政边界的资源竞争与利益共享、跨越族群边界的社会互动与文化融合、跨越宗教边界的适应与调适，实现郎木寺地区民族关系的和谐构建。

一、多重边界重叠之地的郎木寺：地理、生态、族群与宗教

郎木寺是川甘省际交界地区的一个区域。就整体景观来看，一条宽不足两米的小溪白龙江贯穿东西，北岸是甘肃碌曲县，南岸属于四川若尔盖县，隔江分别矗立着两座藏传佛教寺庙。四川这边是"达仓纳摩格尔底寺院"，简称格尔底寺；甘肃这边为"达仓郎木赛赤寺"，简称赛赤寺。与此同时，在郎木寺镇还修建有清真寺。一条小溪分界又联结了两个省份，融合了藏族、回族、汉族等多个和平共处的民族。藏传佛教寺院、清真寺各据一方，做礼拜，晒大佛，小溪两边的人们各自用不同方式传达着对信仰的执着。这些景观说明了郎木寺是一个独特的所在，其中最为重要的则是在这一狭小的区域存在着地理、行政、族群、宗教等多重边界。

行政区域的划分往往遵循着山川形便与犬牙交错的两个基本原则。川甘边界区域的郎木寺正体现了山川形便的基本原则。郎木寺被分属四川与甘肃两个部分。从范围与形态上，郎木寺是浑然一体的一个区域，两省百姓跨江混居，难以进行明确区分，但在地图上有明确界限，分属两个不同省区管辖。川甘两省共享郎木寺这一地名，在甘肃境内，郎木寺建制为镇，主要包含赛赤寺、郎木寺镇、回民村，属于甘肃甘南藏族自治州碌曲县管辖；在四川境内，郎木寺主要包括格尔底寺、东卡村、回民村，隶属于四川阿坝藏族羌族自治州若尔盖县红星乡。虽然川甘边界经过多次调整，但郎木寺的行政边界一直没有发生变化。据载，从清朝时期郎木寺就是川甘边界之地。

　　从更大的地理范围来看，郎木寺不仅是川甘的行政分界之地，在地理上还具有多种界限意义。从地形来看，郎木寺地处青藏高原东北缘，处在内地与青藏高原的中间过渡地带，是中国西北与西南分界线上的重要节点。在气候上，流经郎木寺的白龙江与秦岭、淮河一样，是中国西部亚热带与暖温带的分界线，是湿润区和半湿润区的分界线。这种地理与气候上的界线地位，使得郎木寺及其周边地区处在一个基于地理、生态以及由此延伸出的生产方式、人群分布、文化传统及治理形态的分界与混合区域，也使其成为一个多族群与多文化的汇集与碰撞区域。

　　就郎木寺周边具体的地形来看，郎木寺被两大湿地和两大山脉包围——它的西南侧是玛曲湿地和松潘湿地，东面是岷山和迭山。郎木寺恰恰处在两大湿地的东北边缘和两大山脉的河谷地带。这一特殊的地理位置，使得郎木寺成为四川北上甘南、青海的天然通道，也是兰州去往九寨沟、成都的必经之地。而在历史上，郎木寺的交通地位更是凸显，郎木寺地处唐朝和吐蕃统治区的边界，唐蕃古道和茶马古道（松洮古道、洮岷古道）两条具有重要历史意义的古道在此交会。郎木寺还处在松洮道、松扶道、洮岷道的交叉地带上，是甘、青、川三省的十字路口。所以，郎木寺既是四川、甘肃两省交界的枢纽，又是从青海去甘肃的要塞，古时就有"南番中心"之称。这样，郎木寺实际上是联系中原内地与西南、西北边疆的一个重要枢纽，地理位置十分重要，是历史上东西南北交流的一个集中之地。

　　郎木寺所处大范围的地理气候及周边地形，决定了其必然是一个多族群汇集与交流的区域。历史上,郎木寺及其周边地区就是羌、氐、党项、吐谷浑等民族的生活区域。吐蕃在东扩的过程中,击败了这一地区的吐谷浑部族,也开始了屯兵戍边,这些士兵是郎木寺藏族的先民。这些人与当地人通婚,并在藏传佛教的影响下扩大着藏族的人口规模。在历史上,藏族主要以部落形式存在,并以寺院或土司为中心。其中,甘肃境内主要是赛赤部落,赛赤部落实行由赛赤寺院直接管理的世袭土官制,部落有土官、头人各一人,下辖 11 个小部落,直接管辖俄藏及双岔两部落。[①] 四川境内主要是格尔底部落,由格尔底寺管辖,下辖噶基喀、幕、降札、热乱、热尔、崇尔等部落[②]。这样,郎木寺的藏族部落就以寺院为中心被组织起来。

郎木寺地区回族的进入也是时代环境的产物。同治四年(1865 年),甘肃临潭、临夏大河家两地的六名回族商人进入郎木寺。为了更好地融入郎木寺的藏族社会,他们与当地的藏族女子结婚,这样就与藏族建立起基于血缘的亲属关系,从外乡人成为本地人,而在这一过程中,他们也逐渐学会了骑马、放牧等本领,并熟练掌握了藏语。更大规模的回族人群来到郎木寺,则是在民国十八年(1929 年)。据《若尔盖县志》记载,民国十八年前后,甘肃临夏和临潭等地回族人为躲避民族间械斗,成批进入草地,部分人在辖曼、热当坝等地定居[③],也就是进入现在的红星镇,一部分就在郎木寺留居下来。对于这些来避难的回族人,郎木寺的寺院与民众表现出了善良与宽容。在田野调查中,一些回族人回忆到当时寺院与藏民的支持,不仅提供了必备的衣物与食物,而且还允许其修建房屋,展开贸易以维持生计。这样,一方面是回族人陆陆续续地从临夏、临洮等地迁入郎木寺,另一方面回族人之间以及回藏之间的通婚,使得回族在这一区域逐渐繁衍。特别是在当地解放后,从临夏、青海等地来郎木寺经商的回族人,以及被分配到政府事业单位的回族干部、职工、知识分子和家属等,成为郎木寺回族人的主要来源,分别在四川与甘肃形成了两个回族村。

---

① 陈庆英:《中国藏族部落》,中国藏学出版社,2004 年,第 426—427 页。
② 中国科学院民族研究所西川少数民族社会历史调查组:《阿坝藏族自治州若尔盖、阿坝、红原调查材料》,中国科学院民族研究所四川少数民族社会历史调查组,1963 年,第 74 页。
③ 若尔盖县志编纂委员会编:《若尔盖县志》,民族出版社,1996 年,第 783 页。

可以看出，回族人前往郎木寺地区并留居下来，与特定的历史情境密切相关。历史上，在相对远离西北民族冲突与起义的地方，这些回族人找到了自己的生存之地，并凭借顽强的意志生存下来。此时，郎木寺对于他们而言，意味着远离纷乱和冲突。而郎木寺地区藏传佛教寺院与民众也以宽阔包容的胸怀接纳了他们。通过商业贸易、日常交往以及通婚，回族人建立起与当地藏族之间密切的社会关系网络，从而融入当地社会。

汉族人进入郎木寺的时间要晚于回族，主要是新中国成立之后因工作分配而来，政府事业部门占据大多数。当前，郎木寺的人口有着更为多元的来源以及更强的流动性，主要是基于20世纪90年代以来旅游业的发展。郎木寺地处兰州—夏河拉卜楞—九寨沟—成都旅游线的必经之处，成为国内外游客游览的目的地。交通的便利与景观的独特，使得游客的数量逐年增加，也吸引了外地的经商者前来，这使得郎木寺地区的人口迅速增长。相对于郎木寺的人口自然增长，外来人口的增长深刻地改变了郎木寺的人口构成与城镇面貌。外地经商人口包括临夏、临潭等地的回族，以及四川、甘肃等地的汉族，这就改变了郎木寺地区的民族人口构成比例，突出表现为藏族人口比例下降，回族、汉族人口比例上升。

在郎木寺，除了存在地理、行政及族群之间的边界，还存在着宗教边界。郎木寺的特殊之处在于，不仅存在着不同宗教之间的边界，而且存在着同一宗教教派之间的边界。在郎木寺白龙江两侧，分布着两座藏传佛教寺庙，都属于格鲁派。甘肃境内为赛赤寺（当地人称为西北寺院或者甘肃寺院），全称为"达仓郎木赛赤寺"，是乾隆年间在"河南蒙旗亲王"的支持下，由出生于双岔部落的赛赤坚参桑盖大师创建。四川境内为格尔底寺（当地人称为四川寺院），全称为"达仓纳摩格尔底寺院"，由五世格尔登活佛建成。这两座寺院由不同的部落"供养"。赛赤寺与格尔底寺虽同属格鲁派，但由于寺院供养群众基础的不同和供奉偶像的差异，郎木寺地区的藏传佛教信仰出现了一条明显的边界，并影响着寺庙之间的关系及两边民众的交往。

郎木寺的特殊之处可以总结为不同形态的边界交织重叠存在：在地理上，是西北与西南的分界之地；在行政上，是四川与甘肃的分界之地；在生态上，是游牧与农耕的交接地带；在族群上，回族与藏族混杂但也存在族群边界；

在宗教上，藏传佛教与伊斯兰教互存边界的同时，内部也存在同一教派之间的边界。这些有形的与无形的边界，实际上就是地理边界与文化边界的结合，使得这一区域呈现出多元、复杂的图景。

二、跨越生态边界的生计互补与经济共生

郎木寺地处甘、青、川三省的交界处，这一特殊的地理位置使其发展成为经济贸易重镇，在历史上就被称为"南番中心"，突出表现为郎木寺在茶马贸易上的重要地位。唐朝时期吐蕃东扩，藏族开始在郎木寺地区分布。由于游牧生计方式以及由此决定的饮食结构，茶成为藏族民众的必需品，而中原王朝对马又有着战略性需求，因此茶马贸易兴起并发展起来。明朝时期在西北设置了著名的四大茶马司，分别是洮州茶马司、秦州茶马司、河州茶马司、雅州茶马司。洮州茶路的来源，基本来自陕西、四川两省。其中四川的茶叶由水路经嘉陵江而上，再入白龙江，进入甘肃南部重镇碧口至武都，再经陆路由各府运递各茶马司。① 地处唐蕃古道和茶马古道（松洮古道、洮岷古道）交叉口之处的郎木寺正是茶马贸易通道上的一个重要节点。在官方茶马贸易受到严格控制的情形下，民间层面的贸易开始发展起来，民间贸易不仅限于茶马这些品类，而且广泛交换着其他众多物品，这使郎木寺作为贸易重地的地位更加凸显。茶马贸易本身就是不同生态区域产品的跨区域交换，同时也伴随着区域间与不同民族之间的交流互动，汉藏等民族跨越生态边界展开交换与互动，在生计上也实现了互补与共生。

清末时期回族民众进入郎木寺，意味着跨越生态边界的生计互补与经济共生达到了一个新的更加深入的层面。初到郎木寺地区的回族，由于没有草场与牲畜，只能从事一些互通有无的商业活动或手工业，而这也正是回族民众所擅长的。在这一过程中，回族首先与郎木寺的藏传佛教寺院建立了良好的关系。因为在当时政教合一制度情形下，寺院在藏族社会占据着经济、社会及信仰权威的核心地位，一切事务都是以寺院为核心组织起来的，得到寺

---

① 丁汝俊：《明代洮州卫的茶马贸易》，《西北民族大学学报（哲学社会科学版）》，1990 年第 2 期。

院的允准与支持，就获得了立足当地的基础。在寺院的安排下，划定地盘，修建房屋，这些回族人接受寺院的差遣展开贸易，成为寺院百姓，对外称"格尔底甲科"。随着回族人口的增加，逐步形成一小巷，藏语称"甲科"，并逐渐形成了分属于甘肃与四川的甲科村（回族村）[①]。

回族人在郎木寺的适应是以回藏之间的生计方式差异及互动性为基础的。藏族人是以牧业为主，所生产的主要是肉、奶、毛等畜牧产品，对生活用品、生产工具等有着必然需求，而回族人则有着悠久的商业传统，形成了成熟的商业伦理并积累了丰富的经验。这样，回藏之间形成了一种共生关系。由此可见，回藏民族之间的关系形成与发展是以经济关系为中心的，在此基础上，文化、生活、社会等各个方面产生了广泛联系。

随着市场经济的发展，回藏民族在生计方式上都呈现出多元化趋势，其中一个突出表现就是藏族民众从事生产活动类型的多样化。越来越多的藏族民众不再局限于畜牧生产，而是逐渐扩展到手工业、制造业、商贸业以及旅游业。在离郎木寺镇较远的村庄，分布着一些零售商店或售货点，销售的基本上都是藏族牧民所需要的日常生活用品，而且在一些村落，也有着临时性不定期的羊毛、蘑菇、虫草等特产收购点，很多藏族民众参与其中。在旅游业上，很多藏族民众在郎木寺镇上开设了藏族饰品店、特产商店、藏式风格的旅馆，以及特色餐厅茶馆酒吧等。虽然有些是由外地人投资创办的，但也说明藏族民众日益参与到旅游服务等多种形式的生计方式中。回藏民族在参与旅游业发展上，呈现出差异性的选择。据笔者在郎木寺的观察，回族主要集中在餐饮、旅馆等方面，藏族主要从事饰品销售、旅馆及酒吧等。也就是说，即使在旅游业这样有着一定同质性竞争的产业上，回藏民众也是根据自身的优势而形成了不同的分工，这样都可从中获益。藏族民众所销售的饰品、特产等，特别是牛肉干、虫草、雪莲、雪菊、蕨麻、蘑菇、青稞酒等，都产自草原，或者由草原产出的原料制造，这表明了游牧生计方式的延伸。由此也见，藏回民众在参与旅游业上社会分工的不同，也是基于自身的生计传统，并实现着跨越生态边界的互补与共生。

---

① 若尔盖县志编纂委员会编：《若尔盖县志》，民族出版社，1996年，第784页。

三、跨越行政边界的资源竞争与利益共享

在郎木寺，人们可以明显感受到行政边界的存在。极为狭窄的白龙江将郎木寺分为川甘两省，一桥就可以跨越，在地理上难以阻隔，但是又可以明显观察到两侧各自的行政标记，诸如政府、银行、电力、自来水等市政单位的牌匾上标示着四川或者甘肃，说明了郎木寺不同区域分别属于不同的省域来管辖。行政界线并未造成地理上的阻隔，这意味着边界两侧的民众会发生广泛且频繁的互动，也意味着在资源归属与使用上可能存在共享与竞争，这在省际边界地区极为常见。一般而言，对土地及附着其上资源的利用决定了人群的生计方式，在郎木寺主要表现为对草场的占有与利用。

与农耕区域耕地有着清晰边界不同，游牧区的牛羊是移动的，有时会越过牧地边界，这样就可能引发纠纷。但是，如果以历史中、长时段的视野观察，就会发现从20世纪90年代以来，郎木寺因边界而发生的草山纠纷已经很少见了。有学者指出，涉藏地区草山纠纷近些年逐渐减少，这与草场承包特别是围栏建设有着密切关系。在郎木寺，笔者也观察到，随着回藏民众逐渐参与到旅游业发展中，草山纠纷几乎没有了。

郎木寺环境清幽，风光优美，风情浓郁，素有"东方小瑞士""甘南香巴拉"等美誉，特别是两座藏传佛教寺庙的存在，以及浓郁的宗教风情，使其成为闻名中外的旅游景点。美国人罗伯特·埃克瓦尔的《西藏的地平线》使得郎木寺闻名海外，20世纪80年代以来吸引了大量外国人前来旅游，之后也得到国内游客的热捧。郎木寺的旅游价值逐渐被发掘出来，吸引着当地的汉藏回人民参与到旅游开发之中。

郎木寺川甘两边的政府意识到在旅游业上进行合作协同发展的重要性。回、藏、汉等民族在参与旅游业发展上根据自身优势，从事着差异化的行业，诸如回族集中在餐饮与住宿，藏族集中于饰品销售与娱乐场所经营，汉族则都有所涉猎，这样就形成了新产业发展中的共生互补关系。从郎木寺生计变迁的历程可以发现，在资源利用的类型发生变化的情况下，资源的竞争性逐渐让位于对资源的共享，从而使得民族间的共生互补关系更加深入。李锦、

金锐在松潘漳腊地区的案例中就观察到，对土地资源与矿产资源的开发引起了汉藏回之间民族关系的紧张，而在后来随着旅游业和蔬菜种植业的发展，藏、汉、回族对资源的利用逐渐演变为一种合作的生计模式，形成了稳定的互惠关系[①]。

围绕边界而形成的利益关系，往往是在一定的资源占有与竞争之中存在，并且呈现出特定的空间形式。郎木寺的川甘分界，使得这种资源占有与竞争关系以边界的形式呈现出来。在资源利用的类型与形式上更加具有共享性的情况下，边界的划分与区隔意义就会变淡，这将弱化不同行政区域与多民族群体的利益竞争程度，并由此产生一系列的社会文化反应，从而使得跨越边界的多民族之间基于经济共生与文化互补而形成地域性的和谐关系。

四、跨越族群边界的社会互动与文化融合

随着在郎木寺生计上的适应与互动，回族与藏族之间展开了全面的社会互动。但是这一互动的展开经历了一个变化的过程。起初，作为外来者与少数人的回族，虽然有其经商能力与手艺能满足藏族民众的需要，但是首先需要得到寺院的允准与庇护。在郎木寺，寺院将这些来到此地的回族纳为寺院百姓，保护他们的经商行为。为了更好地适应当地社会，这些回族都娶藏族女子为妻。族际通婚意味着民族间的深度融合，不仅意味着经济上的相互依存，也意味着文化上的相互融合，特别是血缘关系的建立更是将民族间融合以家庭乃至家族的方式呈现与巩固下来。

如今，在日常生活中，回藏民族之间相处很融洽。就郎木寺的整体城镇面貌来看，基本都表现出回藏结合的形貌，而在四川境内的清真寺则是汉式风格。留存下来的老房子，都是当地特色的踏板式木房。当笔者穿梭于不同的回藏人家时，发现布局与摆置有很大的相似性。在饮食上，也是回藏交叉，并且回族的饮食备受欢迎。在郎木寺镇上有一家名为"哈妹小镇百味"的清真餐厅，受到川甘地区回藏汉等各民族的共同欢迎，笔者在调研期间，发现

---

① 李锦、金锐：《松潘漳腊地区的资源利用与族际互动》，《开发研究》，2017年第3期。

很多藏族民众及喇嘛前来吃饭。在与餐馆老板的交流中，老板也告知来此就餐的藏族人很多，并且与他们很熟识。这个餐馆等实际上成为郎木寺回藏民众交往互动的一个公共空间，频繁的互动与相互的了解在此展开。

由于长时间的相处，回藏民族之间来往密切，形成了较为亲密的邻里关系。有些回藏家庭相邻而居，有事就相互帮助，穆斯林家庭要去清真寺参加活动，便委托藏族邻居照看家里。在回藏民族各自过年等节庆时，藏族人与回族人会相互拜访。当宴请有回族人参加的宴会时，藏族人会专门准备阿訇宰过的牛羊肉，有时会借来回族人的锅碗，以尊重其饮食习惯。回族人家里"襄院"，主人都会邀请关系好的藏族人来，反之藏族人也会在红白喜事活动时邀请关系较好的回族人。[①] 在一些节日或者婚丧嫁娶等活动上，如果请了回族人则要在镇上的清真饭馆里招待。在语言交流上，据当地老人讲，早些年间来到郎木寺的回族人，都说一口流利的藏语。现在郎木寺的回族人基本上都会说上几句藏语，回族村的小学也开设了藏语文课，这样交流起来基本没有障碍。

总体而言，在郎木寺，既存在着空间上有形的地理边界与行政边界，也存在着基于族群与宗教区分的无形边界，这些边界交织在一起，既有重合也有分异，从而使得郎木寺既为多重边界所区隔，呈现出一种多元性、分割性与边界性，同时多重边界集中于郎木寺也意味边界的叠合与交织，使得郎木寺被整合为一个具有多样性和文化复合性的区域，形成了一种包容多种文化的社会氛围。回藏民族的互动就在这一区域展开，并发展出既有竞争又和谐共处的民族关系。郎木寺这一案例呈现了一个西部多民族聚居区不同民族在多重边界的影响之下，在经济互动、社会交往、文化适应等方面的多彩图景。其中，多重边界的跨越与融通是理解郎木寺民族关系的关键。

---

① 马清虎：《甘南藏区"襄院"仪式调查——以郎木寺回族为例》，《回族研究》，2013 年第 2 期。

第三节
小　结

在西部次边疆带，既有以农牧为区分的生态边界，也有地域性的地理、行政边界，以及表现在社会文化上的族群边界、宗教边界与文化边界。其中，行政边界在西部次边疆带有着突出呈现，行政边界及其所表现出的边界效应，不仅影响着各种要素的流动与资源的配置，还影响着多民族人群间的互动与交往，使得族际互动与民族关系成为特殊的情形。

本章集中讨论西部次边疆带中川甘青交界地区的族际互动与民族关系发展。首先对川甘青交界区域层面的族际互动进行了整体勾勒，然后对郎木寺这一典型案例展开了深入细致的描述与剖析。

川甘青交界地区作为一个特殊的地理单元，在地理、生态、经济、宗教、文化等方面都表现出复杂的特殊性，从而使得这一区域的民族分布格局及民族关系的发展呈现出不同于其他区域的特征，突出表现为川甘青交界地区的多民族交往受到省际边界及边界效应的深刻影响。事实上，在川甘青交界地区的各级政府及基层民众有着积极的探索，社会治安上联防联调协作机制、跨边界的区域统筹发展、以交通与城镇为中心的通道体系与空间载体建设、党建民族工作融合发展的平台建设、铸牢中华民族共同体意识背景下的民族互嵌环境的营造，都是应该努力的方向。

郎木寺的案例，充分展示了西部次边疆带地区一个交界地区典型城镇多民族互动交往的丰富情形。在郎木寺，既存在着空间上有形的地理边界与行政边界，也存在着基于族群与宗教区分的无形边界，这些边界交织在一起，使得郎木寺被整合为一个具有多样性和文化复合性的区域，形成了一种包容多种文化的社会氛围，回藏民族的互动就在这一区域展开并发展出既有竞争又和谐共处的民族关系。郎木寺这一案例呈现了一个西部多民族聚居区不同民族在多重边界的影响之下，在经济互动、社会交往、文化适应等方面的多彩图景。其中，多重边界的跨越与融通是理解郎木寺民族关系的关键。

进一步而言，郎木寺实际上是中国西部多民族地区的一个缩影。在西部边疆民族地区的不同空间尺度与区域单元下，实际上都存在着地理、行政、生态、族群、宗教等多重边界，多民族的互动正是在这种多重的边界形态下展开。正如巴斯所言，族群认同不是独立的，而是人们持续的归属和自我归属的产物，族群认同的形成贯穿于吸纳和排斥的关系过程中，这就是表现为边界的塑造与维持，并指出边界是研究族群现象的最佳视角。① 但是，如果对扩展其边界的形式，不仅局限于族群边界的维持，而是着眼于多重边界特别是边界的跨越及交织，就会发现正是这多重边界的存在与跨越，族群间的互动被编织到不同的网络之中而形成复杂有机的体系，从而使得民族互动有着多样的依托与形式，使得民族关系的发展有着坚实的生态、经济与社会文化基础。

借用汪晖的概念，郎木寺以及西部多民族地区的不同单元实际上就是一个"跨体系社会"②：混居地区的家庭和村庄常常包含着不同的社会体系。在这样一个跨体系社会中，不同族群、宗教与语言的社会体系之间存在着有形与无形的边界，体系之间冲突与融合的互动过程，实际上就是边界的产生、强化、突破、弱化等交织在一起的过程，而对边界的跨越则意味着关系的联结，和谐的民族关系也就以此为依托而构建起来。

西部次边疆带地区省际边界的形成与存在，是地理、经济与行政因素影响下的必然结果，也是国家边疆治理的产物。总体来看，省际边界及边界效应的存在并发挥影响是一个长期的过程，这就需要对西部次边疆带地区的族际交往与民族关系发展持一种历史的眼光。要在遵循族际交往与民族关系发展规律的基础上，在具体的社会历史情境下，结合自上而下的顶层设计与自下而上的积极探索，使西部次边疆带省际边界区域成为中国整体民族关系和谐发展的一个区域性典范。

---

① 参见〔挪威〕弗雷德里克·巴斯：《族群与边界——文化差异下的社会组织》，李丽琴译，商务印书馆，2014年，导言。
② 汪晖：《东西之间的"西藏问题"》，生活·读书·新知三联书店，2011年，第148页。

| 第八章 |
对口援藏中的族际交往与民族关系的发展

对口援藏作为中央政府安排,中央机关部门、各省市与企业共同参与的一项行动,除了极大推动了涉藏地区的经济社会发展,还产生了多重社会与政治效应,其中一个重要方面就是援藏过程中援藏人员与当地干部民众之间的互动推动了更大范围的内地汉族与涉藏地区少数民族之间的交往交流,密切了涉藏地区与内地之间的联系,推进汉藏民族关系的发展。

西部次边疆带的民族关系既有一定的地域性特征,也表现为跨区域的关联,特别是随着交通条件的便利和市场经济的发展,人群的跨区域流动在改变西部次边疆带的民族构成及空间格局的同时,也使得民族间的互动在范围与频度上有所增加,有力推动着多民族的交往、交流、交融。对口援藏作为国家旨在推动西藏与四省涉藏州县经济社会发展的一项重要安排,在推动涉藏地区基础设施建设、产业升级、人才培养、民生保障等实现明显改观的同时,也推动着援助各省市与涉藏地区的联系。学者们对对口援藏的经济社会成效多有关注并展开了一些讨论,但对这一行动的社会文化影响特别是民族关系发展上的研究相对欠缺。事实上,对口援藏行动推动着双方民众展开频繁广泛的互动,推进着跨区域的民族间交往交流与交融,是发展民族和谐关系的重要举措,也是铸牢中华民族共同体意识的国家行动。本章主要考察对口援藏行动对发展民族关系的重要作用,其中着重考察对口援藏中的人员互动是如何推动民族交往,并进一步推动民族关系发展的。

第一节
对口援藏行动的经济与社会效应分析

"援藏"的实践和观念在新中国成立初期就已存在。总体来看，对口援藏的制度与政策安排主要是以西藏工作座谈会的方式确定下来并不断扩展与完善的。1980年3月召开的第一次西藏工作座谈会，确定了对西藏展开技术、农牧业等方面的援助[1]；1984年2月到3月，中央召开了第二次西藏工作座谈会，确定了由水电部、国家建材局等相关部门和9省市（北京、上海、天津、江苏、浙江、四川、广东、山东、福建等）对西藏的中小型工程项目（即43项工程）进行援助[2]，成为全国援藏工程开始的标志。1994年召开的第三次中央西藏工作座谈会，正式提出了"对口援藏"，做出了中央各部门和15个省市"对口援藏、分片负责、定期轮换"的重大决策[3]，开创了全国支援西藏的新局面。这次西藏工作座谈会确立了对口援藏以"干部援藏为龙头、技术援藏为骨干、资金援藏为补充"[4] 的框架。2001年的第四次西藏工作座谈会，提出进一步加大对西藏的扶持力度，把西藏所有县（市、区）纳入对口支援范围，实现对口支援西藏的全覆盖。2010年，第五次西藏工作座谈会，指出川甘滇青四省要全省各方面力量支持四省涉藏州县的发展，确定了对四省涉藏州县的省内对口援藏方针。2015年，第六次西藏工作座谈会，中央对这两点再次进行了强调，提出"加大中央对四省藏区政策支持力度，统筹推进西藏和四

---

[1] 中共中央文献研究室、中共西藏自治区委员会编：《西藏工作文献选编》（一九四九—二〇〇五），中央文献出版社，2005年，第302—303页。
[2] 西藏自治区人民政府办公厅等编：《全国支援西藏》，西藏人民出版社，2002年，第56页。
[3] 分片负责是指西藏的每个地区分别由两个省市负责；对口支援是指中央机关各部门对口支援自治区区直机关相应部门，相关省市在负责的片区按部门与县进行对口支援；定期轮换是指基本按照每三年一轮换的固定模式进行支援。
[4] 马新明：《丰碑：北京市对口援藏二十年实践与探索》，北京联合出版社，2014年，第28页。

省藏区协调发展，统筹推进四省藏区和本省协调发展"①，这事实上就是强调了对四省涉藏州县对口援助的重要性。对口援藏也得到了学界的关注，有学者指出，"我国援藏制度萌发于'民族平等、民族团结'的观念体系，强化于建国初期中央高层领导对'西藏特殊性'的认识，确立于改革开放后中央对'西藏特殊性'认识的延续和深化以及对口支援的引入"②。对口援藏制度的发展是建立在对西藏与四省涉藏州县特殊性认识的基础上，因此对口援藏也逐渐发展成为以这些区域为对象而展开。

在中央的统筹安排与各省市的积极响应下，对口援藏发展出经济援藏、教育援藏、就业援藏、科技援藏、干部人才援藏等多种途径，并形成具有特色的"组团式"援藏等模式，对口援藏工作形成了全方位、宽领域、多层次的格局。"援藏政策体系的形成是一个动态的探索过程，这一过程是中央政府依据相应的制度规范，通过一系列政策引导和动员，不仅扩大了参与援藏的主体机构，援藏覆盖范畴不断扩大，援藏行动力度不断增强，援藏方式更加灵活、措施更具针对性。"③ 对口援藏已经发展成为一项推动西藏与四省涉藏州县经济社会发展与提升自我发展能力的系统性工程。

总体来看，对口援藏促进西藏与四省涉藏州县在经济社会发展上取得了显著成效。到2014年，对口援藏已经开展了20年，"这20年来对口援藏单位累计实施援藏项目7615个，投入援藏资金260亿元，有力地促进了西藏跨越式发展；累计安排援藏资金近15亿元，用于扶持特色农牧业、优势矿产业、精品旅游业等重点产业发展；累计安排援藏资金18亿元实施了一系列的民生项目，改善了农牧民生产生活环境；20年来先后派出近6000名援藏干部和专业技术人才赴藏工作"④。这些援助极大促进西藏的经济发展、产业升级、民生改善，并带来了观念理念的革新，经济社会效应十分明显。有学者指出，对口援藏"经济增长效应和产业结构优化效应在总体上是显著的，说明中国

---

① 郭永虎、暴占杰：《改革开放以来中国共产党治藏方略演变及启示——以六次中央西藏工作座谈会为视角》，《青海社会科学》，2016年第4期。
② 谢伟民、贺东航、曹尢：《援藏制度：起源、演进和体系研究》，《民族研究》，2014年第2期。
③ 周竞红：《援藏：西藏民族团结进步创建重要载体》，《满族研究》，2017年第4期。
④ 《20年援藏为西藏发展稳定注入强大动力》，《西藏日报》，2014年8月25日第1版。

政府对西藏的经济发展援助量质兼顾"①，但是西藏产业结构演进路径与经济增长过程尚不能同步匹配②，事实上指出了对口援藏在经济上的成就及存在问题。当然，对口援藏在经济发展上的成效是主要的评价着眼点，但也不能忽视社会方面的成绩，有学者指出，对口援藏"应当看有多少农村剩余劳动力得到了转移就业的机会，应当看农村医疗卫生和社会保障体系的完善程度，应当看城镇藏族流动人员与外来汉族流动人员收入的差距是否在缩小"③。这实际上就是指向了对口援藏的社会效益方面。内地援藏资源源源不断地向西藏输送，不仅输入了经济发展的各种生产要素，同时也输入了新的生产方式、新的观念，展示了中国各区域之间在发展上的连接，探索出"中国特色、西藏特点的发展路子"④，这在更为宏观的视野内呈现了对口援藏的社会成效。

对口援藏除了对西藏与四省涉藏州县的经济社会发展有重要推动力，还具有十分重要的政治意义。从对口援藏的制度安排与政策实践来看，这一过程中内地援助人员与受援地当地居民之间展开着频繁互动，诸如干部援藏、人才援藏中与当地干部及人才之间的交往，以及在援藏项目实施过程中内地人员与当地民众的密切协作，这些互动在很大程度上都是在内地汉族与西藏及四省涉藏州县的藏族民众之间展开，有着族际互动与多民族交往的性质。因此，对口援藏所产生的一个重要经济社会效应，就是推动了多民族之间的互动交往与民族关系发展。

事实上，对口援藏政策的出台与完善，本身就有着推动民族平等、发展民族关系、增强国家认同的价值预设。西藏与四省涉藏州县经济社会发展相对落后，形成了与内地其他民族相比事实上的不平等，而对口援藏以多种形式的举措助力发展，为民族间事实上平等的实现奠定了坚实的基础。而在对口援藏过程中内地与西藏及四省涉藏州县多民族间的互动，扩大着民族间的交往与交流，进一步推动着平等团结互助和谐民族关系的发展。对口援藏所

---

① 董珍、白仲林：《对口支援、区域经济增长与产业结构升级——以对口援藏为例》，《西南民族大学学报（人文社会科学版）》，2019年第3期。
② 董珍、白仲林：《对口支援、区域经济增长与产业结构升级——以对口援藏为例》，《西南民族大学学报（人文社会科学版）》，2019年第3期。
③ 马戎：《重思援藏项目的经济和社会效益——为靳薇〈援助政策与西藏经济发展〉序》，《青海民族研究》，2011年第4期。
④ 杨明洪、刘建霞：《省市对口援藏制度及其演化分析》，《民族学刊》，2019年第1期。

推动的经济社会发展、民众生活水平的提高,极大增进了其生活幸福感,也使广大民众对国家的认同得到进一步强化。

但是,当前学者们对对口援藏的讨论与研究主要集中于援藏体系、援藏内容、援助方式[①],援助过程中的相关利益主体的行为倾向和博弈关系[②],援藏的经济社会成效评估[③]、评价原则[④],以及政策有效性及改进举措等[⑤],是从政策制度、运作机制、成效不足等方面展开探讨,关注的也主要是政策、经济与社会等方面,而对于其中的人群互动与关系发展等则关注相对不足[⑥],对其中所推进的民族间互动交往与民族关系的发展也缺少专门系统的讨论。

事实上,对口援藏创造了内地与西藏及四省涉藏州县多民族互动交往的契机、场景与机制。全方位、宽领域、多层次的对口援藏格局,使得援藏人员与西藏及四省涉藏州县各区域、各领域、广范围的民众都展开了基于发展规划、项目实施、技术交流等方面较长时间的互动,增进了双方的了解,深化了彼此的感情,推进了文化交流,从而使得民族间的交往、交流、交融进入一个新的更加深入的层次。但是,在学者们对对口援藏的研究中,却相对忽视了对其中民族关系议题的探讨。事实上,多民族交往、交流、交融以及民族关系的发展,不仅是对口援藏的政策目标之一,而且还是对口援藏实践得以顺利展开的重要保障。基于此,笔者以四川涉藏州县中的甘孜州为例,着眼于对四川省内相关市县与甘孜州甘孜县在对口援藏中的人群互动与交流展开调查,梳理对口援藏过程中多民族互动交往的形式、内容及其特征,分析其中存在的问题及原因,并进一步就促进对口援藏中多民族交往、交流、交

---

① 杨明洪、马骏丽:《以"民主改革"为坐标起点考察对口援藏制度》,《中央民族大学学报(哲学社会科学版)》,2019 年第 5 期;杨明洪、刘建霞:《省市对口援藏制度及其演化分析》,《民族学刊》,2019 年第 1 期;谢伟民、贺东航、曹尤:《援藏制度:起源、演进和体系研究》,《民族研究》,2014 年第 2 期。
② 杨明洪、张营为:《对口支援中不同利益主体的博弈行为——以对口援藏为例》,《财经科学》,2016 年第 5 期。
③ 靳薇:《西藏援助与发展》,西藏人民出版社,2010。
④ 吴开松、侯尤峰:《对口援藏政策属性与评价原则》,《学习与实践》,2017 年第 2 期。
⑤ 杨明洪:《对口援藏有效性的理论认识与实现路径研究》,《中国藏学》,2014 年第 3 期。
⑥ 孙岿教授从民族之间互助合作角度出发,谈论辽宁对口支援新疆塔城地区的案例,伴随以定居为核心的经济生产与生活方式转型,牧民生产生活从传统社区向公共领域转变,传统自发合作也向现代社会契约合作类型演变,提出了对口帮扶政策是一种在政府指导下建立更广泛的族际合作模式的过程。孙岿、何晓芳、金海燕:《族际交往模式:自发合作、契约合作与指导合作——以辽宁对口支援新疆塔城地区为例》,《满族研究》,2012 年第 4 期。

融与发展和谐民族关系提出对策及建议。

第二节
对口援藏中族际交往的形式与特点

中央对口援藏的安排前期主要集中于西藏，但是四省涉藏州县也面临着发展不充分的状况。为了统筹西藏与四省涉藏州县的协调发展，川甘青滇四省涉藏州县被纳入对口援藏的范围之内。2010年中央第五次西藏工作座谈会作出了对口支援青海涉藏州县的安排，2014年国务院办公厅出台《关于印发发达省（市）对口支援四川云南甘肃省藏区经济社会发展工作方案的通知》，将川甘滇涉藏州县也纳入对口援助的范围。其中，广东被安排对口支援四川省甘孜州，自此，甘孜州也被纳入跨省对口援藏的框架内。而在中央对四省涉藏州县作出对口援藏安排之前，四川省也在2012年启动了省内对口援藏工作，形成了省内"7+20"（7个发达市对口支援20个涉藏困难县）对口援藏的格局，2016年又将省内对口援藏工作由"7+20"扩展为"9+32"[①]，实现了对四川涉藏州县的全覆盖。这样，对甘孜州的对口支援就形成了跨省与省内共同援助的局面（见表8-1）。

表8-1 全国对口支援甘孜州结对省市一览表

甘孜市县	省外援助	省内援助	
		2012年已安排	2016年新安排
炉霍县	广州市	成都市锦江区	
色达县	广州市	成都市温江区	
新龙县	广州市	宜宾市	
石渠县	深圳市	成都市金牛区	
德格县	深圳市	成都市高新区	

[①] 《我省出台省内对口帮扶实施方案全域结对帮扶藏区彝区贫困县》，《四川党的建设》，2018年第17期。

续表

甘孜市县	省外援助	省内援助	
		2012年已安排	2016年新安排
甘孜县	深圳市	成都市龙泉驿区	
理塘县	珠海市		金堂县、成都市新都区
稻城县	珠海市	泸州市	
乡城县	佛山市	泸州市	
得荣县	佛山市	成都市青羊区	
丹巴县	惠州市	成都市成华区	
道孚县	惠州市	成都市郫都区	
雅江县	东莞市	宜宾市	
九龙县	东莞市		成都市青白江区
白玉县	中山市	成都市武侯区	
巴塘县	中山市	成都市双流区	
康定县	江门市		都江堰市
泸定县	江门市		蒲江县

资料来源：根据《广东省对口支援四川省甘孜藏族自治州经济社会发展工作的实施方案》《四川省省内对口帮扶藏区彝区贫困县全域结对帮扶工作实施方案》整理。

关于对口援藏中族际交往的实地调研，笔者以甘孜州为研究范围，在康定就甘孜州整体的对口援藏进行了座谈，并选择甘孜县为主要田野点。通过对甘孜县干部群众，援助甘孜县的广东省深圳市与省内成都市龙泉驿区的援藏人员展开座谈、深入访谈、电话访谈等方式，从族际交往的内容、形式、特点、成效等方面展开描述，并分析其中存在的制约因素与问题，以此来探讨在对口援藏中促进多民族交往、交流、交融，发展民族关系的可行路径。

一、对口援藏中族际互动的内容与形式

对口援藏形成了干部人才援藏、经济援藏、智力援藏、科技援藏、企业援藏、就业援藏以及医疗教育人才"组团式"援藏等相结合的全方位、多渠道、宽领域援藏格局，每一种援藏方式都意味着援藏人员与当地干部及民众

之间直接或间接的互动与交往,与此同时也带动着受援地区与援藏方之间民众的交往。这些互动虽以个体之间交往的形式且以援助互动的方式展开,但事实上集中体现了多民族群体间的交往、交流、交融。

(一)援藏干部人才与受援州市干部群众的互动与交往

干部人才援藏是对口援藏的重要方式。援助省市选拔年富力强、政治素质高、业务能力突出、经验丰富的优秀干部人才前往西藏与四省涉藏州县,不仅以其自身的工作作风为当地党政干部队伍注入新的活力、带来新的思想观念,而且还以自身职务所掌握与调动的资源来推进援藏工作[①]。更为重要的是,援藏干部深入一线,与受援地干部民众展开频繁、深入的互动,从而直接推动着多民族交往、交流、交融。根据实地调查的总结,这种互动主要呈现为三种形式。

1. 援藏干部人才与受援州市干部人才之间的业务交流与合作

广东与四川省内的援藏干部来到甘孜州各县,一般担任着各级政府的副职,分管一定的行政工作并积极协调援藏工作,与当地干部基于工作业务而以同事关系展开互动。此外,援藏干部还要协调资源的调配、项目的实施等以推进援藏工作,从而在一个相对较长的时间内与本部门及其他部门的干部展开密切互动、频繁交往。在对援藏干部的访谈中,他们所谈及的除了援藏,最多的就是情谊。几乎所有人都表示,在援藏工作中与当地的同事结下了深厚的友谊,并且在个人的对口援藏任务结束后依然延续,保持着联系与来往。除了援藏干部,教师、医生等专业技术人才以医疗业务、教学、科研等为载体与当地卫生教育等领域的人员展开了密切的交流。从形式上看,这种基于工作业务的援藏干部与当地干部之间形成的关系具有个体关系的性质,但是这种关系是跨区域、跨民族的,可以视为族际关系的特殊形式。

2. 援藏干部人才与当地干部在日常生活中的交往与交流

除了在业务上的交流与合作,援藏干部人才与当地干部的交往也延伸到日常生活之中。在实地调研特别是访谈中,笔者发现援藏干部与所在的政府

---

① 靳薇:《干部援藏的成就与局限》,《科学社会主义》,2010年第6期。

部门、学校、医院等本地藏族同事在生活中也有着互动，展开着较为深入的文化互动与情感交流。与工作中的业务交流不同，这种日常生活中的互动有着私人交往的性质，在文化上更为交融，在情感上更为深入，在对口援藏任务结束后依然延续，更是有着多民族间交往交流交融的深刻意涵。

3. 援藏干部人才与当地民众之间的互动与交往

对口援藏中，援藏干部人才也深入基层社区与牧区展开一系列活动，诸如扶贫、义诊、讲学等，从而促进了援藏干部与当地广大民众之间的互动与交往，也在广大民众中树立了援藏干部的良好形象，传递了援助省市的爱心与支持。值得一提的是，甘孜州展开了结对认亲、群众工作全覆盖行动，安排对口援藏干部与贫困农户之间结对认亲帮扶，援藏干部人才深入农牧区与农牧民群众同吃住、同学习、同劳动、筹资金、想办法，共同致力于脱贫致富，这就使得援藏干部与当地民众之间形成了密切互动与交往。

（二）对口援藏中部门结对帮扶中的双向族际交往

随着对口援藏的深入与援助方式的完善，不仅覆盖所有领域，而且逐渐下沉基层，形成了全方位的"全域援藏、立体援藏"的对口援藏格局。其中，在《四川省省内对口帮扶藏区彝区贫困县全域结对帮扶工作实施方案》的指导下，按照机构对口、行业相近、优势互补的原则，援藏方与受援方以"部门（单位）对部门（单位）""乡镇（街道）对乡镇（街道）""村（社区）对村（社区）""学校对学校""医院对医院"等方式，在产业发展、人才培养、社会帮扶等方面开展帮扶。诸如，成都市龙泉驿区就推动区级部门、街镇乡、村社区、学校、医院等与甘孜县相关单位结成帮扶对子85个，其中就有54所学校结成帮扶对子[①]。这种部门间的对接与结对意味着两个单位之间全方位的互动，参与其中的不仅是援藏干部与各种人才，而且包含企业、社会组织以及双方的民众等。在地位对等、业务相近、频繁深入的互动中，双方展开密切的互动与交流。除此之外，还探索出教育、医疗领域的组团式援藏，更是使得族际间的互动得到集中展开。这种部门间的结对关系，还推动着援助方

---

① 余应琼、刘锟：《援藏壮歌唱响雪域高原》，《甘孜日报》，2017年10月6日第3版。

与受援方之间的双向互动,突出表现在甘孜的干部及专业技术人员前往龙泉驿区的结对部门挂职、培训、学习等,在这一过程中建立起深入关系。整体来看,这种部门间的结对关系,以部门对接与帮扶的方式推动与保障了援藏的成效,也使部门间的人员互动得以频繁深入地进行,对于提升业务技能、增进了解具有重要意义。而且部门间的结对关系,蕴含着内生性能力的增长与共生性关联的生成,使得部门之间在一定程度上形成了利益共同体,也在涉藏州县与内地市县之间编织了一张密集网络,从而推动以部门为单位的人群跨区域互动,使得汉藏民族间的交往、交流、交融有着坚实的基础。

除了政府部门与事业单位之间的结对关系,龙泉驿区与甘孜县还展开了"千企帮千村"村企结对帮扶行动,57家企业与65个贫困村建立起了结对关系,通过村企合作、签约结对的形式展开对口援助,这一结对形式除了资金、项目、产业等方面的支持,还展开更大规模且更为深入的双向互动,从而推动着在援藏干部之外更多人群之间的交往,特别是走村入户的深入交流。

(三)对口援藏中的民间互动与族际交往

对口援藏中的互动与交往,除了对口援藏干部与人才等在援藏过程中所展开的面对面的互动,还有基于对口援藏而推动的间接的民间互动。干部援藏在诸种援藏方式中具有主导性作用,不仅各项援藏工作都需要通过援藏干部来完成,而且还在于干部协调联系与推动着全方位援藏格局的形成。通过援藏干部的组织与协调,部门之间的结对、民间企业与组织的产业投资、双边的人员交流等全面展开,这样就加强了对口援藏中双方人群的互动与族际交往。

随着对口援藏的深入,援藏不再局限于政府、医院、学校、央企等行政部门与事业单位。在援藏干部的动员与影响下,一些企业、社会组织与个人也参与其中,形成了民间层面的援藏,并推动着内地援藏方与受援方之间更为广泛且深入的人员互动。一些企业在参与援藏过程中,发现当地特色的资源与发展潜力,就积极地利用共建企业与产业园区的方式,将资金、技术与当地的资源结合起来,既壮大了企业规模、增加了新的业务,又使得当地民众可以从中受益。一些社会组织与个人也通过捐助、支教等方式参与对口援藏。以甘孜县为例，省内对口支援单位为成都市龙泉驿区。龙泉驿区通过组织"千企帮千村"等帮扶行动，组织区内 57 家企业（协会）与甘孜县 64 个贫困村结成帮扶对子①，通过这些企业力量推动村落的产业发展与脱贫致富。成都巧媳妇农业开发公司、成都宝中旅游集团等企业，还通过积极主办年货节等方式推进甘孜农牧产品销售购买活动，助力打造生态农牧产品销售通道，形成销售长久机制。这样，这些企业与当地民众之间就有着互惠性的直接互动。与政府以干部、人才、财政等方式展开援藏不同，单一企业虽然在资金项目上没有政府所能协调的体量与规模，但是在援助方式上更加注重援藏过程中的互利共赢，这更加符合市场机制的要求，也能形成长期的援助。因此，以企业为主的民间援藏，在范围上更加广泛，在方式上更加灵活，在机制上更为长效，推动着内地与涉藏州县众多的人群在援助过程中展开频繁且深入的互动。这一跨区域的族际交往依托共生互利的经济活动，嵌入跨区域的经济与社会有机联系中，使族际交往有着坚实的经济社会基础。

通过实地调查与访谈，笔者总结出对口援藏中的人员互动与族际交往的主要类型，呈现了对口援藏中多民族交往交流交融的多样图景。事实上，对口援藏不是内地资金、人力、物力与观念向西藏与四省涉藏州县的单向传播，而且是在这一过程中实现了双方的频繁且深入的互动，体现了族际社会文化交往，促进着民族间的交往、交流、交融。

二、对口援藏中族际互动交往的主要特征

一般而言，一个区域内的多民族互动是在经济发展与社会文化交流中内生而展开的，往往呈现为在一定的物质基础与社会环境条件下展开的生计互补与经济共生、社会适应与相互交往、文化交流与借鉴融合等，是一个发生学意义的递进生成过程。外来群体进入一个多民族区域并定居，也遵循着这一递进逻辑而展开互动与交流。但是，对口援藏中的人员往来与族际互动是在一个跨区域的空间内展开的，并且是由国家政策安排所推动的，因此对口

---

① 余应琼、刘锟：《援藏壮歌唱响雪域高原》，《甘孜日报》，2017 年 10 月 6 日第 3 版。

援藏中多民族交往交流交融的内容、方式、规模、深入程度等方面呈现出自身独特的特点。

第一，从互动双方的人口数量与人员构成来看，呈现出以援藏干部人才为核心，并向其他人群扩展与延伸的格局。在对口援藏中，援藏干部人才扮演着核心角色，不仅援藏的工程项目需要援藏干部推动实施，而且与当地干部群众的沟通与联系也需要援藏干部的主动作为。进一步地，援藏干部人才还积极推动着援助省市与被援助方各部门、事业单位等建立联系，形成结对关系，动员企业援藏等。这样，援藏人员就发挥着桥梁的关键作用，推动着双方成规模的人群往来与相互交往，从而使得对口援藏中多民族交往、交流、交融既有直接的核心群体，也有着广泛的人群与群众基础。在实地调研中，笔者也深刻感受到援藏干部的关键作用。

第二，就族际互动的时间来看，对口援藏中的多民族交往、交流、交融呈现出一定的时间限度与周期性。按照中央"分片负责、对口支援、定期轮换"的安排，援藏干部参与援藏也有一定周期，就甘孜而言，广东援藏干部援助甘孜一般为三年，四川省内干部援助甘孜周期为两年，教师、医生等专业技术人员一般为一年半，此外还有时间更为灵活的柔性援藏。三年与两年可以说是一段较长的时间，援藏人员可以展开一定的工作并与当地干部群众进行较为频繁的互动交往，一旦援藏结束返回内地，原有建立的关系虽可持续，但难以保持密切的互动。不过这一轮换的优点在于，新的一批援藏人员进入西藏，开始了新一轮的人员往来与族际互动，从而扩大了民族间交往、交流、交融的人群接触面。

第三，就族际交往的空间维度来看，呈现为跨区域的人群双向互动。为了有效推进对口援藏各项进展，西藏与四省涉藏州县的干部人才前往内地进行学习、参观、锻炼等是必要安排。在援藏干部的推动下，甘孜县成批次的干部、教师、医生等人员前往广东、龙泉驿区，在学习、考察的过程中与内地的干部群众展开了密切互动。在对口援藏中，援受双方注重"送进去"与"请出来"相结合。2014年到2018年，甘孜州累计选派277名骨干教师和189

名医务人员赴广东省进修学习①。龙泉驿区从 2012 年到 2021 年，共接收 1200 余名甘孜县干部人才挂职锻炼、短期培训，"传帮带"甘孜县干部人才 560 余人；截至 2020 年，免费接收甘孜县挂职学习卫生管理干部及医务人员 100 余人次；同时，还接收甘孜县 500 余名农牧民学生到龙泉驿区免费就读。因此，对口援藏所推动的人群互动是双向的，但这种双向互动的跨区域性决定了"人群与文化上的交流也不太可能是大规模与高频度的"②，这是因为对口援藏在内地省市与受援地区之间建立的是一种跨区域的联系，援藏工作呈现为鲜明的嵌入性特征，而不是基于区域间社会经济的发展的内生逻辑。因此，双方人员往来与族际交往不是基于自然的人口流动与迁徙，而是在国家政策推动下展开的。如果以此来达成深化多民族交往、交流、交融的目标，就需要长时间的持续。

第四，从族际交往的内容与性质来看，具有特定范围并呈现出鲜明的政策性。对口援藏虽然形成了全方位、多渠道、宽领域的援藏格局，援助省市与受援地之间的人员往来与社会互动也在这一格局下展开。但是，这一社会互动交往的内容有着特定范围，主要是围绕西藏经济社会发展、民生改善、民族团结等展开，并且是遵循着对口援藏的方式路径。这种援助的内容与方式决定了族际交往的内容与性质，一方面，受援双方不存在利益竞争，而是有着共同的目标指向、共同的政策工具，因此在推动跨区域的多民族交往、交流、交融与民族关系发展上就呈现出独特的优势，但另一方面，这种局限于对口援藏各项活动中的族际交往，呈现出鲜明的政策性，互动的内容与形式需要在此基础上不断扩展。

---

① 徐登林：《广东对口支援甘孜借力发展》，《甘孜日报》，2018 年 8 月 8 日第 2 版。
② 朱金春：《"一带一路"视域下的边疆内地一体化》，《中央民族大学学报（哲学社会科学版）》，2018 年第 3 期。

第三节
对口援藏中族际交往对汉藏民族关系发展的作用及成效

当前,对口援藏已经形成了"从单一行政援藏到社会援藏、从单一资金援藏到经济社会全方位补位支撑、从单一统筹区内资源到统筹援受双方优质资源"[1] 的援助格局。而且,在援藏过程中,援藏干部、技术人员、教师医生、民间组织、企业员工等都在不同层面以多种形式与当地的干部群众展开互动,建立起了密切联系,直接或间接地推动了跨区域多民族关系的发展。

一、对口援藏中的族际交往为多民族关系的发展提供了经济基础与物质承载

民族关系的发展遵循着一定的逻辑路径,往往由经济互动开启,经济上的共生互补编织起民族间互动的社会经济网络,进而社会性的交往与文化的交流也逐次展开。对口援藏中族际交往的路径却存在着特殊性,对口援藏是以行政的力量推动的,呈现出鲜明的政策性,旨在推进西藏与四省涉藏州县的经济社会发展与民生改善。随着援藏工作的深入,援助逐渐从外嵌性的"输血"转向内生性的"造血",这样双方就基于援藏而结成了一种经济共生体与利益共同体。有研究发现,援藏行动与受援地县市的经济发展呈现为较强的正向关联[2]。这在甘孜县有着突出呈现。据统计,从 2000 年到 2019 年,甘孜县地区生产总值从 7716 万元跃升至 119800 万元,财政收入从 274 万元跃升到 7437 万元,农牧民人均收入从 684 元跃升到 12461 元[3]。对口援藏促进

---

[1] 罗布次仁:《凝聚起同步建成小康社会的"中国力量"——党的十八大以来全国对支援西藏综述》,《中国民族报》,2016 年 7 月 15 日第 1 版。
[2] 周春山、余波、史晨怡、王宇渠:《援藏与西藏自治区经济发展耦合协调分析》,《地理科学》,2018 年第 2 期。
[3] 参见龙泉驿区统战部《同行小康路》,第 35 页。

了当地的生产力发展，基于产业升级而使得社会分工得以扩大。"一个民族的生产力发展水平，最明显地表现在该民族分工的发展程度。"① 社会分工的扩大不仅使得援藏双方建立起更加深入密切的联系，而且与援藏方当地的产业发展形成共振与协同。这种跨区域的经济联系，实际上就是形成了跨区域的社会分工。正如王明珂指出的那样，"对口援藏实际上是一种国家主导的跨区域、跨族际的资源共享体系，'多元一体'的中国，以经济补助来减缓内陆地区之贫困与匮乏，并以国家力量来维持族群间的秩序"②，"将广大东亚大陆生态体系中相依存的区域人群，结合在一资源共享之国家与国族内"③。这种由政策推动的对口援藏，实际上是一种国家主导的跨区域跨族际的资源共享体系，不仅推动了西藏与四省涉藏州县经济社会的长足发展，而且使援藏方与受援方两地建立起密切的经济联系，这样就使得双边的人员来往与族际交往有着源源不断的推动力，也为民族关系发展提供了坚实的经济基础与物质承载。从龙泉驿区援助甘孜县来看，人员往来的规模是逐步扩大的，其中大部分是基于援藏的具体项目实施、产业发展、乡村振兴等展开而进入与动员起来的。这种人员的往来基于援藏具体工作的需要，有着坚实的物质基础与现实支撑。

二、对口援藏中的族际交往增进了双方的社会文化认知

对口援藏在推动西藏及四省涉藏州县社会发展、人员双向流动的同时，还形成了多重社会影响，其中一个重要方面就是营造了多民族交往、交流、交融的社会环境。对口援藏这一涉及内地多个省市的国家性工程，使西藏及四省涉藏州县这一边疆民族地区被大众关注。通过中央的统一安排，内地各省市以直接或者间接的方式展开对西藏与四省涉藏州县的支援，加强了这些区域与内地省市的全方位联系。内地民众切身认识到西藏与四省涉藏州县的经济社会状况，也深刻感受到文化的多元多彩之处，特别是，对口援藏直接

---

① 马克思、恩格斯：《马克思恩格斯选集》（第1卷），人民出版社，1972年，第25页。
② 王明珂：《羌在汉藏之间：川西羌族的历史人类学研究》，《中华书局》，2008年，第324页。
③ 王明珂：《羌在汉藏之间：川西羌族的历史人类学研究》，《中华书局》，2008年，第324页。

或间接推动的人员往来，使得双边民众消除了原有的刻板印象，在社会文化层面的认知更加深入。正如列宁指出："支持一切有助于消灭民族差别、消除民族隔阂的措施，支持一切促进各民族间日益紧密的联系和促进各民族打成一片的措施。"① 对口援藏正是在各个方面创造了汉藏民族间交往、交流、交融的平台机制与社会环境，从而推动着跨区域民族关系的发展。

三、对口援藏中的族际交往推动着跨区域民族互嵌式社会结构的形成

对口援藏主要是内地的人员、资金、技术等在政策安排下向西藏及四省涉藏州县的流动，呈现为自东向西、从内地向涉藏地区的空间趋向，这一看似单一方向的援助，实际上推动着双方的互动与交流。除了内地省市向涉藏州县选派干部人才，涉藏州县也选拔干部人才到内地省市进行挂职锻炼、考察学习、系统培训等。这样的人员交流使得涉藏州县的干部人才来到内地省市，不仅提升了知识与技能，而且与内地的干部群众密切互动，增进了彼此了解并结下了友谊，这就促进了汉藏间民族关系的发展。对口援藏所推动的汉藏双向流动还表现为项目建设、产业发展等，吸引着内地民众前往涉藏州县经商或打工，同时涉藏州县的民众也以此为契机向内地流动。有学者指出，"汉藏民族间呈'自主性双向或多向流动'态势，目前，以汉族为主的各民族人员到西藏经商、打工、交流、旅游的同时，大量藏族人从西藏及四川、青海、甘肃、云南四省的藏族自治州乡镇已经涌入了汉人密集的内地都市经商、打工、求学、谋职、交流、旅游"②。同时，对口支援的项目建设与产业发展也吸引着内地特别是援助省市的民众与企业前来，成为民间援藏的重要组成部分。诸如，二十余家成都知名企业赴甘孜州寻求投资合作③，还有一些企业早就与当地民众建立起密切的合作关系，这无疑加深了汉藏民族的互动交流。这样经由对口援藏而展开的多民族人群互动，以及由此展开的经济建设与社

---

① 《列宁选集》第二卷，人民出版社，1995年，第348页。
② 仁真洛色：《从藏族流动人口状况看汉藏民族关系》，《中国西藏》，2012年第4期。
③ 《市州对口帮扶民企增光添彩》，《甘孜日报》，2014年11月4日第1版。

会交往，更加紧密地将援受双方联系起来，在一定意义上形成息息相关的跨区域命运共同体。

总体来看，对口援藏在推动西藏与四省涉藏州县经济社会发展的同时，也推动了双边人群的双向互动，"通过扩大西藏和四省藏区各民族与内地各族人民之间多层次经济文化交流，推动各民族之间、各地区之间的经济、文化从多元向均质化方向发展"①，从而使得援藏方与受援方建立起有机联系，民族间的互动交往日益频繁，在一个更大空间内推动了民族间互嵌格局的形成，有效推动着平等、团结、互助、和谐的社会主义民族关系的发展。

第四节
推动对口援藏中族际交往与民族关系发展的对策建议

对口援藏为推动跨区域的多民族交往、交流、交融提供了平台与机制，成为发展西藏及四省涉藏州县与其他地区民族关系的重要动力，也是铸牢中华民族共同体意识的国家行动。总体来看，对口援藏极大推动了四省涉藏州县与其他地区的人员往来与社会交往，使得汉藏多民族关系发展到一个新的水平。但同时，也存在着一些不足，需要群策群力，采取多种举措，进一步推动西藏及四省涉藏州县与其他地区的多民族交往、交流、交融的深入开展。具体而言，包括以下几点建议。

第一，将深化对口援藏中的民族团结设置为对口援藏工作的目标之一并以指标体系加以评价、衡量与推进。

第三次对口支援西藏工作会议指出，做好新时代新阶段援藏工作，要把促进各民族广泛交往、交流、交融摆在更加突出位置，深入开展铸牢中华民族共同体意识教育，这对对口援藏工作提出了新的要求。因此，需要进一步

---

① 罗布次仁、杨步月：《对口援藏助力国家一体化发展——专访四川大学社会发展与西部开发研究院副院长杨明洪教授》，《瞭望》，2014年第34期。

丰富对口援藏的意涵，在对口援藏的制度安排与具体工作中，将促进族际交往与民族团结作为一项目标任务，使得多方人群在对口援藏实践中自觉践行、有序推进、不断创新，以凝聚人心、夯实基础。首先，语言是共同交流的重要工具与有效渠道，因此在对口援藏过程中，将学习藏语与藏族文化、加强与藏族干部群众的交流互动、推进民族团结，作为对援藏干部人员进行培训与考核的重要内容，这样可以更加有效地发挥援藏干部的中间作用；其次，将促进双边民族的跨区域流动、培训、就业等作为援藏省市的目标之一，并进行量化与质化相结合的考核；最后，将举办各种民族团结活动，推动民族交往交流、加强民族团结宣传等作为援藏工作的必备项目。

第二，发挥援藏干部及其他援藏人员的中坚与桥梁作用，推动援受双方更广泛的人员往来与更密切的族际交往。

援藏干部及其他援藏人员是直接面向西藏干部群众的群体，是族际交往的直接践行者与推动更大范围人群互动的桥梁，因此应发挥其在促进多民族交往、交流、交融上的重要作用。首先，适当增加援藏干部及相关人员的援藏时间，消除临时性、随意性等不良心理，保障与当地民众互动的广泛性、深入性与持续性；其次，构建多样的互动平台与活动机制，促进援藏人员与当地干部民众在日常生活中的交往互动与文化情感交流，推动其与当地民众进行更为深入的常态化交流，使其成为展现内地风采与民族团结的示范；再次，采取激励措施，充分发挥援藏人员的积极能动性与自身资源优势，发挥其桥梁作用，采取项目考察、产品推介、培训学习、观光旅游多种形式推动援助省市与西藏之间的人员往来，推进更大范围的多民族交往交流交融；最后，通过援藏干部人员的推动与引介，巩固援受双方区域间、部门间的结对帮扶关系，形成常态化的业务共建与人员往来。

第三，推动形成跨区域的经济社会共生互惠共同体，为对口援藏中的多民族交往、交流、交融奠定坚实的物质基础。

在对口援藏中，应创新援助的思路与方式，发挥各自的资源与优势，从单向的援助转向双向的共赢发展，形成更加面向市场的跨区域经济社会共生互惠共同体，这样将持续深入推进多民族交往交流交融。首先，鼓励受援双方充分发挥能动性，对各自资源要素进行梳理与整合，推动人才资金技术管理与资源优势的有机结合，推动双方基于援藏建立跨区域的有机经济社会联系，创造区域间族际互惠式利益交往环境，铸造利益互惠链，增强不同族群成员对彼此的经济依存度，在利益互惠共享中合作共赢；其次，鼓励探索"飞地经济"模式，在省市级层面协调进行合理空间规划与产业选择，共建项目孵化、人才培养、市场拓展等服务平台，吸纳西藏不同层次的人才和劳务人员跨省就业、创业、兴业，扩大援受两地人员互动，促进多民族之间的交往、交流、交融；最后，以"组团式"援藏为基础，组建跨区域教育、医疗等共生互惠共同体，形成长期的支援与互动机制，推动资源、技术的共享，推动双边人员互动交往常态化。

第四，纠正援藏中的"政绩工程"观念与做法，搭建民族互动交往的平台，加强文化交流与情感互动。

对口援藏不仅仅是工程建设、产业发展等，更为重要的是以此来密切西藏及四省涉藏州县与其他地区的联系，因此在对口援藏中要强调共建共同发展，加强社会文化交流，促进民族团结。首先，纠正援藏过程中的"政绩工程""面子工程"观念，在工程与建筑命名上以体现汉藏元素交融为主旨，强调共建共同发展；其次，在对口援藏中，援受双方通过搭建平台、组织活动，找准援藏人员与西藏干部群众的情感共鸣点和利益结合点，加强心灵沟通，增进相互了解，建立各族群众共话发展、畅叙情谊的平台，使得对口援藏成为凝聚人心的工程；最后，进一步探索新时代汉藏文化交流的新符号、新象征、新形象，形成在认识上共通、情感上共振、价值上共享的新文化形态，在对口援藏中塑造和突出各民族共享的中华文化符号和中华民族形象，以此推进多民族交往、交流、交融，不断铸牢中华民族共同体意识。

第五，开展民族团结教育，加强对口援藏宣传，加强正面典型引导，讲好援藏故事，营造促进各民族交往、交流、交融的和谐氛围。

对口援藏的跨区域特征决定了族际交往面临着经济社会联系较弱的情形，这就需要在宣传教育上加大力度，讲好援藏故事，营造和谐氛围，遵循民族间交往交流交融的规律，为对口援藏中的族际互动创造良好的社会环境。首先，在对口援藏干部中加强民族团结教育，使其深刻认识到对口援藏所蕴含的深刻意义，树立牢固的国家意识、公民意识、中华民族共同体意识，并在对口援藏的各项具体行动中加以实践；其次，通过对对口援藏中推进民族交往的工程项目、典型人物、突出事迹的发掘、报道，形成生动的案例，利用各类新媒体平台扩大宣传，讲好援藏故事，同时发掘西藏干部群众对对口援藏及援藏人员的认识、看法等，形成本地人视角的故事讲述，展现多民族交往、交流、交融与民族关系和谐发展的新进展；最后，加强对口援藏中西藏与内地之间文化交流的学术研究与理论宣传，既总结历史上汉藏交流的经验，也研究当代汉藏文化交流的新现象、新形态，通过对口援藏为汉藏交流寻求新的结合点与联结纽带。

　　民族交往、交流、交融与民族关系的发展是一个自然过程，遵循着特定规律，但并不意味着不能主动创造民族关系发展的条件。这就需要不断改进对口援藏的实践，使援藏人员积极促进族际交往，推进"文化援藏"，从国家建设的高度凝聚人心，加强心灵沟通，增进相互了解，加强中华民族共同体与中华民族共同精神家园的建设。"当前整个中国的人口、包括少数民族人口呈现大范围、跨区域地自由'趋利'和'趋舒适'流动趋势。各民族间事实上正在逐步形成正常、健康的双向或多向互动、互利、互补关系"[①]。对口援藏正是以一种较为特殊的方式推进着这一进程，因此就更应该在政策调整与完善上注重促进民族交融，使广大民众认识到对口援藏在促进汉藏交流与民族关系发展中的重要意义，使其在对口援藏的过程中自觉做族际交往的参与者与推动者。

---

① 仁真洛色：《从藏族流动人口状况看汉藏民族关系》，《中国西藏》（中文版），2012年第4期。

| 结 语 |
中间地带的互动与交融

西部次边疆带在内在结构与外部地位方面均具有特殊性,是多民族混杂居住的区域,其民族的空间分布、文化特征及关系发展既有多样性,也呈现出变动性。内在的空间特征与外部的重要地位,共同塑造着这一区域发展的历史进程。在西部次边疆带,生态基础上的经济共生互补、多族群的交流互动等都鲜明地体现着"人之互动的空间形构"的关系塑造作用。西部次边疆带的民族分布与民族关系,无论是在区域的内部结构还是区域间相互影响的外部地位方面,都呈现出鲜明的区域特殊性。西部次边疆带作为空间上的中间地带与联结地带,其民族关系是主边疆带民族关系的稳定锚,也是我国整体民族关系的晴雨表。西部次边疆带区域内民族关系的特征,以及外在地位、影响,为理解我国民族关系的总体状况乃至铸牢中华民族共同体意识提供了重要视野。

一、空间形态与事件情境中的西部次边疆带民族关系

西部次边疆带是一个具有内在多元性与外在结构性特征的区域,是一个中间过渡地带,其民族关系一方面受到区域内在结构的制约,另一方面受到内外两侧区域的影响,这使其民族关系呈现出复杂且变动的特征。游牧与农耕生计基础上的共生互补、多文明交汇与民族间的互嵌结构及跨体系性、区

域内外交织互动下的中间性与复合性,是这一区域民族关系的显著特征。在如何对民族关系展开研究上,学者们不断探索形成了一些视角、路径与具体方法,特别是马戎教授所主张与推动的从社会学角度研究民族关系,更是在理论理念与技术规范上形成了民族关系研究的科学路径,具有普遍适用性。但是,具体区域内的民族分布格局与关系形态受到地理环境的制约与历史发展的影响而呈现出一定的特殊性,仅以具有技术规范性的路径展开研究,可能难以洞察该区域民族关系的整体特征与特殊问题。这就需要在规范性研究的基础上,从区域的特殊性出发,综合地理、历史与文化的视野,在具体的时空结构中展开讨论。西部次边疆带表现出来的鲜明的空间性及其情境性,决定了对其展开研究需要有着空间的视野、把握事件的脉络,也就是要把对西部次边疆带民族关系的讨论置于一定空间形态与事件情境中。西部次边疆带在内在结构与外部地位的视野下有着多元的空间形态,每一种空间形态下的民族分布及互动形式各有其特征,每一事件情境中的民族互动交往都遵循着不同的逻辑而呈现出不同的脉络,而对这些空间形态与事件情境的具体观照,既能勾勒出西部次边疆带整体区域民族关系的基本特征,又能在细处把握该区域不同空间形态与事件情境中民族关系的特殊之处。

在这一方法论视野的观照下,本书主要以空间的尺度与类型为分类标准,分为两大部分,分别讨论西部次边疆带内部,以及区域间的民族关系。在西部次边疆带区域内部,多种地理单元及其所决定的生态、经济、族群分布及文化等,使得民族间关系呈现出多样性的形态,并且形成了丰富的研究议题。在这一部分,本书主要从乡村、城镇、道路、省际交界地区等空间形态与事件情境展开对民族关系的讨论。

第一,乡村空间内的族际互动与民族关系。本书把对乡村空间内民族关系的研究置于农牧结合视野下的产业发展与社会情境中。其中在循化牛羊育肥产业发展情境中,牛羊育肥及所形成的产业链勾连起广大区域的多个民族,在这一过程中的族际互动与交往,推进着多民族间的有机社会分工与密切联系,形成了藏族、撒拉族、回族等多个民族间的互惠共生关系。而在同时,循化历史上基于农牧互补而形成跨族群的"许乎""达尼希"社区关系,此关系随着时代环境的变化出现了疏离与断裂的情形,这一变迁是市场经济发展与社会变迁共同作用的结果。本书着眼于寻求区域性族际关系的重塑,展开对乡村农牧合作社在其中作用及意义的考察,发现农牧合作社虽然可以在经济合作的基础上实现社会整合,可以视为重塑乡村共同体与互惠网络的一种途径,但在促进多民族交往与关系发展上则受到不少因素的影响,需要在发展中不断改进与探索。循化藏族与撒拉族的关系及变迁,既呈现了西部次边疆带乡村民族关系的基本情形,也揭示出其中存在的一些问题。如何进一步促进西部次边疆带乡村空间中的民族关系发展,需要持续探索。

第二,城镇空间内的族际互动与民族关系。西部次边疆带区域内较大的城市如兰州、西宁等,受地形制约与人口规模的影响更多是以城镇的形式出现,因此城镇就成为多民族互动的主要空间。在这一空间形态下,本书着眼于社会过程和空间形式的相互作用,首先,以历史的视野讨论了藏彝走廊地带多民族互动与城镇的形成与演进,其中着重分析了多重历史动力所推动的民族迁徙与集聚对城镇的形塑作用;其次,以松潘为案例探讨了城镇发展中不同历史阶段多民族互动的过程,其中以城墙内外的民族互动交往为主要视角。城镇形成的历史过程及其中的民族因素,启示着在新型城镇化进程中,需要多民族的参与以及对其文化主体性的尊重,这样才能形成特色与氛围。

第三,道路空间内的族际互动与民族关系。在西部次边疆带区域,道路具有特殊重要的意义,不仅政治活动延伸、经济活动往来与文化交流都需要道路的承载,而且道路也是多民族人群流动迁徙与互动交往展开的空间。在西部次边疆带,最具重要意义的道路是诸条入藏通道(川藏、青藏、滇藏),本书在历史的视野下考察了在川藏通道的开通与修筑中,多民族人群沿道路的流动迁徙与互动交往。随着道路系统的完善,多民族人群的流动更加频繁,互动范围得以扩大,族际交往也得以深入,民族间发生了更为密切的融合。在对道路与族群的研究中,本书特别讨论了川藏线沿线的民宿在多民族交往中的意义。通过对作为川藏线道路设施的民宿的田野调查,发现游客与民宿主人及当地居民之间在民宿空间内展开了密切的互动,并发展出"游客－朋友"关系,指出民宿的这一功能与历史上汉藏贸易中的"锅庄"类似,其中所展开的互动具有族际交往的性质,并且影响到更大范围的人群,促进着多民族人群在旅游情境下的相互了解,从而推动民族关系的和谐发展。

第四，省际交界地区的族际互动与民族关系。省际交界地区在西部次边疆带是一个具有独特特征与地位的空间，川甘青交界地区在生态、政治、经济、民族、宗教、文化等多方面呈现出多重的特殊性。在民族关系上，民族分布及族际交往等受到省际边界的深刻影响。本书首先对川甘青交界地区的族际交往进行了整体意义上的调查与讨论，发现由于省际边界的影响，川甘青交界地区的跨越省际的多民族族际交往，在交往形式、空间范围、性质特点等方面都表现出一定的特殊性。边界的屏蔽阻隔效应直接或间接地、不同程度地影响着川甘青交界地区多民族族际交往的范围、频度与深度，影响着民族关系的深入发展。其次，以川甘交界的郎木寺地区为例，探讨了川甘回藏民众是如何跨越了多重边界并实现民族间的共生、互动与融合。地处川甘交界区域的郎木寺跨越着地理、行政、生态的多重边界，存在着族群与宗教边界，在这一多重边界的空间区域内，回藏民众在多维的交往中展开着跨越生态边界的生计互补与经济共生、跨越行政边界的资源竞争与利益共享、跨越族群边界的社会互动与文化融合、跨越宗教边界的适应与调适，发展出多方面的共生互补的关系。总体来看，省际边界的存在对川甘青交界地区的族际交往与民族关系有着一定的迟滞与制约作用，应促进边界中介效应的转化，而这就需要统筹川甘青结合部协调发展，为多民族交往交流交融创造更好的条件。

在西部次边疆带区域内，除了乡村、城镇、道路、省际交界等空间形态，还有着山地-河谷、流域、走廊等空间形式，每一种空间形态与事件情境实际上都呈现着特定形态与特征的民族关系，值得继续探讨与研究。

在本书主体内容的第二部分，则是将西部次边疆带的民族关系置于区域间等更大的视野内加以考察。西部次边疆带的中间地带地位，决定了其与两侧区域必然存在着整体性的互动，这使其民族关系也深受两侧区域的影响。在这一部分，主要以对口援藏中的人员流动与族际交往为案例，对区域间的西部次边疆带民族关系展开研究。

对口援藏作为国家促进西藏与四省涉藏州县经济社会发展的重要举措，推动着内地援藏省市与受援方之间的人群流动与交往，这其中必然扩大着民族间的交往交流交融。本书以甘孜州为例，特别是以甘孜县为典型，考察了援助方广东省深圳市、成都市龙泉驿区在对口援助过程中与甘孜干部群众之间展开互动交往的形式、特征，及其对汉藏民族关系发展的作用及成效。研究发现，在对口援藏的各个领域中，都发生着援助方与受援方干部群众之间频繁的互动与交往，而且，对口援藏过程本身也在多个方面为汉藏民族的互动交往与关系发展创造着良好的经济基础与社会环境，从而推动汉藏民族关系上升到一个新的层面。

空间形态与事件情境下的西部次边疆带民族关系，有着多样的呈现，但也受到民族人口结构与文化的整体性制约。如果以民族群体为视角，西部次边疆带体现了汉藏、回藏、汉回，以及与撒拉族、东乡族、裕固族、羌族、彝族等民族之间的关系，而从宗教文化的角度，则体现为藏传佛教与伊斯兰教及其他宗教之间以多个民族为载体而展开的互动。这些都是对民族关系展开研究的不同视角。本书主要在不同的空间形态与事件情境内展开民族关系研究，虽然未能对西部次边疆带区域的民族关系进行整体性的全面分析，但是对各空间形态与事件情境下民族关系的探讨，基本上可以描绘出西部次边疆带民族关系的主要特征与关键图景。而且，从本书对各案例的讨论中，也可剖析出西部次边疆带民族关系发展中存在的一些关键因素。

二、西部次边疆带民族关系和谐发展的原因分析

对各空间形态与事件情境下的族际互动与民族关系发展的呈现，很大程度上揭示了西部次边疆带这一区域民族关系的基本特征，也就是形成了一种共生互补、交流交融的民族关系，西部次边疆带也因此而成为民族关系发展的一个区域性典范。那么进一步的问题则是，这样一个地形复杂、民族众多、文化多元的区域，在多方力量的影响下呈现了波澜壮阔的发展历程与景观，为什么没有被撕裂也没有形成所谓的"断层线"区域？亨廷顿曾在文明冲突的议题下提出了"断层线冲突"的概念，认为"断层线冲突是属于不同文明或集团彼此之间的社会群体冲突。断层线战争是发展成暴力的冲突"[1]，甚至

---

[1] 〔美〕塞缪尔·亨廷顿：《文明的冲突与世界秩序的重建》，周琪等译，新华出版社，2010年，第227页。

还有国外学者错误地将中国西部大致就是本书所讨论的西部次边疆带视为"断层线"区域。与这些学者的预设相反，西部次边疆带不但不存在所谓的"断层线"，而且总体上还形成了交融互鉴的、和谐的区域性民族关系，并在中国大一统格局和中华民族共同体塑造中发挥了关键作用。

理解这一问题，要从西部次边疆带地区的空间形态与事件情境中多民族之间在生态、社会与文化方面的交流互动来思考，更为重要的是要从西部次边疆带在中国疆域中的地位来认识。从整体上来看，作为中间过渡地带的西部次边疆带，在中国疆域空间内主要发挥着缓冲与联结的功能。

首先，西部次边疆带作为历史上的汉藏缓冲区而存在。西部次边疆带在地理上是青藏高原东部边缘的过渡区域，在社会文化上则是汉藏交接地带。在这一地带，历史上多个民族既有频繁的互动与交融，也存在不少的冲突。这些民族群体有着内在的结构性镶嵌与融合的特征，在血统、文化与经济上呈现了"双边盈利"性特征[①]。需要指出的是，冲突主要发生在历史上农牧互动的情境下，但同时也作为一种联结形式而存在，也就是说，正是这些冲突的存在才使得多民族进入这一区域并展开互动与交流，从而使得这一区域成为一个联结地带。

其次，西部次边疆带是中国疆域空间内的联结地带。这种联结作用不仅体现在地理空间上，也体现在更为深层的政治、经济与文化层面。徐黎丽教授在这一议题上有着精彩的论述。从空间的角度来看，西部次边疆带是青藏高原东部边缘的弧线区域，包含河西走廊、藏彝走廊以及长城地带的西段，是高纬度、高海拔、低海拔与沙漠戈壁绿洲四大生态文化区之间的交汇地带[②]。"这三个通道子地带向内呈不规则的'十字形'，在中国的地理中心甘肃省会合，向外则通向中国东北、北方、西北和西南边疆区域，成为中国与周边国家联系的桥梁。即三个通道子地带连成一体，构成内连中国的四大生态文化区域、外接中国周边国家的通道地。"[③] 从中国疆域的中心与边疆的相互关系角度来说，"通道地带是中国边疆与中心聚合与离心力量相互博弈的纽

---

① 关丙胜：《边界缓冲区：催生新族群的温床》，《青海民族研究》，2009年第1期。
② 徐黎丽：《通道地带理论——中国边疆治理理论初探》，《思想战线》，2017年第2期。
③ 徐黎丽：《通道地带理论——中国边疆治理理论初探》，《思想战线》，2017年第2期。

带","博弈的结果，就是中国中心与边疆人口沿长城、丝绸之路和藏彝走廊这些通道地带的相互流动，最终使边疆与中心的人之间从生计到信仰达到了深度融合"。① 由此，这些通道地带就发挥着吸引和凝聚、内外连接的桥梁作用。由此，徐黎丽指出了中国成为统一国家的内部规律，"是沿着通道地带从中心向边疆扩展，又从边疆回迁中心的两种力量的博弈与抗衡"，并指出其启示在于："当我们的祖先以通道地带为中心，将边疆的各种势力凝聚在中央王朝范围时，我们的国家就出现大一统的局面，大一统的局面又进一步促进国家内部不同区域的族群融合；但当我们的祖先没有维系好通道地带从地理到文化的通道作用时，国家就会出现分裂，分裂的国家又会影响族群之间良好关系的建立和发展。"② 因此，西部次边疆带是中国疆域空间中举足轻重的联结地带，是理解中国多民族统一国家形成与发展的历史地理枢纽。

西部次边疆带所具有的这种缓冲与联结的地位与功能，对民族的分布格局与民族关系发展产生了深刻影响，不仅使得该区域成为多民族分布的地带，而且是民族关系和谐共处的区域典范。西部次边疆带的缓冲与联结功能的实现，是建立在深刻的生态、政治、经济与文化基础上的。其中，这种整合体现为两种统合了不同民族的活动与形式。其一，统合不同民族群体的农耕与游牧生计。农牧交错意味着生态边界的跨越与交互，依托不同生计类型的人群因其生产生活的需要而展开经济上的互动，汉族的农耕、藏族的畜牧、回族等的商业，都在这种生态互动的基础上被联系起来。这样，实际上就奠定了西部次边疆带和谐民族关系的坚实基础。虽在一定时期会发生竞争性的冲突，但在这一共生互补的整体生态结构下，西部次边疆带不会出现"断层线"情形的冲突。其二，统合着不同民族群体的宗教与文化。西部次边疆带存在着藏传佛教、伊斯兰教以及儒家文化及道教等，它们在这一区域的多元文化环境中展开着多样的彼此适应。事实上，多元的宗教与文化形成了多个民族之间展开社会交往与文化交流的依托与载体。正是在上述两种统合性活动的框架下，各民族基于自身的区域情形与文化适应进行了富有智慧的探索，从

---

① 徐黎丽：《通道地带理论——中国边疆治理理论初探》，《思想战线》，2017年第2期。
② 徐黎丽：《通道地带理论——中国边疆治理理论初探》，《思想战线》，2017年第2期。

而共同发展出丰富多彩的民族间互动交往的形式，使得民族间的关系形成了和谐共生的局面。

总体来看，西部次边疆带区域的民族分布经过了历史上波澜壮阔的变化，形成了当前的民族格局。这种变动既有着经济上的共生互补、文化上的交流借鉴，也有着政治上的波动，但是这些都在或急或缓地推动着民族间的互动交往与民族关系的发展。西部次边疆带的民族关系实际上构成了中国民族关系的一个区域类型，其在多民族互动交往与和谐关系发展方面可以说是一个区域性典范，其中所蕴含的丰富经验值得总结与借鉴。

三、西部次边疆带民族关系发展面临的挑战及进一步的讨论

作为一个多民族聚居区域，西部次边疆带的民族关系整体上是一种和谐的关系，形成了经济共生互补与文化交流融合的关系形态，并且还呈现了进一步交流融合的趋势。当前，"汉族向民族聚居区的流动日益加剧，少数民族由聚居区向内地大中城市的流动、民族地区民族之间的交往联系也在加强"[①]，这是民族间的交往、交流、交融的总体趋势。这是因为随着市场经济及国家的发展，西部次边疆带中间联结的作用正日益凸显，将会更加吸引不同民族向这一区域的流动与集聚，民族间互动交往的典范作用将更加凸显。但是，西部次边疆带民族关系发展中依然存在着一些挑战。这些挑战既有历史上的矛盾冲突而产生的延续性影响，也有来自现实中经济上的利益竞争与文化交流上的不足，包括市场经济、全球化与生态问题对民族关系产生的影响。

其一，市场经济对民族关系的塑造。改革开放以来，市场经济不断发展，社会也处在转型之中，这在西部次边疆带地区表现尤为明显。市场经济的发展激活了各种经济要素，使得西部次边疆带原本就有着贸易经商传统的各族民众迅速投入市场中，从而使得各民族之间的经济交换与社会交往进入一个更频繁且深入的层面，这同时改变了各民族原有的经济社会地位，难免引发

---

① 石硕：《中国西部民族宗教格局与民族关系新趋势》，《西南民族大学学报（人文社会科学版）》，2014年第6期。

利益竞争及矛盾。此外，市场经济的发展还在一定程度上造成了区域发展旧有格局的失衡，甚至使得西部次边疆带与其他区域之间的发展差距扩大。

其二，全球化对民族关系发展的影响。当前影响与形塑西部次边疆带民族关系的另一个重要因素则是全球化进程及其多重效应。全球化使得各种人群、商品、观念、文化等都实现快速流动，使得西部次边疆带的民族间交往、交流、交融进入一个历史上前所未有的阶段。在全球化的影响下，特别是在新媒体日益普及和信息即时大规模传播的情形下，一些境外极端思想、分裂主义、恐怖主义的传播会对民族意识及认同造成一定影响，成为影响西部次边疆带民族关系和谐发展的因素之一。

其三，生态问题与民族关系。生态的灾难往往会造成社会的灾难与民族间的矛盾。西部次边疆带地区地形条件复杂，生态极为脆弱，垦殖、过牧、采矿等都可能会造成生态环境的恶化，这不仅是生态与环境保护的问题，也是关系到经济发展、社会稳定、政治安全的重要问题。因此，要在保护生态的前提下进行合理开发，发挥"各民族本土知识和生态智慧"[①]的作用，鼓励多元文化共生共荣，实现生态平衡和民族团结的双重目标，以形成建立在生态文明基础上的多民族和谐关系。

西部次边疆带民族关系的和谐状态及其所面临的挑战，很大程度上与这一区域作为中间地带的地位有关。西部次边疆带不仅自身是一个多民族共存共处的区域，而且也是联结更广大区域多民族人群的纽带，这种地位与功能使其民族关系状态对内地与边疆及整个国家的民族关系都有着举足轻重的影响。因此，需要从国家战略的角度重视西部次边疆带的发展。除了西部大开发、"一带一路"建设、川甘青结合部统筹协调发展等战略与举措，还应将这一地带的联结作用置于国家整体开发的战略高度，在基础设施建设、区域经济发展、社会文化建设等方面采取综合举措，推动西部次边疆带的全方位发展。这样才能使西部次边疆带区域内部的民族关系持续和谐发展，对边疆地区甚至是全国范围内的民族关系发展持续形成示范，从而不断推动多民族间

---

① 张海洋、包智明：《生态文明建设与民族关系和谐——兼论中华民族到了培元固本的时候》，《内蒙古社会科学》，2013年第4期。

的交往、交流、交融，不断铸牢中华民族共同体意识。

在对西部次边疆带及相关区域的民族关系研究上，学者们进行了大量的讨论，也形成了众多具有创新性的成果，本书正是在这些成果基础上展开的。相比学界之前的探讨，本书更加注重民族关系展开的空间与情境，因此主体部分是由不同空间尺度与空间形式、不同历史情境与事件脉络下的民族关系的各案例构成。但是这一区域的复杂性，使得有些空间形式与事件情境下的案例没有得以呈现与展开，诸如流域、山地空间之内的民族互动与关系发展，以及宗教、传媒情境下的观念意识变化与民族关系等。综合来看，西部次边疆带是一个具备重要研究潜力的区域，其民族关系蕴含着丰富的意涵与面向，值得我们不断探索，从而进一步深化对这一议题的认识与研究。

参考文献

一、专著

（一）中文著作

陈崇凯：《西藏地方经济史》，甘肃人民出版社，2008年。

陈庆英：《中国藏族部落》，中国藏学出版社，2004年。

丁宏：《回族、东乡族、撒拉族、保安族民族关系研究》，中央民族大学出版社，2006年。

段继业：《青海社会文论》，青海人民出版社，2001年。

多杰才旦、江村罗布：《西藏经济简史》，中国藏学出版社，2002年。

方江山：《非制度政治参与——以转型期中国农民为对象分析》，人民出版社，2000年。

费孝通：《费孝通文集》（第七卷），群言出版社，1999年。

费孝通：《行行重行行》，群言出版社，2014年。

费孝通：《中国绅士》，中国社会科学出版社，2006年。

甘孜州志编纂委员会：《甘孜州志》（上），四川人民出版社，1997年。

高志英：《藏彝走廊西部边缘民族关系与民族文化变迁研究》，民族出版社，2010年。

龚景瀚：《循化志》，青海人民出版社，1981年。

关丙胜：《民国时期的河湟地方社会》，知识产权出版社，2014 年。

郭声波：《圈层结构视阈下的中国古代羁縻政区与部族》，中国社会科学出版社，2018 年。

胡铁球：《明清歇家研究》，上海古籍出版社，2015 年。

黄新初：《阿坝文化史》，四川民族出版社，2006 年。

贾伟：《安多地区多元文化共生现象与构建和谐社会研究》，民族出版社，2014 年。

菅志翔：《族群归属的自我认同与社会定义》，民族出版社，2006 年。

金炳镐：《民族关系理论通论》，中央民族大学出版社，2007 年。

靳薇：《西藏援助与发展》，西藏人民出版社，2010 年。

喇秉德、马文慧、马小琴：《青海回族史》，民族出版社，2009 年。

李绍明：《藏彝走廊民族历史文化》，民族出版社，2008 年。

李旭：《茶马古道各民族商号及其互动关系》，社会科学文献出版社，2017 年。

林冠群：《唐代吐蕃史论集》，中国藏学出版社，2006 年。

刘晓原：《边疆中国：二十世纪周边暨民族关系史》，香港中文大学出版社，2016 年。

刘志伟、孙歌：《在历史中寻找中国：关于区域史研究认识论的对话》，东方出版中心，2016 年。

刘忠：《汉藏文化交流史话》，社会科学文献出版社，2011 年。

鲁西奇：《中国历史的空间结构》，广西师范大学出版社，2014 年。

路宪民：《社会文化变迁中的西部民族关系》，民族出版社，2012 年。

马鹤天：《甘青藏边区考察记》，中国国际广播出版社，2016 年。

马戎：《民族社会学：社会学的族群关系研究》，北京大学出版社，2016 年。

马戎：《西方民族社会学的理论与方法》，天津人民出版社，1997 年。

马尚林：《藏彝走廊中的回藏和谐民族关系研究》，民族出版社，2017 年。

马长寿：《氐与羌》，上海人民出版社，1984 年。

芈一之、张科：《撒拉族简史》，青海人民出版社，2014 年。

敏俊卿：《中间人：流动与交换——临潭回商群体研究》，中央民族大学出版社，2011年。

潘久艳：《全国援藏的经济学分析》，四川大学出版社，2009年。

蒲文成、王心岳：《汉藏民族关系史》，甘肃人民出版社，2008年。

切排：《河西走廊多民族和平杂居与发展态势研究》，民族出版社，2009年。

秦勇章：《甘宁青地区多民族格局形成史研究》，民族出版社，2005年。

任乃强：《任乃强藏学文集》，中国藏学出版社，2009年。

施展：《枢纽：3000年的中国》，广西师范大学出版社，2018年。

石硕、李锦、邹立波等：《交融与互动——藏彝走廊的民族历史与文化》，四川人民出版社，2014年。

石硕：《藏彝走廊文明起源与民族源流》，四川人民出版社，2009年。

石硕：《青藏高原东缘的古代文明》，四川人民出版社，2011年。

石硕：《西藏东向文明发展史》，四川人民出版社，1994年。

孙勇：《国家战略下的大边疆战略研究：多重世界非恒称视角下的力量博弈》，四川大学出版社，2017年。

王娟：《化边之困：20世纪上半期川边康区的政治、社会与族群》，社会科学文献出版社，2016年。

王明珂：《华夏边缘历史记忆与族群认同》，浙江人民出版社，2013年。

王明珂：《羌在汉藏之间：川西羌族的历史人类学研究》，中华书局，2008年。

王铭铭：《中间圈："藏彝走廊"与人类学的再构思》，社会科学文献出版社，2008年。

王森：《西藏佛教发展史略》，中国藏学出版社，2010年。

王晓燕：《官营茶马贸易研究》，民族出版社，2004年。

王志强、俞丽娟：《青藏历史移民与民族文化的变迁》，上海大学出版社，2016年。

王宗维：《中国西北少数民族史论集》，三秦出版社，2009年

魏明孔：《西北民族贸易研究以茶马互市为中心》，中国藏学出版社，

2003年。

武沐、金燕红：《13—19世纪河湟多民族走廊历史文化研究》，中国社会科学出版社，2017年。

许春清：《新型民族关系论：以"改革开放以来的西部"为视域》，甘肃民族出版社，2011年。

杨作山：《回藏民族关系史》，宁夏人民出版社，2013年。

姚大力：《追寻"我们"的根源：中国历史上的民族与国家意识》，生活·读书·新知三联书店，2018年。

曾现江：《胡系民族与藏彝走廊——以蒙古族为中心的历史学考察》，四川人民出版社，2007年。

张生寅、杜常顺：《青海历史》，民族出版社，2014年。

赵春晖：《现代撒拉族社会研究》，民族出版社，2006年。

赵恒伦、张致义：《民族贸易经济研究》，青海人民出版社，1995年。

钟进文：《甘青地区特有民族语言文化的区域特征》，中央民族大学出版社，2007年。

（二）英文著作

Owen Lattimore. Manchuria：Cradle of Conflict［M］. New York：The Macmillan Company，1932.

Peter Schwieger. The Dalai Lama and the Emperor of China：A Political History of the Tibetan Institution of Reincarnation［M］. New York：Columbia University Press，2015.

Tenzin Jinba. In the Land of the Eastern Queendom：The Politics of Gender and Ethnicity on the Sino-Tibetan Border［M］. Seattle：University of Washington Press，2014.

Wim van Spenger. Tibetan Border Worlds：A Geo-Historical Analysis of Trade and Traders［M］. Londons：Kegan Paul International，2000.

Xiuyu Wang. China's Last Imperial Frontier：Late Qing Expansion in Sichuan's Tibetan Borderlands［M］. Lanham：Lexington Books，2011.

Yingcong Dai. The Sichuan Frontier and Tibet：Imperial Strategy in the Early Qing [M]. Seattle：University of Washington Press，2009.

（三）译著

〔法〕德勒兹、加塔利：《资本主义与精神分裂：千高原》（第2卷），姜宇辉译，上海书店出版社，2010年。

〔法〕石泰安：《汉藏走廊古部族》，耿昇译，中国藏学出版社，2013年。

〔美〕弗朗西斯·福山：《大分裂·人类本性与社会秩序的重建》，刘榜离等译，中国社会科学出版社，2012年。

〔美〕塞缪尔·亨廷顿：《文明的冲突与世界秩序的重建》，周琪等译，新华出版社，2010年。

〔美〕施坚雅：《中华帝国晚期的城市》，叶光庭等译，中华书局，2000年。

〔美〕施坚雅：《中国农村的市场和社会结构》，史建云等译，中国社会科学出版社，1998年。

〔美〕瓦伦. L. 史密斯：《东道主与游客：旅游人类学研究》，张晓萍等译，云南大学出版社，2002年。

〔美〕约翰逊：《帝国晚期的江南城市》，成一农译，上海人民出版社，2005年。

〔英〕安东尼·吉登斯：《现代性与自我认同：晚期现代中的自我与社会》，夏琢译，中国人民大学出版社，2016年。

〔英〕卡尔·波兰尼：《大转型：我们时代的政治与经济起源》，冯钢等译，浙江人民出版社，2007年。

二、论文

安德雷：《从游牧民到商人：青海玉树州藏族游牧民在虫草和市场作用下的生计转变》，《中国藏学》，2013年第3期。

白志红：《藏彝走廊中"藏回"的民族认同及其主体性——以云南省迪庆

藏族自治州香格里拉县"藏回"为例》，《民族研究》，2008年第4期。

曹妍雪、宋竹芳、李树民：《民族旅游的真实性研究》，《广西民族研究》，2017年第6期。

常安：《中亚诸国国族建构中的政教关系问题》，《原道》，2014年第2期。

常海燕、满珂：《民族文化重构中"知识书写"及其超越性的人类学研究——以青海循化撒拉族"历史书写"为个案》，《湖北民族学院学报（哲学社会科学版）》，2016年第6期。

陈春声：《历史的内在脉络与区域社会经济史研究》，《史学月刊》，2004年第4期。

陈刚：《多民族地区旅游发展对当地族群关系的影响——以川滇泸沽湖地区为例》，《旅游学刊》，2012年第5期。

陈琦、杨梅、张晓武：《浅谈构建和谐民族关系的基础》，《西北民族大学学报》，2005年第5期。

陈庆英：《元朝在藏族地区设置的军政机构》，《西藏研究》，1992年第3期。

陈瑶、刘培学、张建新、向长昭、唐璐：《远方的家——中国游客共享型住宿的入住选择与体验研究》，《世界地理研究》，2020年第1期。

陈莹盈、林德荣：《旅游活动中的主客互动研究——自我与他者关系类型及其行为方式》，《旅游科学》，2015年第2期。

陈永亮：《"民族"的"区域"类型及其权利诉求》，《广西民族研究》，2018年第2期。

次旦顿珠、益西曲珍：《"藏穆之路"的回藏关系——云南省香格里拉三坝乡安南村田野调查》，《西藏大学学报（社会科学版）》，2010年第4期。

旦正才旦：《"联结"与"断裂"：藏族与撒拉族之间的"许乎""达尼希"关系及其变迁研究》，《中央民族大学学报（哲学社会科学版）》，2018年第2期。

旦正才旦：《从相遇到相离：一个多民族村落族际交往与分离的社会学考察》，《中南民族大学学报（人文社会科学版）》，2018年第1期。

翟淑平：《漂泊到融合——从巴塘关帝庙看汉藏互动下的身份认同》，《西南边疆民族研究》，2018年第4辑。

丁柏峰：《历史时期青海城镇体系发展轨迹探赜》，《青海社会科学》，2016年第1期。

丁柏峰：《丝绸之路青海道与河湟民族走廊的形成》，《青海师范大学学报（哲学社会科学版）》，2015年第3期。

丁飞洋、郭庆海：《游客感知视角下的民族地区民宿旅游开发研究》，《社会科学战线》，2019年第3期。

董珍、白仲林：《对口支援、区域经济增长与产业结构升级——以对口援藏为例》，《西南民族大学学报（人文社会科学版）》，2019年第3期。

杜常顺：《论河湟地区多民族文化互动关系》，《青海社会科学》，2004年第4期。

范长风：《冬虫夏草产地的政治和文化传导——阿尼玛卿山虫草社会的经济人类学研究》，《西藏研究》，2015年第2期。

费孝通：《关于我国民族识别问题》，《中国社会科学》，1980年第1期。

费孝通：《中华民族的多元一体格局》，《北京大学学报（哲学社会科学版）》，1989年第4期。

冯雪红、张梦尧：《"一带一路"建设中民族交往的意义、内容及路径》，《湖北民族学院学报（哲学社会科学版）》，2018年第5期。

关丙胜：《边界缓冲区：催生新族群的温床》，《青海民族研究》，2009年第1期。

关丙胜：《族性规制下的历史记忆：哈萨克人入迁青海之文本分析》，《青海民族大学学报（社会科学版）》，2015年第2期。

郭声波：《中国历史政区的圈层结构问题》，《江汉论坛》，2014年第1期。

何生海、刘一鸣：《当前我国西部地区民族关系的五大新动向》，《广西民族研究》，2013年第3期。

何一民、刘杨、何永之：《从边缘到中心：晚清民国西康行政地位变化对城市发展的影响》，《西南民族大学学报（人文社会科学版）》，2016年第8期。

何一民、赵淑亮：《西藏城市发展的历史分期与特点》，《福建论坛（人文社会科学版）》，2013年第1期。

贺卫光、钟福祖：《裕固族与藏族关系述论》，《西北民族学院学报（哲学社会科学版）》，1998年第3期。

贺卫光：《论边缘文化与复合型文化——以裕固族及其文化的形成为例》，《西北民族研究》，1999年第2期。

贺卫光：《论藏文化对裕固族及其文化形成的影响》，《西北民族学院学报（哲学社会科学版）》，1999年第4期。

贺卫光：《中国古代游牧民族与农耕民族在经济上的互补与非平衡需求》，《西北师大学报（社会科学版）》，2003年第1期。

贺雪峰：《乡村治理的社会基础——转型期乡村社会性质研究》，《西北政法学院学报》，2005年第5期。

胡静、李健胜：《河湟地区民族交融历史进程及其内在因素探微》，《青海民族研究》，2018年第3期。

黄增付：《农民合作社村庄整合的实践与反思——基于闽赣浙湘豫土地股份合作社案例的分析》，《农业经济问题》，2014年第7期。

贾大泉：《川茶输藏与汉藏关系的发展》，《社会科学研究》，1994年第2期。

靳薇：《干部援藏的成就与局限》，《科学社会主义》，2010年第6期。

孔亭、毛大龙：《论中华民族共同体的基本内涵》，《社会主义研究》，2019年第6期。

赖斌、杨丽娟、李凌峰：《精准扶贫视野下的少数民族民宿特色旅游村镇建设研究——基于稻城县香格里拉镇的调研》，《西南民族大学学报（人文社会科学版）》，2016年第12期。

李凤山：《论长城带在中国民族关系发展中的地位》，《中国史研究》，1998年第2期。

李海娥：《基于游客视角的旅游地主客交往行为研究》，《学习与实践》，2015年第4期。

李红杰：《全球化、民族要素的相对性与当代族群关系的特点》，《中南民族学院学报（人文社会科学版）》，2002年第1期。

李建宗：《绿洲连缀体，内部嵌合性与丝绸之路——基于河西走廊绿洲社会的思考》,《西北民族研究》,2017年第4期。

李建宗:《通道之间:西北民族走廊界隔中的连续——基于河西走廊与河湟地区之间的关联性分析》,《青海民族研究》,2018年第2期。

李建宗:《文化边界与族群互动:"内亚"视角下的河西走廊》,《青海民族研究》,2015年第1期。

李建宗:《走廊地带多重边界叠合与多民族共同体生成——兼论河西走廊区域研究范式与民族学意义》,《思想战线》,2018年第4期。

李锦、金锐:《松潘漳腊地区的资源利用与族际互动》,《开发研究》,2017年第3期。

李静、戴宁宁:《文化人类学视野下的回汉民族"干亲交往"——以宁夏固原市为例》,《宁夏社会科学》,2010年第5期。

李俊杰、李海鹏:《省际交界民族地区"边界效应"分析与治理模式初探——以湘鄂渝黔边"土家苗瑶走廊"为例》,《西南民族大学学报（人文社会科学版）》,2010年第3期。

李俊杰、李云超:《关于民族地区民宿产业高质量发展的思考》,《云南民族大学学报（哲学社会科学版）》,2019年第3期。

李绍明:《费孝通论藏彝走廊》,《西藏民族学院学报（哲学社会科学版）》,2006年第1期。

李文勇、王苏、韩琳:《民族村寨介入旅游的时空形态及对文化的影响——基于三个民族村寨的调查》,《旅游研究》,2016年第2期。

李文勇、张广宇、谭通慧:《基于品牌认知的游客本真性体验对民宿选择意向的影响研究——以甘堡藏寨为例》,《旅游论坛》,2019年第5期。

李晓定:《论"丝路经济带"建设中的民族关系融合》,《宁夏社会科学》,2015年第5期。

李雪萍:《转型期藏族农牧民生计适应的复杂样态与内在逻辑》,《江汉论坛》,2018年第9期。

李元元、切排:《关于河西走廊多民族文化互动模式的分析——以阿克塞、肃北、天祝三县为例》,《西北民族大学学报（哲学社会科学版）》,2011年第3期。

李志农、李红春、李欣：《藏彝走廊"藏回"文化特征探析——以迪庆"藏回"为例》，《广西民族大学学报（哲学社会科学版）》，2008年第6期。

李中锋：《以参与式援藏提升农牧民自我发展能力研究》，《中国藏学》，2016年第1期。

林俊华：《康定锅庄的历史与特征》，《康定民族师范高等专科学校学报》，2005年第5期。

刘晨光：《青藏高原地区藏族与回族经济合作的深层次分析》，《青海社会科学》，2002年第1期。

刘琪：《民族交融视域中的"藏回"——基于云南省德钦县升平镇的实地考察》，《民族研究》，2018年第2期。

刘晓潇：《"大一统"视阈下民族关系构建的若干思考》，《福建省社会主义学院学报》，2019年第6期。

柳建平、张永丽：《甘、青、川交接区域民族经济综合开发战略》，《西北民族大学学报（哲学社会科学版）》，2006年第1期。

卢守亭：《试论城市化进程中的民族关系及其评价指标体系》，《贵州民族研究》，2007年第5期。

路同：《关于西藏公路运输与社会经济发展关系的探索》，《西藏研究》，1995年第1期。

马成俊、于晓陆、王雪：《论撒拉族在丝绸之路经济带建设中的作用》，《广西民族大学学报（哲学社会科学版）》，2015年第4期。

马成俊：《"许乎"与"达尼希"：撒拉族与藏族关系研究》，《西北民族研究》，2012年第2期。

马成俊：《甘青边界的互惠共同体：循化县各民族的生计模式与交流》，《青海民族学院学报》，2009年第4期。

马成俊：《关于撒拉族研究中的几个问题》，《青海民族学院学报》，2005年第2期。

马宏武：《信仰变异与民族特征——卡力岗回族民族特征浅议》，《青海民族研究》，2002年第2期。

马戎：《社会学的族群关系研究》，《中南民族大学学报（人文社会科学版)》，2004 年第 3 期。

马伟：《撒拉族与藏族关系述略》，《青海民族学院学报》，1996 年第 1 期。

马伟：《撒鲁尔王朝与撒拉族》，《青海民族研究》，2008 年第 1 期。

马雪峰：《社会学族群关系研究的几种理论视角》，《西北民族研究》，2007 年第 2 期。

马燕：《历史上河湟地区回族与撒拉族的社会交往》，《回族研究》，2011 年第 1 期。

马勇：《松潘回族源流考》，《西南民族大学学报》，2005 年第 6 期。

马勇：《松州商贸的历史考察》，《西北民族研究》，2004 年第 2 期。

马忠才：《民族问题的社会根源——社会分化对西部地区民族发展及民族关系的影响》，《北方民族大学学报（哲学社会科学版)》，2015 年第 2 期。

齐莉梅：《藏族地区农民专业合作社发展的独特性——以日喀则市农村合作组织为例》，《中国农民合作社》，2010 年第 5 期。

秦永章：《费孝通与西北民族走廊》，《青海民族研究》，2011 年第 3 期。

任新建：《略论"汉藏民族走廊"之民族历史文化特点》，《藏学学刊》，2005 年第 2 辑。

石培基：《甘、川、青交接区域区际联系与民族经济社会开放开发研究》，《民族研究》，2000 年第 3 期。

石硕、王鑫源：《吐蕃在康区的活动遗迹》，《湖北民族学院学报（哲学社会科学版)》，2018 年第 6 期。

石硕、邹立波：《"打箭炉"：汉藏交融下的地名、传说与信仰》，《思想战线》，2019 年第 3 期。

石硕、邹立波：《汉藏互动与文化交融：清代至民国时期巴塘关帝庙内涵之变迁》，《西南民族大学学报（人文社会科学版)》，2011 年第 6 期。

石硕、邹立波：《近代康区陕商在汉族互动与文化交流中的角色》，《四川大学学报（哲学社会科学版)》，2011 年第 3 期。

石硕：《藏彝走廊历史上的民族流动》，《民族研究》，2014 年第 1 期。

石硕：《藏族三大传统地理区域形成过程探讨》，《中国藏学》，2014 年第 3 期。

石硕：《从旧石器晚期文化遗存看黄河流域人群向川西高原的迁徙》，《西藏研究》，2004年第2期。

石硕：《从新石器时代文化看黄河上游地区人群向藏彝走廊的迁徙》，《西南民族大学学报（人文社会科学版）》，2008年第10期。

石硕：《黄河上游新石器时代人群向藏彝走廊迁徙路线之探讨》，《西南民族大学学报（人文社会科学版）》，2009年第6期。

石硕：《论康区的地域特点》，《西南民族大学学报（人文社会科学版）》，2012年第12期。

石硕：《试论康区的人文特点》，《青海民族研究》，2015年第3期。

石硕：《汶川地震灾区：岷江上游的人文背景与民族特点——兼论岷江上游区域灾后重建过程中对羌文化的保护》，《西南民族大学学报（人文社会科学版）》，2008年第9期。

石硕：《中国西部民族宗教格局与民族关系新趋势》，《西南民族大学学报（人文社会科学版）》，2014年第6期。

束锡红、聂君：《西部地区民族关系的实证研究》，《民族研究》，2012年第5期。

宋培军：《拉铁摩尔"双边疆"范式的内涵及其理论和现实意义》，《云南师范大学学报（哲学社会科学版）》，2013年第2期。

孙宏年：《"文化援藏"的实践、成效与展望初探》，《中国边疆学》，2016年第2期。

孙九霞：《旅游对目的地社区族群认同的影响：基于不同旅游作用的案例分析》，《中山大学学报（社会科学版）》，2010年第1期。

孙九霞：《旅游中的主客交往与文化传播》，《旅游学刊》，2012年第12期。

孙岿、何晓芳、金海燕：《族际交往模式：自发合作、契约合作与指导合作——以辽宁对口支援新疆塔城地区为例》，《满族研究》，2012年第4期。

索端智：《元明以来隆务河流域的民族融合与文化共享》，《青海民族研究》，2001年第3期。

索南旺杰、何启林：《对青海地区伊斯兰教与藏传佛教互动共存层次的探讨——以回族和藏族的互动为例》，《青海民族大学学报（社会科学版）》，

2013 年第 4 期。

田红云：《试论民族旅游中民族文化的现代调适》，《重庆文理学院学报（社会科学版）》，2011 年第 3 期。

田阡：《村落·民族走廊·流域——中国人类学区域研究范式转换的脉络与反思》，《社会科学战线》，2017 年第 2 期。

万明钢、高承海：《宗教认同和民族认同对民族交往态度的影响——基于藏族、回族和东乡族大学生的数据分析》，《西北师大学报（社会科学版）》，2012 年第 5 期。

王爱民、刘加林、缪磊磊：《青藏高原东北边缘及毗邻地区历史时期的人地关系及其演进》，《人文地理》，2000 年第 2 期。

王海兵：《汉番之间：明代川西北边地的卫所关堡》，《西南民族大学学报（人文社会科学版）》，2017 年第 10 期。

王海兵：《跨越大渡河：明至清初四川南路入藏茶道的市场变迁》，《中华文化论坛》，2017 年第 5 期。

王海兵：《唐蕃西川战争及相关路线考辨》，《江汉学刊》，2008 年第 1 期。

王建芹：《主客互动的维度厘定与实证检验——以中国民宿行业为例》，《统计与信息论坛》，2018 年第 11 期。

王建新、关楠楠：《河西走廊多民族交融发展的历史作用与现实意义》，《西北民族研究》，2019 年第 2 期。

王剑：《聚落、廊道、立面：西南区域研究的流域人类学视野》，《社会科学战线》，2016 年第 10 期。

王丽萍、周智生：《滇藏川毗连地区族际文化互动的空间特性研究》，《西南民族大学学报（人文社会科学版）》，2017 年第 8 期。

王铭铭、翟淑平：《松潘、巴塘、中甸——记三个西部城镇的研究》，《西北民族研究》，2017 年第 2 期。

王铭铭：《三圈说——另一种世界观，另一种社会科学》，《西北民族研究》，2013 年第 1 期。

王曙光：《中国农村微型金融的发展、创新与走向》，《国家治理》，2018 年第 39 期。

王晓艳：《近代以来怒江流域怒藏民族关系发展特点》，《广西民族大学学报（哲学社会科学版）》，2013年第2期。

王晓燕：《历史上官营茶马贸易对汉藏关系的影响》，《青海民族研究》，2010年第1期。

魏明孔：《西北民族贸易述论——以茶马互市为中心》，《中国经济史研究》，2001年第4期。

魏哲、于洋：《历史事件视角下的边关城镇空间形态演变浅析——以松潘古城为例》，《城市建筑》，2016年第26期。

吴开松、侯尤峰：《对口援藏政策属性与评价原则》，《学习与实践》，2017年第2期。

吴理财：《论个体化乡村社会的公共性建设》，《探索与争鸣》，2014年第1期。

吴宁、晏兆丽、罗鹏、刘建：《"涵化"与岷江上游民族文化多样性》，《山地学报》，2003年第1期。

吴钦敏：《构建新型民族关系评价指标体系之初探》，《贵州民族研究》，2007年第4期。

喜饶尼玛、李双：《抗日战争时期的康藏交通建设评述》，《贵州民族大学学报（哲学社会科学版）》，2017年第6期。

谢伟民、贺东航、曹尤：《援藏制度：起源、演进和体系研究》，《民族研究》，2014年第2期。

熊梅：《地理学区域研究与区域历史地理学的取向》，《地理科学进展》，2013年第8期。

徐黎丽：《通道地带理论——中国边疆治理理论初探》，《思想战线》，2017年第2期。

徐铭：《羌族人口的数量变化及其地理分布（1397—1952年）》，《西南民族学院学报（哲学社会科学版）》，1998年第5期。

徐文礼：《康藏公路的修建过程》，《四川文物》，2002年第1期。

徐文渊：《20世纪50年代修筑康藏公路的基本经验与历史反思》，《中华文化论坛》，2016年第2期。

徐新建：《自我民族志：整体人类学的路径反思》，《民族研究》，2018年第5期。

阎耀军、陈乐齐、朴永日：《建立我国民族关系评估指标体系的总体构想》，《中南民族大学学报（人文社会科学版）》，2009年第5期。

杨玢：《中华文化认同：河湟汉藏边缘地区多元场域中的民族交融》，《青海社会科学》，2017年第5期。

杨富学、安玉军：《藏族、蒙古族、土族因素与裕固族的形成》，《青海民族研究》，2016年第2期。

杨慧：《民族旅游与族群认同、传统文化复兴及重建———云南民族旅游开发中的"族群"及其应用泛化的检讨》，《思想战线》，2003年第1期。

杨军：《双重边疆：古代中国边疆的特殊性》，《史学集刊》，2012年第2期。

杨明洪、刘建霞：《省市对口援藏制度及其演化分析》，《民族学刊》，2019年第1期。

杨明洪、马骏丽：《以"民主改革"为坐标起点考察对口援藏制度》，《中央民族大学学报（哲学社会科学版）》，2019年第5期。

杨明洪、张营为：《对口支援中不同利益主体的博弈行为——以对口援藏为例》，《财经科学》，2016年第5期。

杨明洪：《对口援藏有效性的理论认识与实现路径研究》，《中国藏学》，2014年第3期。

杨顺清：《协调多元民族关系构建西部和谐社会》，《贵州民族学院学报（哲学社会科学版）》，2005年第4期。

杨文法：《关于青藏高原地区回藏贸易体系的人类学探讨》，《青海社会科学》，2011年第1期。

杨文炯：《人类学视阈下的河湟民族走廊——中华文化多元一体格局的缩影》，《青海民族大学学报（社会科学版）》，2015年第1期。

尹建东：《环境、族群与疆域空间：西南边疆史研究的区域史观和阐释路径》，《西南民族大学学报（人文社会科学版）》，2018年第9期。

袁剑：《"内陆亚洲"视野下的大边疆：拉铁摩尔的实践路径——基于一

些相关作品的阅读》,《西北民族大学学报(哲学社会科学版)》,2013年第3期。

张纯刚、贾莉平、齐顾波:《乡村公共空间:作为合作社发展的意外后果》,《南京农业大学学报(社会科学版)》,2014年第2期。

张机、徐红罡:《民族旅游中的主客互动研究:基于符号互动论视角》,《思想战线》,2012年第3期。

张践:《抗战时期西康经济建设述论》,《贵州社会科学》,2009年第3期。

张力仁:《历史时期河西走廊多民族文化的交流与整合》,《中国历史地理论丛》,2006年第3期。

张萍:《谁主沉浮:农牧交错带城址与环境的解读——基于明代延绥长城诸边堡的考察》,《中国社会科学》,2009年第5期。

张奇:《浅析甘肃回族的源流与变迁》,《社科纵横》,1999年第5期。

张先清、段云兰:《认同、认知与实践:当代西方族性研究的三种路径》,《世界民族》,2019年第5期。

张原:《"走廊"与"通道":中国西南区域研究的人类学再构思》,《民族学刊》,2014年第4期。

赵春晖:《转型时期的撒拉族社会经济结构》,《兰州大学学报》,2006年第6期。

赵勍、何文华:《民国时期的康定藏汉通婚与民族融合》,《四川民族学院学报》,2008年第2期。

赵心愚:《清康熙雍正时期川藏道汛塘与粮台的设置及其特点》,《民族研究》,2019年第2期。

赵旭东、周恩宇:《道路、发展与族群关系的"一体多元"——黔滇驿道的社会、文化与族群关系的型塑》,《北方民族大学学报(哲学社会科学版)》,2013年第6期。

赵毅:《明代的汉藏茶马互市》,《中国藏学》,1989年第3期。

郑少雄:《清代康定锅庄:一种讨论汉藏关系的历史路径》,《开放时代》,2014年第4期。

郑双怡、张劲松:《民族关系评价指标体系构建及监测预警机制研究》,

《民族研究》，2009年第1期。

钟梅燕：《试论裕固族族际通婚演变的历史轨迹》，《河西学院学报》，2015年第6期。

钟梅燕：《族际通婚与民族关系——一项关于明花乡裕固族的实证研究》，《河西学院学报》，2014年第1期。

周春山、余波、史晨怡、王宇渠：《援藏与西藏自治区经济发展耦合协调分析》，《地理科学》，2018年第2期。

周大鸣：《道路研究的意义与途经》，《吉林师范大学学报（人文社会科学版）》，2019年第4期。

周大鸣：《论族群与族群关系》，《广西民族学院学报（哲学社会科学版）》，2001年第2期。

周竞红：《援藏：西藏民族团结进步创建重要载体》，《满族研究》，2017年第4期。

周平：《当代中国族际关系的特点和走向》，《学术界》，2015年第11期。

周平：《民族政治学知识体系的构建、特点及取向》，《政治学研究》，2019年第1期。

周润年：《历史上藏汉民族文化交流综述》，《西藏民族学院学报（哲学社会科学版）》，2004年第2期。

周永明：《汉藏公路的"路学"研究：道路的生产、使用与消费》，《文化纵横》，2015年第3期。

朱金春、王丽娜：《从"多元一体格局"到"跨体系社会"——民族研究的区域视角与超民族视野》，《黑龙江民族丛刊》，2012年第2期。

朱金春：《"一带一路"视域下的边疆内地一体化》，《中央民族大学学报（哲学社会科学版）》，2018年第3期。

朱金春：《跨越多重边界的共生、互动与融合——川甘交界郎木寺的族际互动与民族关系》，《青海民族研究》，2019年第4期。

朱亚峰：《历史进程中的中华民族共同体建设——以民族关系为研究视角》，《黑龙江民族丛刊》，2018年第6期。

邹立波：《明代川西北的卫所、边政与边地社会》，《西藏大学学报（社会科学版)》,2012 年第 1 期。

邹立波:《清代前期康区塘汛的设置及其作用与影响》,《西藏研究》,2009 年第 3 期。

邹立波:《清代至民国时期康区的汉藏通婚研究》,《藏学学刊》,2009 年第 5 期。

| 后　记 |

  本书的写作始于对"西部次边疆带"这一特殊地理与文化空间的持续关注。作为中国疆域版图内的中间地带，它既是缓冲区域，亦是联结枢纽，在经济共生、文化交融中承担着凝聚与贯通的双重功能。这里的民族分布与民族关系，因地理的过渡性与文明的交汇性而呈现出鲜明的区域特质——游牧与农耕生计的共生互补、多文明碰撞催生的民族互嵌结构及其"跨体系性"、区域内外力量交织下的中间性与复合性，共同构成了这一地带民族关系的底色。而作为空间意义上的联结纽带，西部次边疆带的民族关系不仅是主边疆带稳定的"锚点"，更是观测中国整体民族关系的"晴雨表"，其动态牵动着国家边疆治理与中华民族共同体建设的全局。

  西部次边疆带的内在结构扎根于"多元性基础上的空间整体性"：游牧与农耕两大经济体系在生态资源分布中形成互补，汉、藏、回、蒙等民族在历史迁徙、贸易往来、宗教互动中构建起互嵌共生的社会网络；而外部地位则凸显为"整体视野中的独特性"——它既非边疆亦非内地，却在国家疆域治理中扮演着"中间层"的角色，通过传递政策、整合资源，成为勾连边疆与内地的战略支点。这种内外双重特殊性，使得西部次边疆带的民族关系始终处于动态平衡中，并呈现出异彩纷呈的面貌。

  虽然西部次边疆带的内在结构与外部地位十分明晰且彼此勾连，但是对这一地带诸民族关系的探讨却面临着复杂的挑战：地域的多样性、民族的独特性、文化的多元性，交织在一起，在区域内部孕育演化并与外部相关联。

因此，在视野上，本书既观照区域内部空间，也强调区域间的关联。具体而言，本书对西部次边疆带区域内部（乡村、城镇、道路、省际交界）的典型区域如青海循化、四川松潘、丹巴、阿坝、川甘郎木寺，以及跨区域的四川甘孜、青海循化等族际互动与民族关系发展展开了深入调查；对田野点的政府部门、农牧民、店主、合作社负责人、民宿老板、旅游从业者、寺庙人员、对口援藏人员等各个民族身份的人群进行了深入访谈。整理后的访谈资料，支撑起本书的多个典型案例。因此，这里首先向他们致以最深切的谢意：丁有福阿訇、李占忠、长命、阿光叔、杨超、贡布、冲麦、喜波拉、阿西嘎布、东坡格绒、百岁、泽仁呷什、韩学俊、马玉霞、潘蕾、旦真尼玛、松贡、吴志清、陈云林，等等，这里难以一一列举。他们带领我穿梭于草原与城镇，在他们的办公室、客厅或者乡间的路上，翻阅各种形式的文本，娓娓道来这一片土地上的人与事。与他们的交往，让我沉浸于淳朴、惊异于虔诚、折服于智慧，受益匪浅。

本书可以视为我学术研究的一个小节，从 2014 年开始至今，十年时间聚焦于这一区域与人群。在此要感谢在学术之路上给予我指导与提携的众多师友们。感谢我的导师吴楚克教授，他的殷切希望与谆谆教诲，是我不断前行的动力；感谢石硕、赵心愚、杨明洪、李锦、罗绒战堆、孙勇、房宁、孙宏年、袁剑、梁双陆、王春焕、王鹏辉等各位师长，我的成长与他们的支持、指教息息相关；感谢四川大学国际关系学院李志强、黄云松、丁忠毅等领导，本书的出版得益于他们的重要支持；感谢我的硕士研究生杨贻婷、罗馨蕊、高佰强、白婉欣、王博等，他们在不同阶段参与了田野调查，并细致认真地完成任务；同时，也感谢四川大学出版社罗永平、高庆梅两位编辑老师，她们专业细致的工作使得本书增色许多。

最后，要感谢我的家人，本书可以视为是对他们养育与支持的一个微薄回报。感谢我的父母，虽然他们可能并不能理解我所从事研究的意义，但是他们无条件的支持是我不断前行的动力；感谢岳父岳母，他们如同温暖的金色港湾，给予我无限的支持与包容；感谢我的爱人王丽娜，不仅给我最大的支持，而且还在学术上不断给我灵感与启发。感谢我的女儿朱嘉悦，她的出生让我感受到生活的无尽乐趣，她调皮可爱的童言稚语，成为我开心快乐的源泉。

西部次边疆带就像中国版图上的一枚棱镜，将差异折射为光彩，将碰撞转化为联结。这是它的神奇之处。谨以此书，献给所有在这片土地上书写共生智慧的人们。

朱金春

2025 年 3 月 1 日 于成都